Oasen am Oberrhein

Stadt ◆ Land ◆ Fluß ◆ Gastronomie

Wolfgang Abel

1. Auflage 2004

Inhalt

Alpenblick und Anglerheim

Meine Lieblingsesskastanie nördlich des Gotthard steht zwischen Wildtal und Föhrental, im Breisgau, oben auf dem Wildtaler Eck, 435 Meter hoch. In der Ortenau hat es ein Anglerheim und hellblaues Badewasser, zwischen den Uferweiden fliegt manchmal ein Eisvogel.

Am Vierwaldstättersee gibt es einen Platz mit Liegewiese und Pilatusblick, er heißt Rachmaninoff-Quai. Wer einen Kilometer weiter fährt, kommt erst zu den drei, vier Häusern von Postunen und dann nach Zinnen. Dort steht eine Bank und sonst nichts. Die Cusancin kommt quellkalt aus dem Jura runter und mündet bei Baume-les-Dames in den Doubs. Weit hinten im Tal liegt die Source bleue. Dort gibt es am Wochenende Forelle satt und Provinz pur.

Bei Kandern im Markgräflerland heißt eine Stelle am Weg 'Alpenblick'. Es gibt Tage, an denen sind die Kirschen schon rot und die Alpen noch weiß. Manchmal fällt beides zusammen. Im Badenweiler Kurpark heißt ein Rundweg Kaffeemühle, es gibt dort noch immer das Titelbild-Panorama mit der Laterne, das schon Emil Bizer gemalt hat.

In Basel wartet eine Lesegesellschaft am Münsterplatz und in Straßburg eine alte Badeanstalt mit Art-Nouveau-Charme und alten, dicken Armaturen.

Manchmal fallen einem nebenbei auch Sachen auf, die eigentlich gar nicht dazu gehören, oder vielleicht doch. Die eine oder andere Sternen-Post heißt jetzt Mykonos. Das Milchhäusle in Müllheim-Feldberg ist zur Sparkassenfiliale geworden und so sieht es auch aus. Ein Tal kippt um, wird zum Freizeitpark mit Hundeplatz, Grünschnittdeponie und Modellflugplatz. Und der Wechsel vom alten Fensterladengrün zum neuen Mintgrün bei der Basler Tram ist ja auch kein Zufall.

Solitäre Esskastanien, stille Badplätze, Wirtsbuden und Salons mit tiefen Sesseln. Um solche Plätze - und um ein paar andere - geht es in diesem Buch. Mal zu Touren zusammengepackt, mal als Ausgangspunkte einfach so zur Wahl gestellt, weil sich die Dinge meist ohnehin entwickeln. Mal ein Holzofenbrot kaufen, eine Käserei besuchen, auf ein Rehragout einkehren oder über Nacht bleiben. Abhauen, Rumtreiben und Ankommen. Oder so: Eine Art Schlüsselbund für das Land am Oberrhein. Der eine paßt vorne, der andere an der Hintertür.

Reisen in die Nähe - bitte zuerst lesen

Oasen am Oberrhein? Ja, aber in einem sehr erweiterten Sinn. Also auch am Hochrhein, am Doubs, im Jura, im Alpenvorland, sogar in den Alpen. Warum nicht, das Land am Oberrhein lebt von der Grenzüberschreitung, der gelernte Rumtreiber sowieso. Die Enge des Raumes sei anderen Geistern überlassen. Der Südschwarzwald und das Südelsass sind Ziele, die in meinen kulinarischen Reiseführern (ebenfalls im Oase Verlag) ausführlich vorgestellt werden, beide Regionen werden in diesem Buch nur gestreift.

Zu den Preisangaben. Im Text finden Sie reichlich Hinweise zu Tisch und Bett, zum Einkehren und Unterkommen in drei Ländern. Statt konkreter Preisangaben, die sich während der Buchlaufzeit ständig ändern können und gerade bei Hotels je nach Saison, Zimmergröße etc. stark schwanken, finden Sie Angaben zum Preisniveau, in Relation zu den ortsüblichen Preisen. Eine erste Orientierungshilfe, mehr geht einfach nicht.

Karten: Viele Touren machen mit einer Karte die doppelte Freude. Gute Wanderkarten im Maßstab von 1:50.000 ber-

gen eine Detailfülle und Anschaulichkeit, die wesentlich zum Landschaftserlebnis beiträgt. Die brauchbarsten Karten stammen nach wie vor vom Landesvermessungsamt (Mitarbeit Schwarzwaldverein), für die Schweiz vom Bundesamt für Landestopographie, dessen 'Schweizer Landeskarten' eine weltweit unerreichte Kartenqualität bieten. Gönnen Sie sich diesen Genuss, wer an Karten spart, vergibt eine Dimension der Landschaftserfahrung, man ißt ja auch nicht ohne Besteck. (Hinweise zu Karten jeweils im Adressenteil der einzelnen Kapitel). Die Übersichtskarte und die Skizzen im Buch können nur der groben Orientierung dienen. Dies ist ein Fahrten-, Lese- und Taschenbuch, aber kein Landkartenersatz.

Vollständigkeit. Hier ist eine, meine persönliche Auswahl an Nischen und Touren, die mal zu einem langen Nachmittag oder auch zu einer kurzen Woche passen. Dazu Anregungen und Gedanken, mal mehr zum Streunen, mal dicht an der geplanten Route - was im Lauf der Jahre eben so zusammenkommt. Mag sein, daß die eine oder andere Ofenbank nicht mehr dort steht, wie sie im Buch steht. Die 'Oasen am Oberrhein' leben auch von Ihren Erfahrungen. Verlag und Autor freuen sich über Hinweise, Anregungen und Kritik.

Freiburger Fassadengestaltung: im 13. Jh.

Freiburg innenrum

**Eine Reise in die eigene Stadt gehört zu den heiklen
Übungen. Zwar ist Freiburg nicht meine Stadt - weder
bin ich dort geboren, noch habe ich vor, in Freiburg zu
sterben - aber die Stadt ist mir vertraut. Einige Leser werden ein ähnlich komfortables Problem haben.**

Angeblich gibt es zwei Sorten Freiburger: Solche, die schon
hier sind und solche, die noch her wollen. Tatsächlich spricht
einiges für Freiburg als Oberzentrum spätmodernen Wohlle-
bens. Geht es um Freizeitwert und Therapeutendichte, idyllische Pflastergassen und ökologische Siedlungskonzepte,
Mülltrennung und Theatergruppen, Fahrradwege und Kurz-
passspiel, Freiburg spielt immer mit. Eine kleine Großstadt,
die zwischen Wohlfühlmetropole und Behaglichkeitsfalle
pendelt. Hannover sei eine Autobahnausfahrt zwischen Bre-
men und Hamburg, meinte Wiglaf Droste einmal. Freiburg
liegt auch nahe der Autobahn, ins Fegefeuer der Behaglichkeit führen aber gleich drei Abfahrten.

   Wer im Frühling, der im sonnenverwöhnten Breisgau
selbstredend früher als anderswo beginnt, durch die verkehrs-

Im 20. Jh.

freie Innenstadt schlendert, wähnt sich auf einer urbanen Hängematte. Die Grünflächen längs der Dreisam sind schon am Vormittag so gut besucht wie die Straßencafés, wo zwischen Oleander- und Palmenkübeln der erste Latte Macchiato eingenommen wird. Wobei in so einem reizarmen Sozialklima selbst die Klischees eine etwas längere Halbwertszeit besitzen: Manche Studenten wohnen hier tatsächlich noch in gelborange gestrichenen Altbauzimmern. Rastawürste und Thiersebärte werden bis in die Innenstadt getragen. Regelmäßig tauchen im Stadtbild Liegeradler auf, für die der Allgemeine Deutsche Fahrrad Club (ADFC) auch mal eine „Liegeradtour ins Elsass" organisiert, „Abfahrt um 9 Uhr an der Fahrradstation/Blaue Brücke".

Eleganzverbot und Mülltrennung

Ursula Knöpfle, Cornelia Hösl-Kulike und Renate Holub-Gögelein teilen sich im Jahr 2003 die beiden Stellen zur ‚Gleichberechtigung der Frau'. Die 46 Freiburger Frauengruppen haben vorsorglich schon mal 300 Unterschriften zum „vollständigen Erhalt" der Einrichtung sammeln können. Alles in allem scheint Freiburg nicht nur bei der Sonnenscheindauer, sondern auch mit seinen kommunalen Problemen gut bedient: zwei Windmühlen auf der Holzschlägermatte liefern Diskussionsstoff, der monate-, wenn nicht jahrelang vorhält. Selbst Punker und deren Begleithunde wirken hier eigenartig wohlerzogen. Eigentlich erinnert nur die Graffitidichte an eine Großstadt, vielleicht aber auch nur an den badischen Schlendrian beim Fassadenputz, der mitunter sogar bis ins Humane durchschlägt. Eine Zugereiste sagte mir einmal: „Ihr habt eine so schöne Stadt, aber warum sind die Leute hier so schlecht angezogen?" Was soll man da sagen, gehören Begriffe wie Solarhauptstadt und Eleganzverbot zusammen? „Vor lauter Mülltrennung vergißt hier Mancher den richtigen Zeitpunkt zur Entsorgung der eigenen Kleidung." Muß nicht stimmen, könnte aber. GoreTex-Jacke und Rucksack gelten in Freiburg als salonfähig.

Eine depressive Grundströmung, wie sie aus den U-Bahnschächten deutscher Großstädte weht, ist in der Breisgaumetropole trotzdem nicht zu schmecken. Allein schon, weil es hier keine U-Bahn gibt. Dafür stehen auf den Gelenkbussen der Verkehrsbetriebe Worte wie 'Grünwellig'. Eine Hausbrauerei wirbt mit dem Slogan: „Naturtrüb wie unsere Stadt." Auch politisch schmeckt es in Freiburg nach Konsens. „Badische Lösung" heißt ein traditionelles Freiburger Verfahren zur Konfliktumgehung, das derzeit bundesweit Karriere macht. Dabei werden die Kontrahenten solange in Gremien ein- und wieder ausgebunden, bis ihnen schwindlig wird. Wer dann noch nicht genug hat, kommt in einen Förderkreis. Die Freiburg-Kolumne der einzigen Regionalzeitung heißt 'Münstereck' und sie liest sich in etwa so. Wobei es in Freiburg keine Presse gibt, sondern die 'Badische Zeitung'. Eine Institution, die ihren Lesern darlegt, weshalb es daheim so gemütlich und in der Welt so garstig zugeht.

„...Sonntagsgeschichten für ein bigottes oder weniger bigottes Lokalblatt schreiben und am Fuße des alles überlebenden Münsterturmes Würstchen mit Senf essen." - Der Schriftsteller Christoph Meckel, der seine Heimatstadt beizeiten in Richtung Süden verließ, ahnte, wie alles enden könnte. „Na-

In der Altstadt, am Adelhauser Platz

türlich bin ich hier geboren, das leugne ich ja gar nicht." Hat Heinrich Böll mal über Köln gesagt.

Freiburg hat gut 200.000 Einwohner, eine Universität, allerlei andere Institute, die Caritas, einen Erzbischof und Dieter Salomon, den ersten grünen Oberbürgermeister einer deutschen Großstadt. Dessen Wahl konnte aber nur überregional Erstaunen auslösen, die schwarzgrüne Kohäsion ist in einer nahezu industriefreien Universitätsstadt, die von Weinbergen, Mountainbike-Strecken, Rahmschnitzellokalen und Vesperbeizen umzingelt ist, nun mal größer als anderswo. Wobei ziemlich egal ist, ob gerade mal die Eltern oder die erbenden Kinder ein wenig schwärzer oder grüner sind. Der eine bringt den Spargel, der andere den Wein, der Abend ist gerettet.

Dabei zeigen die Stadtteile durchaus Unterschiede. Westlich der Bahnlinie, auf dem weiten Schwemmland zum Rheintal hin, beginnt der übliche Wechsel von Bau- und Abholmärkten, unterbrochen von Siedlungen, die mal breiter, mal höher ausfallen. Etwa in Weingarten, wo die Hochhäuser so optimistisch bunt gestrichene Fassaden haben wie in Berlin-Hohenschönhausen. Die geringe Zahl abgefackel-

Kiez mit Hinterhofcharme - josfritzcafe

ter Mülltonnen zeigt aber, daß die sozialen Gräben über-
windbar sind. Für die gut situierten Bewohner der Hang-
viertel im Osten kommt eine Fahrt in den Westen, nach 'Freiburg ex'- wie die Gegend im kleinen Kreis auch mal genannt
wird - dennoch eher zum Reifenwechsel in Frage. Der Unterschied zwischen den neueren Stadtteilen im Westen und den
alten im Osten diesseits der Bahnlinie, ist schnell erläutert:
im Osten kommt auch mal der Oberbürgermeister zur Eröffnung von Festen, im Westen kommt der Sozialbürgermeister.

Zwischen Jos Fritz und Colombi

Zum geruhsamen Ausloten des sozialen Spektrums der Stadt
eignen sich im Übrigen zwei Caféterrassen, auf denen man
an warmen Tagen beschaulich unter Kastanien weilen kann,
womit die Gemeinsamkeit der Orte aber schon erschöpft
wäre: Das *Jos Fritz Café* und das *Café* des *Colombi-Hotels*, zwei
stadtbekannte Häuser, die gleichsam die sozialen Pole der
Stadt repräsentieren. Wer beide Plätze nacheinander besucht,
hat sich die gesellschaftliche Bandbreite Freiburgs schon mal
ersessen.

Café und Buchhandlung *Jos Fritz* liegen nur wenige Meter vom Hauptbahnhof entfernt in der Wilhelmstraße, an einer Stelle, wo zweierlei Freiburg aufeinandertreffen. In Richtung Bahnhof und Konzerthaus das neue Freiburg, mit viel Glas und geschwungenen Dächern am Konzerthaus. Betonsegel, wie sie findige Architekten in der Aufbruchzeit der 90er über die Eingänge von Repräsentationsbauten setzten. Die großen Freiflächen dazwischen, Treppen und Betonabsätze dienen bewegungsfreudigen Skatern als Trainingsgelände. In die andere Richtung das Grün-Viertel, mit letzten Hinterhöfen, reichlich Graffiti, einem Kyosk und Hunden, die Leuten hinterhertrotteten, die auch trotten. In der Nacht zum ersten Mai ist hier wie üblich ein wenig Klein-Kreuzberg, mit Musike, Flaschenbier und Lederjacke, aber sozialverträglich. Plündern und Autofackeln gehörte im Freiburger Kiez jedenfalls nie zum Kanon der autonomen Kampfsportarten. Mittendrin der Buchladen und im Hinterhof mit dem unfreiwillig komischen Namen 'Specht-Passage' dann das Café Jos Fritz. Früher Abfahrtsort der Mannschaftswagen nach Mutlangen, Wyhl und Gorleben. Heute kein Stachel im bürgerlichen Fleisch, mehr so eine Art verwachsener Knubbel, der einfach fehlen würde. An einem hellen Sommertag ist das Café nicht der schlechteste Platz, um einen anregenden Text zu lesen. Bei dunklem Wetter besteht allerdings, wie so oft an den letzten linksalternativen Sammelplätzen, erhöhte Infektionsgefahr. Man holt sich dort leicht den Blues.

In der Sommerhitze bietet auch die kastanienbeschattete Gehsteigterrasse vor dem *Colombi Café* eine nette Sitzgelegenheit. Das Hotel und das Restaurant rangieren unter 'erstes Haus am Platz', wie man so sagt. Wenn hier ein Topf vom Herd fällt, oder Semiprominenz tafelt, steht es am nächsten Tag in der Zeitung. Wir befinden uns im Colombi demnach am anderen Ende des sozialen Kletterbaums, was schon daran zu erkennen ist, daß freie Plätze eher mit Einkaufstüten als mit hochgelegten Füßen belegt sind. Gleich wie, Vorbeiziehendes wird sowohl im Hinterhof von Jos Fritz als auch auf dem halbschattigen Präsentierteller vor dem Colombi mit Hingabe betrachtet. Auch sonst eint die Besucher der beiden

Cafés vermutlich mehr, als sie wahrhaben wollen. Allein schon die Abgrenzung von der konturlos wabernden Mitte beansprucht in beiden Gruppen etwa gleichviel Energie. Allerdings zeigt der Besuch, daß Haltungsfragen in Freiburg, gleich welches Ende der Skala man betrachtet, nie mit der letzten Konsequenz betrieben werden. Das gilt auch für den Platz in der Mitte: das *Theatercafé* liegt in mancherlei Hinsicht zwischen den beiden Polen Colombi und Jos Fritz. Weitere Details im Adressteil.

Wiehre oder Herdern

Was Raumhöhe und Standesbewußtsein angeht, sind die beiden Zone 30-Altbauviertel 'Wiehre' und 'Herdern' nach wie vor tonangebend. Der Ruf auf einen Lehrstuhl in Freiburg korrespondierte früher gewöhnlich mit einer Wohnadresse im höhergelegenen **Herdern**, wo eine besonders begehrte Straße nicht nur 'Sonnhalde' heißt, sondern auch entsprechend liegt, Münster- und Vogesenblick sind hier selbstverständlich.

Emeritierte Professoren schwärmen bis heute davon, daß eventueller Baulandbedarf in den C-4 Lagen Herderns früher schon mal auf dem kurzen Dienstweg geklärt werden konnte. Mit der Zeit haben sich die Habilitationsverfahren bekanntlich geändert, ein begehrter Lehrstuhl ist heute nicht mehr so eng mit exklusiven Liegenschaft korreliert, was vielleicht mehr über den Zustand der deutschen Universitäten sagt, als allerlei Papier zur Rettung derselben. Aber noch immer gibt es in Herdern Gattinnen, die ihren Bekanntenkreis nach einer Vor- und einer Nachmittagsfreundin trennen, je nach Bewegungsbedarf der begleitenden Hunde. Solche Hunde sind ja immer auch Zeigertiere. Wohlstands-, Armuts-, auch Anstandszeiger. Penner und Förster haben die besterzogenen Hunde, heißt es. Beim Mittelstand ist es so eine Sache, und bei den aggressiv gewordenen Wohlstandsverlieren trifft man auf die meisten Doggengesichter - auf beiden Seiten der Leine.

In weiten Schleifen führt die Winzererstraße von der Innenstadt hinauf nach Herdern und zum Mercure-Hotel *Jäger-*

Vorne raus Glycinien, hinten Basilikum - in der Wiehre

häusle. In den Hangfalten die schönsten Villen der Stadt, dazwischen einige schicke Penthousecontainer und Reste letzter Rebhänge - Herdern war ja mal ein Dorf. Heute gibt es hier in etwa so viele Hunde wie Jogger, wobei letztere meist kein Doggengesicht tragen, was ein Indiz für die entspannte Stimmung im Viertel ist. Darüber das Hotel Jägerhäusle, das aber nur so heißt, mit seiner Sichtbetonfassade eher aussieht wie ein richtiges Mercure-Hotel eben so aussieht. Über die Anfänge der Bebauung dieses himmlischen Fleckens wird viel gemunkelt, sie liegen aus heutiger Sicht im gnädigen Dunkel der Wirtschaftswunderzeit.

Ältere Herdermer erinnern sich jedenfalls, daß irgendwann einmal wirklich jenes kleine Jägerhäusle im Wald stand, das bis heute für den Namen des Hotelkomplexes steht. Später gab es dort was zu trinken, einfach zu vespern und es ging weiter wie im Märchen. Das Häusle wuchs und wuchs, so wie der ehemalige Kleinbauern- und Weingärtnerstadtteil Herdern heranwuchs. Ställe wurden ausgebaut und der eine oder andere zahlende Student zog dort ein, wo zuvor eine Sau oder etwas Kleinvieh für immerhin bescheidenen Lebensstandard sorgte. Straßen krochen den Berg hoch, Obsthänge wurden zu Goldminen, Bürgervereine schützen ihr Reduit gegen

Klandestiner Fleck in Herdern - zwischen Sonnhalde und Eichhalde

Nachrücker, die sich um die letzten Stücke vom Kuchen balgen, der mit Hanglage und altem Baumbestand dekoriert ist. Das Übliche.

Mittendrin konnte sich um St. Urban, der alt und gut eingewachsenen Reha-Klinik dort und dem 'Urbele-Park' drumrum so etwas wie eine Enklave halten. Bis vor ein paar Jahren noch mit einem kleinen Schwimmbad, das öffentlich, aber eigentlich doch privat war. (So ähnlich wie das höchst klandestine 'Licht- und Luftbad' zwischen Sonnhalde und Eichhalde). Demnächst wird im Urbele über Geschossflächenzahl, Dachneigung und Abstandswerte neu zu entscheiden sein.

Freiburg von oben: Jägerhäusle und Kagan Bar

Über all dem und allein gelegen das Hotel *Jägerhäusle* über der Wintererstraße. Die Terrassen bieten herrlichen Blick auf die Stadt, dazu gibt es die in Mittelklasse-Ketten-Tagungshotels erwartbare Bewirtung. Eine Etage tiefer, gerade am oberen Scheitelpunkt, wo die Wintererstraße zur nicht minder prominenten Eichhalde wird, hat sich eine Art Dämmerungs- und Panoramaparkplatz etabliert, der gleich an den

Neues Freiburg - Bahnhofsachse mit Tangobrücke und Turm (Kagan)

Halteverbotsschildern zu erkennen ist (Nachtparken verboten, Zärtlichkeiten gestattet). Allabendlich kommt es zur großen Koalition von Spaziergängern, Vorstadtjugend, Kiffern und ganz normal Verliebten, die sich an Sonnenuntergang und Münsterblick laben. Gleich darüber ein Stück offenes Land, das eigentlich Himmelswiese heißen müßte. Von den Sitzbänken an der Eichhalde führt der schmale Hebsackweg dort rauf (Schild: 'Eichhalde 4-12'). Die letzten Lücken auf dem Panorama-Scheitel rechts sind nun bebaut, die Wiese links davon gehört der Allgemeinheit. Noch spät im Herbst und gleich wieder im Frühling: Paare auf der Wolldecke in der Abendsonne, Einzelgänger auf dem Rückweg von Hochwald und Roßkopf. Eine Raumstation keine zehn Minuten von der Stadt. Freiburg ist die Schwarzwaldhauptstadt, stimmt schon, näher und intimer als hier begegnen sich Schwarzwald und Hauptstadt nirgends.

Der englische Architekt *Cedric Price* hat die drei Hauptstadien der Stadtentwicklung mit den klassischen Zubereitungsarten des Hühnereis verglichen: Die befestigte, mauerbewehrte Stadt gleicht bis zum Barock dem hartgekochten Ei in fester Schale. In der Folge der industriellen Revolution zerfließen die Stadtränder dann wie beim Spiegelei. Die moderne, nachindustrielle Stadt gleicht dagegen einem Rührei, bei dem Zentrum und Peripherie heftig vermischt wurde. Von oben gesehen hat Freiburg, rein städtebaulich betrachtet, das postindustrielle Stadium des Rühreis noch nicht erreicht, was vielen Einwohnern als Glücksfall erscheint. Die Ränder zerfließen zwar da und dort wie beim Spiegelei, zum Schwarzwald hin sorgen Berg und Tal aber für klare, ansehnliche Konturen. Und wie eh und je sind Altstadt und Zentrum eins und einzig wie Eigelb, jedenfalls kein Rührei. Noch deutlicher als von Herderns Panoramastraßen aus wird die Siedlungsstruktur Freiburgs im Übrigen von der *Kagan-Bar* im 17. Stockwerk des Bahnhofsturms. Ein Platz, der jedem Neufreiburger allein wegen der Übersicht zu empfehlen ist, deutlicher als von dort oben sind der Reiz und die Beschränkungen der Stadt anderswo kaum zu sehen.

Patchwork in der Wiehre

Im ebenso altbaureichen wie gemütlichen Stadtteil **Wiehre** liegen die Verhältnisse etwas anders: Bei Wahlen gelten grüne Ergebnisse unter 30 Prozent als Niederlage, während Christdemokraten mit der 20 Prozent-Hürde kämpfen, eine Arbeiterklasse ist nicht mal in Resten zu erkennen. Aus einem ehemaligen Beamten- und Pensionärsviertel wurde vielmehr eine Hedonistenfestung, deren Stuckdeckencharme von alten Kämpfern und neuen Erben gleichermaßen geschätzt wird. Nirgendwo sonst läßt sich die Wandlung ehemals bewegter Naturen zu Lebensstil-Patchworkern besser beobachten. Die Vorgärten befinden sich im Zustand gepflegter Verwahrlosung, auf Balkonen wächst mediterranes Würzkraut, in der Küche haben Balsamico und Rucola das Maggikraut längst verdrängt. Wobei auch Wiehre längst nicht Wiehre ist, im noblen Holbeinviertel, zwischen dem Kleinod *Lorettobad* und den ersten, freien Wiesen in Richtung Günterstal gelegen, im Holbeinviertel mangelt es an ausgebauten Dachgeschossen, Fahrradgaragen und werdenden Vätern. Man lebt hier - mit gebührendem Abstand - eher neben- als miteinander. Kurioserweise wird das Holbeinviertel von der Kleingärtneran-

Charmantes Garni - Hotel Alleehaus

lage an der Wonnhalde begrenzt. Das Vereinslokal *Wonnhalde* ist der Öffentlichkeit zugänglich, bislang wird das - im Vesper-, Schnitzel- und Kartoffelsalatsektor - bemerkenswert solide Angebot, aber kaum von Stammesfremden angenommen. Vereinzelt kommen ein paar fremdartig Gekleidete vom noblen Lorettoberg herunter, wo die Drei-Zonen-Kühlschränke sicher nicht schlecht gefüllt sind - manchmal zieht es einen halt unter die Leute.

Vor dem Kommunalen Kino im Alten Wiehrebahnhof findet am Mittwochnachmittag ein gut beschickter Wochenmarkt statt. Mütter kommen mit Kindern, die im Konjunktiv erzogen werden: „Jurek, würdest du mal bitte herkommen..." Es gibt Ziegenkäse und Energiefood, Lauchstangen wachsen aus den ganzledernen Satteltaschen schwarzer Tourenräder mit Magura-Hydraulikbremsen. Man kennt sich aus der Tangoschule oder vom Bürgerverein. Soviel Nähe schafft auch Selbstvertrauen, Radfahrer treten hier mitunter wie Herrenreiter auf, was allerdings für ganz Freiburg gilt. Autofahrer – die der ehemalige Leiter des Freiburger Ordnungsamtes als „nicht resozialisierbar" – einstufte, schleichen dagegen mit der gebotenen Vorsicht über die rechts-vor-links-Kreuzungen. Die muntere Quartiersgaststätte *Omas Küche* hat sich

Kulturschaffende im Marienbad

in den letzten Jahren als Vereinslokal etabliert. Der Zettelkasten am Eingang gibt einen ersten Überblick über die aktuellen Therapieangebote, das Spektrum reicht von ganzheitlicher Heilung mit körpereigenen Energiefeldern bis zum Familienaufstellen nach Hellinger, eine Reiki-Lehrerin behandelt traumatisierte Hunde. Auf der Herrentoilette ist ein Wickeltisch, die Nudeln 'Frutti di Mare' liegen im Hochwasser.

Im Stadtteil Wiehre gibt es aber nicht nur weiche Zonen. So dient die renovierte, ehemals städtische Badeanstalt Marienbad heute nicht nur als freie Theaterbühne, sondern auch als Treffpunkt für straff organisierte Kader aus der weiten Welt organisierten Gutmenschentums. Wenn die Toleranz, schlimmer noch, die Subvention unserer Kulturschaffenden strapaziert wird, kommt es hier zum Tribunal wegen Ausgrenzung, Kulturfeindlichkeit und noch Schlimmerem. Bei vollem Haus und dicker Luft trifft sich dann eine landesweit bewährte Eingreiftruppe aus lokalen Empörungsprofis und überregionalen Experten. Der bundesweite Reflex zwischen Etatkürzung und Entrüstung findet im Marienbad gleichsam einen würdigen Rahmen, neulich etwa anlässlich geplanter Etatkürzungen beim Stadttheater, auf die umgehend mit einer Veranstaltungsreihe reagiert wurde, Motto: 'So ein Theater'. Die Bewirtung auf WG-Niveau ist der Bedeutung mancher Themen allerdings nicht angemessen.

Nur ein paar Häuser weiter bietet das *Alleehaus* eine ebenso charmante wie günstig gelegene Übernachtungsmöglichkeit. Ruhige und innenstadtnahe Lage des 20 Zimmer-Garni sprechen ebenso wie die vergleichsweise günstigen Preise für das Haus. Ein idealer Stützpunkt für alle, die innenstadtnah unterkommen möchten.

Alte Mitte und neuer Ökokiez

Ziemlich genau in der Mitte zwischen den beiden Behaglichkeitspolen Herdern und Wiehre liegt der *Münsterplatz* und da gehen alle hin. Freiburger an den Marktvormittagen, die, je älter die Woche wird, immer üppiger werden. Am Samstagvormittag kommt es dann vor den schönsten Wurstbuden der Christenheit zu einer Implosion der Sinne. Vorzugsweise auf der Nordseite, wo Erzeuger vorwiegend regionales Gewächs anbieten. Gelernte Freiburger unterscheiden sich von Touristen dadurch, daß sie ihre Blumen auf dem Markt kaufen. Ältere Damen in weitem Leinen, die ihr Handpendel auch mal überm Blumenkohl kreisen lassen, stammen vermutlich aus einem der eingangs erwähnten Altbauviertel. Abends trifft man überwiegend Reisegruppen, Kongressteilnehmer und emeritierte Professoren auf dem Münsterplatz, dessen Gastronomie sich dieser Klientel weitgehend angepaßt hat.

Für eine Flasche Wein in urbadischer Stubengemütlichkeit taugen nach wie vor *Oberkirchs Weinstuben* - und nur diese. Wobei auch dort nur Touristen, Tagungsgäste und Reisegruppen draußen sitzen. Nebenbei zeigt ein Vergleich der zentralen Plätze in den drei großen Städten der Region auch einige Unterschiede der innerstädtischen Grundstimmung: Basel mit seiner merkantilen, bisweilen etwas spröden Eleganz; Straßburg, trotz aller Fachwerkidylle eine vitale Großstadt mit vielfältigen Einkaufsmöglichkeiten; Freiburg schließlich mit einer Bobbele-Behaglichkeit, die zwischen

Mythen und Legenden - Freiburgs Gastronomie

Selbstzufriedenheit und Gelassenheit pendelt. Wobei die empirisch nur schwach unterlegte Selbstzufriedenheit für Auswärtige mitunter schwer zu ertragen ist. Gelernten Freiburgern ist mit Argumenten eben nicht beizukommen - wer im Paradies lebt, interessiert sich wenig für die Umgebung. Was das aktuelle Bild der gegen Kriegsende schwer gebeutelten Innenstadt angeht, kann man ja durchaus geteilter Meinung sein. Was Stadtbild, Warenangebot und Gastronomie angeht, zehrt Freiburg von einem Gemisch an Mythen, zähen Vorurteilen und arg gefährdeten Restbeständen. So zeigt schon ein Gang durch die Innenstadt einen Filialisierungsgrad und eine Konformität des Angebots, die Sorgen machen muß. Die Entwicklung ist auch anderswo unerfreulich, aber ein Blick nach Straßburg oder auch nach Basel würde genügen, um zu sehen, daß Vielfalt und Kaufkraft nicht unbedingt mit der Länge der Bächle zusammenhängen.

Ähnlich die Situation im gastronomischen Bereich, es fällt schwer, ein einziges Lokal in der Innenstadt zu empfehlen, das eine unkomplizierte und redliche Küche bietet, eine bezahlbare Küche die den Ansprüchen einer aufgeklärten Kundschaft entgegenkommt. Erstklassige Produkte (die es hier ja zuhauf gibt), handwerklich sauber zubereitet, effektiv

Gossengastronomie - hinter der Universität

serviert. Womöglich noch ein paar Standards, auf die man sich verlassen kann: Ein grad runtergebratener Fischteller (ohne Dialog von und zu), italienische Pasta in Originalqualität, alles zuviel verlangt in der Breisgauer Gourmetmetropole. Stattdessen mediterranes backe-backe Kuchen: Aushilfen dilettieren an Espressomaschinchen, Jungköche rühren nach einem Kurzurlaub im Club Aldiana munter Risotto (oder was sie dafür halten), drapieren Allgäuer Mozzarella getreu dem Credo aller Kreativköche: „Unser Basilikum gib' uns heute". Kohl heißt jetzt Merkel, aus Maggi wird Balsamico, aber es schmeckt halt noch wie früher. Was bleibt, sind Kompromisse, angesichts der gastronomischen Situation im Zentrum ist man jedoch froh, daß es zumindest noch zuverlässige Lokale in der gehobenen Mittelklasse gibt, führend hier *Kreuzblume* und *Enoteca*.

Ökokaserne

Eine individualisierte Bohème, wie sie sich in den beliebten Freiburger Altbauvierteln etabliert hat, sucht man in Freiburgs neuestem Stadtviertel vergeblich. Das Vauban-Quartier ist eines der Vorzeigeprojekte der Stadt: Auf dem ehemaligen

Kasernengelände der französischen Streitkräfte entsteht hier seit gut zehn Jahren eine Art Utopia zwischen Solargarage, Plusenergiehaus und Vakuumtoilette. Konversion auf 38 Hektar mit all den Errungenschaften des ökologisch-emanzipatorischen Komplexes. Für die einen die 'Grüne Hölle', für die anderen ein Lebenstraum, mit Baugruppen, 'KFZ-armer Gemüseanlieferung' und einer 'Hebammerei', die milieugerecht entbindet.

Man lebt im Vauban-Viertel eng nebeneinander und verkehrsberuhigt, keinesfalls billig, stets umgeben von Verständigungsprofis. Bei Druck im Kiez hilft die 'Koko', eine 'konstruktive Konfliktberatung', die bei Spielplatzlärm und anderen Quisquilien bereit steht, die verdichtete Wohnformen mit sich bringen können. So führte das Geratter handgeschobener Bobby-Cars schon zur Bildung einer 'Flüsterreifen-Initiative'. Am obligatorischen Abenteuerspielplatz hat sich eine gemischt bestückte 'Hühnergruppe' gebildet, deren drei Hähne mußten allerdings nach Anwohnerbeschwerden aus der Gruppe entfernt werden. Eine ganz normale Eckgaststätte, die vor soviel Bürgersinn Schutz böte, gibt es hier konsequenterweise nicht. Wer weiß, vielleicht bringt es die Zeit noch mit sich, daß dereinst Wolgadeutsche oder gar litauer Radikalökologen mit etwas anderen Vorstellungen von Bürgernähe in die ersten zwangsversteigerten Scheidungsobjekte einziehen. Wäre interessant zu erfahren, welche Strategien die konstruktive Konfliktberatung dann bereithält.

Eltern, die Kinder im Vauban-Distrikt besuchen möchten, oder Kinder, deren Eltern dort gelandet sind, wegen der in der Regel doch etwas beengten Wohnverhältnisse aber keine Gästebetten anbieten können, finden in der nahen (und selbstständigen) Gemeinde Merzhausen Unterkunft. Das neue *Hotel beim Hirschen* liegt freundlich und ruhig, mitten in der nahen Hexentalgemeinde Merzhausen, also dort, wo der Speckgürtel Freiburg nicht drückt, sondern ziert. Der zur Hoteliersfamilie gehörende ultragemütliche *Hirschen* zählt zu den Lokalen, in denen bürgerlicher Altbestand und statusbewußte Nachrücker zum kurzweiligen Stelldichein zusammenfinden.

Freiburger Präferenzen: mediterran und bequem

Wie jede erwachsene Stadt bietet Freiburg aber auch seine eigene Negation. Zwischen Vorstadt, Bohèmequartier und Ökokaserne findet die gelassene Mitte ihren Platz und die zeigt sich recht unbeeindruckt von den Freiburg-typischen Überformungen und Auswüchsen. Wie in anderen Ballungsgebieten der gemütlichen Antimoderne, übt sich auch im Breisgau die Mehrzahl der Hedonisten, in der Kunst, wesentlichen Problemen des Lebens in Teilzeit nachzugehen. Handlicher Zuschnitt, eine angenehme Balance zwischen Nähe und Diskretion, vor allem aber das beruhigende Gefühl, daß die Feuerträger der Moderne anderswo wirken, sorgen für ein städtisches Lebensgefühl, wie man es sonst eher auf einer kleinen Hafenmole genießen kann. Kommen und Gehen, aber kein aggressives Gedränge. Bezeichnend, daß ausgewanderte Ex-Freiburger von zwei Stimmungen berichten. Die einen plagt lang anhaltendes Heimweh, andere berichten von einer längst fälligen Befreiung. Mehr kann man von so einer Stadt eigentlich nicht erwarten.

Tisch und Bett und mehr

i *Freiburg Information*, Rotteckring 14, 79098 Freiburg, Tel. 0761-388 18 80, Fax: 370 03. www.freiburg.de. ADAC, am Karlsplatz 1 (Innenstadt, nahe Münster).

Vademecum: Im folgenden nur Hinweise zu den im Text genannten Plätzen und Orten. Umfassend wird der gastronomisch-kulinarische Komplex in und um Freiburg in Wolfgang Abels Regio-Reisebuch behandelt, das regelmäßig aktualisiert wird: Freiburg, Breisgau, Markgräflerland, Gastronomie-Wein-Landschaft. Ebenfalls im Oase Verlag, 79410 Badenweiler, Tel. 07632-7460. www.oaseverlag.de

Das erste Mal - Übersicht für Neuzugänge: Neben dem Hauptbahnhof gibt es einen hohen Turm und dort ganz zuoberst die Café-Bar-Disco-Laufsteg Multifunktionseinheit *Kagan*. Dem modischen Zusatz 'Lounge', den das Kagan ebenfalls führt, würde ich allerdings widersprechen, es handelt sich eher um einen Schauraum, der seine Funktion mit der Tageszeit ändert. Abends und nachts kommt viel Vorstadtbevölkerung, auch KFZ-Sachverständige und andere Experten, tagsüber mehr gemischtes Publikum. Alle genießen den Blick über die ansonsten niedere Freiburger Traufhöhe hinaus. Das Treiben ist gastronomisch und gesellschaftlich ohne weiteren Belang, der rundum verglaste Platz im 17. Stock bietet aber ein umfassendes - und wirklich sehenswertes - Panorama auf die Stadt. Sowie im Nahbereich ein Panoptikum der sozialen Riten aufstrebender, im Grunde aber benachteiligter Gruppen. Diverse Veranstaltungen und events, wie man so sagt. Geöffnet tägl. ab 10 Uhr, zum Wochenende hin bis in die frühen Morgenstunden. Tel: 0761-7672766, ansprechende und informative Netzseite mit aktuellem Veranstaltungskalender: www.kagan-lounge.de

- *Jägerhäusle.* Der mangelnde Gesamtcharme des Hauses, das zur französischen Accor-Gruppe gehört, wird durch die überlegene und ruhige Lage ausgeglichen. Die meisten der 84 Zimmer mit viel Sicht auf die Stadt (Zentrum ca. zwei Kilometer entfernt, Wander- und Sportmöglichkeiten direkt vom Hotel weg). Stimmung, Einrichtungen (ein älteres Hallenbad, dito Sauna, zwei Tennisplätze) und Restaurant sind im Stil internationaler Kettenhotels der Mittelklasse gehalten. Wie üblich bieten diese Häuser je nach Saison und Belegung Sondertarife und attraktive Specials an. 791104 Freiburg-Herdern, Winterer Straße 89, Tel. 0761-510 30, Fax: 510 33 00. www.accorhotels.com. **Preise**: mittel-gehoben

- *Alleehaus.* Vorteilhaft gelegenes und lauschiges 20-Zimmer-Altbau-Garni mit dem typischen Charme des Stadtteils Wiehre. Der Renovierungsrückstand wird durch gefällige Lage, günstige Preise und reizvolles Ambiente mehr als kompensiert. 79098 Freiburg-Wiehre, Marienstraße 7, Tel. 0761-338 76 00, Fax: 387 60 99. www.hotel-alleehaus.de. **Preise**: günstig-mittel

- **Hotel-Alternativen**, ebenfalls günstig in der Altstadt gelegen (mittlere Preislage): *Markgräfler Hof* (mit Restaurant), Gerberau 22, Tel. 0761-38 64 90. *Kreuzblume* (mit guter Küche, diese Mi Ruhetag), Konviktstraße 31, Tel. 0761-31194. www.hotel-kreuzblume.de. Bei höheren Ansprüchen: *Victoria*, Eisenbahnstraße 54 (zentralst, gute Ausstattung), Tel. 0761-207 33 40, www.hotel-victoria.de, Gästehaus im Gasthaus *Oberkirch*, vgl. weiter unten.

- **Merzhausen**, *Hotel beim Hirschen*, modern, zweckdienlich und familiengeführt im besserbürgerlichen Merzhausen (3 km südlich von Freiburg-Zentrum, guter Busanschluß direkt vor dem Haus). Acht Zimmer, sechs Appartements, im Parterre ein luftiges *Tagescafé* (*Café Tasse*, von Mo bis Fr bis 18.30, Tel. 0761-400810), gleich nebenan das zur Familie gehörende Gasthaus *Hirschen*, mit traditioneller, aber keinesfalls verstaubter Holz- und Kachelofengemütlichkeit. Plastikstuhlfreier Garten unter Weinlaub. Tel. 0761-402204. RT: So und Mo, sonst ab 17 Uhr. Tel. (Hotel): 0761-400 81 40. Internet für alles: www.hirschen-merzhausen.de. **Preise**: mittel.

- *Café Jos Fritz (josfritzcafé)*, nicht reizloses Rückzugsgebiet im Alt-Kreuzberger Nierentisch-Layout, gleichermaßen für Szenereste und Luxusmüde geeignet. Wilhelmstraße 15, Spechtpassage (im Hinterhaus des gleichnamigen Buchladens). Kleine Speisen, große Träume, ansonsten gut zur Entkopplung vom Alltag geeignet. Täglich so ab 10 Uhr geöffnet, am Mo bis 2 Uhr, Di bis 19 Uhr, Mi bis 20 Uhr, Do und Fr wieder bis 2 Uhr, Sa sogar bis 3 Uhr, So geschl., sehr diverse, teils randgruppengerechte Veranstaltungen. Tel. 0761-300 19 (Reservieren wäre ungewöhnlich, **Preise**: volksnah).

- *Theatercafé*, zentral gelegen und nett gestaltetes Café beim Theater. Topografisch und sozial liegt das Theatercafé ziemlich exakt in der Mitte zwischen den beiden weiter oben und unten genannten Cafés. Kulinarisch auf avanciertem WG-Niveau, der Gesamtbetrieb (auch das je nach Spielplan hereinströmende Theaterpublikum) erlaubt mannigfaltige Ausblicke auf Riten und Standards des erodierenden Mittelstandes. Insofern ebenso unterhaltsam wie lehrreich, bei Überdosierung aber schnell deprimierend. Bertoldstraße 46 (im Gebäude des Stadttheaters). Kleinstädtische Zeitungsauswahl, kein Ruhetag, bis ein Uhr geöffnet, abends mitunter Veranstaltungen. **Preise**: günstig-mittel

- *Café Graf Anton* (im und vor dem *Colombi Hotel)*, innen etwas gedrängt, neudeutsch verchromt und aufgespiegelt, allerdings längst nicht mehr auf der Höhe der Zeit. Außen im Halbschatten der Kastanien nicht ohne Reiz, zudem einer der wenigen Plätze Freiburgs, an dem einem die Bekanntschaft mit alleinerziehenden WindkraftaktionärInnen erspart bleibt. Rotteckring 16. Kein RT, bis 19 Uhr. Hotel und Restaurant Colombi: Tel. 0761-210 60, Fax: 314 10, www.colombi.de. **Preise**: mittel-hoch

- *Enoteca Restaurant* und *Trattoria*. Im *Restaurant* gehobene italienische Standards in fortgeschrittener, mitunter etwas selbstbewußt gepreister Interpretation. Üppige, streng italienisch orientierte Weinauswahl, diese ebenfalls stramm kalkuliert. Geschmackvolle Räumlichkeiten, fortgeschrittener, dabei unprätentiöser Service. Einfacher, aber keineswegs unbehaglicher die Stimmung in der Keller-*Trattoria* gegenüber, die sich mit ihrem Bruchsteinmauercharme auch für eine unkomplizierte Spontaneinkehr anbietet. Günstige Mittagsangebote in beiden Abteilungen. Gerberau 21 und gleich nebenan am Schwabentor. Tel. 0761-389 91 30. RT: Sonn- und Feiertage, warme Küche in der Trattoria bis gegen 23.30 Uhr. **Preise**: gehoben

- *Kreuzblume*, zuverlässige, badisch-französisch-mediterran orientierte Küche. Schöne Weinauswahl. Eine der wenigen, sicheren Bänke in der Altstadt (günstige Lage an der Schloßberg-Garage, mit vorteilhaft innenstadtnahen Gästezimmern). Konviktstraße 31, Tel. 0761-311 94, www.hotel-kreuzblume.de. RT: Mi. **Preise**: mittel-gehoben

- *Omas Küche*, Quartiergaststätte für alle Generationen und Therapieformen von Golf bis Qi Gong. Gut geeignet zur teilnehmenden Beobachtung der gerade vorherrschenden Riten im spätgrünen Millieu, dazu passend Speis' und Trank von Vegi-Lunch bis Sonntags-Brunch. Angemessene Betreuung von Gästen und Patienten durch tolerante und unerschütterbar freundliche Dienstleister. Tägl. geöffnet. **Preise**: günstig

- *Vereinsheim Wonnhalde.* Unauffällige, aber milieuechte Einkehr am besseren Rand der Stadt. Einfache und preiswerte Gerichte durchaus ordentlich gemacht, kleine Freiterrasse, zu beachten: 'Hunde bitte an kurzer Leine führen'. Freiburg-Wiehre, Wonnhalde 2 (bei der gleichnamigen Kleingärtner-Anlage), Tel. 0761-707 24 61. RT: Di und Mi, sonst ab 14 Uhr, Sa, So und Feiertage ab 11 Uhr. **Preise**: günstig

- *Oberkirchs Weinstuben.* Was die altbadisch-gemütlichen Innenräume angeht eine Ikone der Altstadt-Gastronomie, die bislang allen touristischen Dauerandrang rund ums Münster relativ heil überstanden hat. Küche gewöhnlich, Ambiente innen, besonders aber die (fair kalkulierte) Weinauswahl außergewöhnlich. Draußen auf dem Münsterplatz sitzen eigentlich nur Touristen und Gastprofessoren. Mit 26 Gästezimmern. 79098 Freiburg, Münsterplatz 22 (Südseite), Tel. 0761-202 68 68. Restaurant-RT: So. **Preise**: mittel-gehoben

- **Münstermarkt**, Münsterplatz, Mo bis Sa, von 7 bis 13 Uhr. Nordseite: Erzeuger- und Bauernmarkt mit überwiegend regionalen Produkten (offiziell erlaubter Anteil an überregionalem Zukauf max. 30%). Gegenüber auf der Südseite: überwiegend Stände mit Handelsware.

- **Wiehre-Markt**, beim alten Wiehrebahnhof (dort auch: Kommunales Kino)/Urachstraße 40. Marktzeiten: Mi 14-18.30, Sa 8-13 Uhr. Kleines, sehr einfaches Café im Alten Wiehrebahnhof, das je nach Tageszeit und Besuchern zwischen Abstellplatz und Ladestation oszilliert. Gast an der Theke: „Einen Roten". Gastwirt: „Spanisch oder badisch?" In der Regel von nachmittags bis ein Uhr nachts geöffnet, sowie während der Wiehre-Marktzeiten.

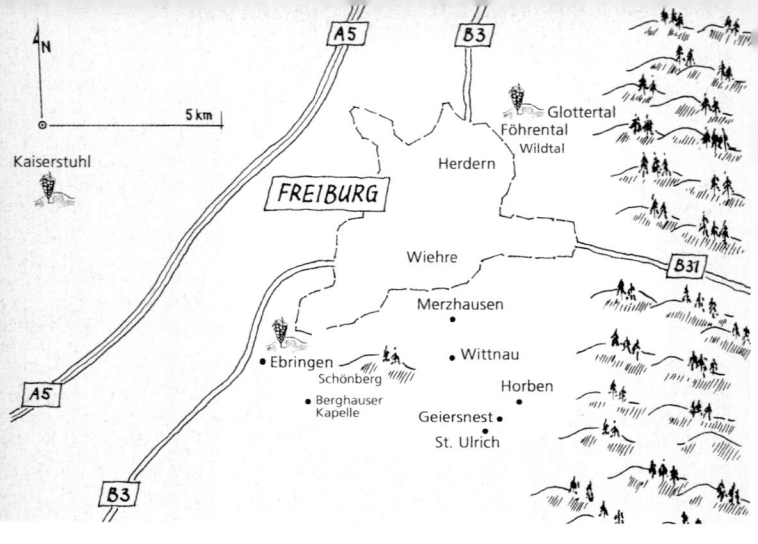

Freiburg außenrum

Einfach raus, ohne groß wegfahren. Nahe Freiburg gibt es ein paar reizvolle Ausgangspunkte zum Ablegen mit kleinem Gepäck. Ansatzlos abhauen, für einen langen Nachmittag, oder nach einer langen Nacht.

Föhrental statt Glottertal

Unmittelbar vor Eintritt in das hinlänglich bekannte und besuchte Glottertal gibt es eine Ausweichmöglichkeit. Das Föhrental hat keine Weinberge und keine geraniensatten Landgasthöfe mit Schwarzwaldteller und Wochenendgästen aus NRW. Es fehlen Busparkplätze und EC-Automaten, es lockt auch kein Volksfest zum Weideabtrieb. Das Vieh steht aber trotzdem auf den Wiesen, der Bach gluckst, das Land riecht, nach Laub, nach Heu und manchmal auch nach Silagefutter. Die Dimension der da und dort neu gebauten Ställe und Futtersilos, lassen das Leid der Landwirtschaft in neuem Licht erscheinen. Aber Idylle gibt es auch noch: etwa Ferien auf

Schönste Esskastanie nördlich der Alpen - am Wildtaler Eck

dem Lande und sauberes Rindfleisch einer *Erzeugergemein-schaft* (Info vor dem Kapellenhof).

Einfach anhalten und losgehen geht aber auch. Zum Beispiel beim Kapellenhof aus dem Tal raus nach Westen und rauf zum **Wildtaler Eck**. Der Sattel liegt nur 456 Meter über dem Meer, aber allein schon der steile Weg dorthin ist ein Aufstieg zum Himmelreich. Alte Obstwiesen mit Hochstämmen, die gepflanzt wurden, als es noch keine Handelsklassen und öffentlich-rechtlichen Obstbauberater gab. Im Herbst stehen auch mal Holzkisten mit kleinen, krummen Birnen am Weg. Am Hang darüber eines dieser Paare, das nach fünfzig Jahren Eindachhof und Birnensammeln so synchronisiert wirkt, wie es vorzugsweise bei Menschen in kleinen Tälern oder auf hohen Bergen zu sehen ist. Mostbirnensammeln ohne Worte. Am Schluß stehen ein paar Holzkisten auf dem Hänger, deren Inhalt eigentlich nicht verkehrsfähig ist.

Weiter oben wilde Zwetschgen am Weg, im Herbst Fallobst und ein gäriger Duft, der unter Penthousebewohnern etwas aus der Mode gekommen ist. Dann die ersten kapitalen Esskastanien, die weiter oben am Wildtaler Eck das Format eines Naturdenkmals bekommen. Eine Bank steht dort oben,

Im Föhrental

der Blick ins Rheintal ist grandios. Öfter überholen einen hier Geländeradfahrer, die keinen Blick für alte Esskastanien haben. Das macht nichts, wer nicht sieht, muß eben mehr treten. Mit 72 Millionen Fahrrädern steht Deutschland mittlerweile an der Weltspitze der Treter. Nur die Dänen und die Niederländer haben noch mehr Räder auf 100 Einwohner, aber dort ist es ja auch flach, jedenfalls gibt es keine Wildtäler Ecken. Die Velozipeden in Frankreich und Italien sind längst abgeschlagen, mit läppischen 21 und 26 Millionen Rädern. Aber die Franzosen nannten ihr Rad ja auch 'la petite reine' - und soviel 'kleine Königinnen' soll man ja nicht haben. Für die Deutschen ist das Fahrrad eher zum 'Großen Ventil' geworden und davon gibt es bekanntlich nie genug. Besonders im Land der Gleit- und Teilzeit, in 33,5 Wochenstunden kann sich schon was anstauen.

Die gute Allgemeinversorgung mit Fahrrädern führt hierzulande auch zur Ausbildung interessanter Sekundärtugenden. Der deutsche Familienvater muß mittlerweile mindestens eine Frau, ein Kleinkind und drei bis acht Räder in seinem Auto verstauen. Die anschwellende Kultur der Dach- und Heckgepäckträger wäre ebenso ein Thema, wie die Infla-

tion der Ablagefächer in den neuen Familien-Utilitätsfahr-
zeugen, mit vier individuell regelbaren Klimazonen. Eine Familie mit vier individuell regelbaren Klimazonen, das kann
nicht gut gehen. Aber wir sind auf dem Weg zum Wildtaler
Eck.

Blickdichte Aussichtspunkte

Verwunderlich trotzdem, daß gerade jene feurigen Umwelt-
aktivisten, die in den klimatisierten Seminarräumen der 90er
Jahre herangebildet wurden, bis heute zwischen last-minute
Dämmerurlaub am Strand und Hyperaktivität auf dem Berg-
fahrrad pendeln. Mit den Reizen einer alten, in Jahrzehnten
eingelaufenen Wegführung, die sich dem Fußgänger erst en
passant offenbaren, kann diese Klientel vermutlich nicht viel
anfangen. Mit alten Äpfeln und Birnen auch nicht. Man setzt
in diesen Kreisen auf die Wirkung von Funktionsgetränken
(zwei Literflaschen davon sollten schon am Rahmen hängen).
Ob der Dorfbrunnen, an dem man gasdruckgefedert vorbei-
rauscht, noch Trinkwasser spendet, ist dann ziemlich egal.
Abseits solcher Gedanken taugt das Wildtaler Eck aber auch

zum ganz normalen Auftanken und gegen Blickfeldverengung jeder Art.

Ein Abstieg nach Westen, also runter an den Schabbach im Wildtal, könnte mit einer Einkehr im Café *Burgblick* abgeschlossen werden. Die für den Namen verantwortliche Zähringer Burg ist zwar von unten nicht mehr zu sehen, sie wurde wie so viele markante Stellen längst vom Wald verschluckt. Was einen schon wieder ins Grübeln bringt. Weshalb echauffiert sich halb Freiburg über zwei Windmühlen am Schauinsland (die sicher nicht gut aussehen, über deren Nutzen lange zu diskutieren wäre), aber weshalb ereifert sich niemand über die schleichende Verwaldung und Verbuschung hervorragender Aussichtspunkte und Landmarken? Unzählige Stellen, die in den Wanderkarten des ach so wachen Schwarzwaldvereins als Vista eigens markiert wurden, sind längst zugewachsen. Ehemalige Panoramawege verwalden, verschwinden einfach so, ohne Widerworte. Ruhebänke stehen zehn Meter vor blickdichten Fichtenschonungen, oft würde eine Stunde Waldarbeit genügen und hunderte Wanderer hätten ein Landschaftserlebnis mehr.

Und wenn es doch um das schützenswerte Landschaftsbild geht, weshalb ereifert sich der so windkraftempfindliche Schwarzwaldverein eigentlich nicht über die -zigtausend Plastikstühle, die auf den Terrassen seiner Mitgliedswirte ästhetisch rumpöbeln. Warum kein Wort zum Carolin Reiber Alpenbarock an Ferienhausfassaden, warum Dauerschweigen zu den unsäglichen Baumarktfassaden, die unsere so überaus bodenständigen Landwirte an ihre dreihundert Jahre alten Höfen geschraubt haben? Weshalb keine Aktion zum Verschwinden und Verwachsen echter Fußwege. Waldfahrstraßen mit Kurvenradien, die zur Langholzabfuhr taugen, sind nun mal keine anregenden Wanderwege.

Der Schwarzwald müsse sein Profil schärfen, tönt es gebetsmühlenartig auf gutdotierten Arbeitskreisen zur Förderung des Tourismus. Schon mit dem Einsatz einer Waldarbeiterrotte ließe sich vielerorts mehr Profil gewinnen als mit der Verfertigung von Memoraden. Vielleicht sollte neben der millionenschweren Subventionierung neuer Wellnesszentren auch die Bank am Waldrand freigehalten werden. Die Ruhebank am Waldrand ist auch ein Wellnesszentrum. Allerdings eignet sie sich nicht zur öffentlichkeitswirksamen Schlüsselübergabe mit integriertem Pressefoto. Die Aufgeregtheit der Windmühlendiskussion zeigt vor allem eines: Blickfeldverengung ist eine Volkskrankheit geworden.

Um weiteres Abgleiten ins Politische zu vermeiden, empfiehlt sich die Einkehr im Café *Burgblick*, ein Haus im hinteren **Wildtal**, noch Freiburg nah, nach Lage, Angebot und Stimmung aber schon deutlich aus dem Alltagsgetriebe und somit die passende Einkehr auf einer kleinen Stadtflucht. Die könnte natürlich statt im Föhrental, mit ähnlichem Gewinn auch gleich im Wildtal begonnen werden. Auch hier ziehen ein paar attraktive Wege zu den wenigen Höfen in die Hangfalten hinein und weiter hoch zum Waldrand. Auch hier auf dem Weg zum Wildtaler Eck wieder auffallend kapitale Esskastanien in tessiner Dimensionen, weiß Gott, wer die ins Tal gebracht hat. Gleich ob Wildtal- oder Föhrental, es herrscht ein sehr günstiges Blick-Leistungsverhältnis, bei allenfalls mäßigem Besucherdruck.

- **Wildtal** (östl. FR-Gundelfingen): *Café Burgblick*. Weniger Café, sondern mehr Fluchtpunkt im hinteren Wildtal, für Stadt-, Land- und Wandermüde gleichermaßen geeignet. Rustikale Innenausstattung mit Hirschgeweih und Wildsaufell. Dazu passend die arg breite Karte von Wurstsalat über Schnitzel bis zum 'Fisch des Tages'. Ebenso breites, teils treues Publikum von Stammtisch bis zu Latte-Macchiato-Freiburgern, die hier mit Segafredo versorgt und auch mal sozial betreut werden, Freiterrasse. Idealer Ausgangs- oder Endpunkt zum Auslüften. Talstraße, Tel. 0761-533 21, RT: Di, sonst ab 11.30 Uhr; sonntags - wir ahnen es - Frühstücksbuffet. **Preise**: günstig

- **Föhrental**: Landwirtschaftliche *Erzeugergemeinschaft*. Fünf Höfe bieten Rindfleisch von Jungrindern (ab 15 Kilo) aus Muttertierhaltung (lange Weidezeiten, kein Kraftfutter, kein Milchaustauschpulver), Info und Bestellung z.B. über Fam. Reichenbach (Kapellenhof im Föhrental). Tel. 07684-90 94 24.

Horben - Eckhof - Eduardshöhe - St. Ulrich

Die ebenso schön gelegene wie eigenständige Gemeinde **Horben** wird über den Freiburger Talvorort Günterstal erreicht. Horben liegt 600 Meter hoch und gefällig verteilt auf einem weiten Sattel, der viel Blick-, Ausruh- und Wanderchancen bietet. Zur Naherholung, auch zum Abbau von Restalkohol nach Freiburger Nächten sind die sonnigen Hänge um Horben jedem Freiburger Studenten ein Begriff. Auch Ehemalige bekommen beim Namen Horben noch immer einen Glanz in den Augen: Rezzo Schlauch erinnert sich bis heute gerne an Gelage im legendären *Raben* (eine Legende, die derzeit aufwendig und stilsicher renoviert wird und - wenn alles gut geht - im Jahr 2004 vor einer Wiedergeburt steht). Wobei die Frage, ob man den rabulierenden Rezzo neben sich auf der Ofenbank haben möchte, gestellt werden muß.

Wie viele dieser akademischen Naherholungsgebiete hat Horben allerdings den Nachteil, daß es an Wochenenden, bei Schönwetterlagen, besonders aber im Winter bei Inversion (unten Nebel, oben Sonne) mitunter von einem Publikum besucht wird, das dosiert wenig Probleme bereitet, in Monokultur aber durch die Begrenztheit seines Freizeitverhaltens

Blick von St.-Ulrich-Geiersnest nach Süden

auffällt. Drachensteigen, Kinderwagen schieben, Kleinigkeiten mit ausladender Geste behandeln, danach alles in den Multi-Utility-Großraumdiesel gestopft und ab ins Tal an die Konsolen. Die Gartenlaube von heute hat Zentralverriegelung und Dachreeling.

Gleich wie, die Höhen zwischen **Horben** und **St. Ulrich** (ein Ortsteil von Bollschweil) sind - zu allen Jahreszeiten - so reizvoll, daß es eigentlich nur auf den richtigen Ausgangspunkt ankommt, ein paar Anregungen hierzu:

- **Horben-Buckhof**: Einen guten Haltpunkt am Ortsende von Horben und zugleich das Ende der für KFZ erlaubten Straße wäre am *Buckhof,* der auch einfache Einkehrmöglichkeit und einen netten Garten bietet. Von hier kurzer Aufstieg, wahlweise auf einem Waldweg oder auf einer Anliegerstraße zum beliebten Wanderparkplatz:

- **Parkplatz am 'Eckhof'/Auf dem Eck** (847 m, Wegweiser in alle Richtungen). Ein zentraler, frei und erhebend gelegener Ausgangspunkt für zahlreiche Touren zwischen Freiburg und Schauinsland. Mit dem Auto allerdings nicht über Horben, sondern nur über Bollschweil-St. Ulrich und die weiterführende Kreisstraße 4956 zu erreichen. An hellen Wochenenden ist der Platz oberhalb der weit verstreuten Höfe von Geiersnest in der Regel überlaufen, sonst aber ideal für sonnige-positive Exkursionen. Besonders auch im Winter, wenn die Höhenlage meist genügt, um dem Talnebel zu entkommen.

Lediglich der Nahbereich zwischen der Höhe *Auf dem Eck,* der nicht minder schön gelegenen *Eduardshöhe* (859 m) und dem ebenfalls bestens plazierten *Naturfreundehaus* wird intensiv begangen. Schon ein paar Meter abseits wird es ruhiger. Vom Parkplatz am Eckhof lohnt der kurze Abstecher runter zum *Eckhof.* Vom Frühling bis zum Herbst wird hier ein selbst produziertes 'Bauernhofeis' angeboten, das die künstlich aromatisierten Eisdielenmixturen weit übetrifft - schon mal ein Sahneeis mit echter Vanille probiert? Auch die sorbetweichen Fruchtsorten aus frischem Obst schmecken hervorragend.

Rüber zum *Naturfreundehaus* sind es vom Eckhof nur ein paar Minuten, auch hier verläuft sich der Andrang rasch. Der Gunstfleck wird - vielleicht auch wegen seines altdeutschen Namens - von der Freiburger Altbaubohème auffällig gemieden, was kein Fehler sein muß. Nur am Wochenende werden hier Getränke ausgegeben, ein Vesper wäre selbst mitzubringen. Es ist ja auch seltsam, in der Stadt rennen sie mittlerweile mit Wasservorräten und 'Camel-Packs' rum, ausgerüstet wie die Wüstenfahrer, auf der Höhe hat aber kaum einer einen Apfel und ein Sackmesser dabei. Die Sonnenbänke am und vor dem Haus können auch unter der Woche mit Gewinn genutzt werden, wobei die in Europa üblichen Manieren obligatorisch sein sollten (nicht rumhängen, lagern und müllen!).

Wer sich nicht mit dem reduzierten Angebot abfinden kann, findet unten im Tal von St. Ulrich mit dem *Rössle* eine selten angenehme Einkehr. Traditionelle, unverhunzte Gasträume, aufrichtige Küche und erst noch schöne Fremdenzimmer machen den Gasthof zum Ort der Wahl, wenn man nahe Freiburg und doch weit weg vom Geschiebe unterkommen oder einkehren möchte.

Bewirteter Außenposten: Schweighof

- St. Ulrich Richtung **Schweighof**: Über St. Ulrich hinaus führt die Kreisstraße in weitem, gefälligem Schwung auf die freien Südwesthänge um Geiersnest (und weiter zum eingangs beschrieben Parkplatz 'Auf dem Eck'). Südschwarzwald von der heiteren Sorte, offene Hänge, angemessene Bebauung, erträglicher Ausflugsdruck. Wenige hundert Meter vor der letzten scharfen Rechtskehre steht ein Wegweiser zum Gasthaus *Schweighof*, der auf einer ein Kilometer langen Stichstraße erreicht wird. Der bewirtete Außenposten ist nach einer längeren Ruhephase nun wieder an vier Tagen in der Woche geöffnet, der Ort hat zweifellos zugelegt (ältere Darstellungen von mir werden hiermit widerrufen, Details gleich unten). Nicht zu übersehen oberhalb vom Wirtshaus der kleine eingezäunte Garten mit einer XL-Sonnenbank davor. Im Gegensatz zum belebten Wanderparkplatz 'Auf dem Eck' finden nur wenige an diesen Gunstflecken. Wobei man auch vom Schweighof aus abheben kann. Ein geeigneter Wanderweg führt bereits ein paar Meter vor dem Gasthaus Schweighof steil nach rechts oben. Schon nach fünf Minuten zu Fuß werden nacheinander zwei Sonnenbänke erreicht, über die ich aus Diskretion denen gegenüber nicht mehr schreiben

Am Parkplatz Eckhof/Auf dem Eck

möchte, die sich hier seit Jahr und Tag zur Erbauung einfinden. Vertrautheit und Heimatkenntnis lassen sich ja auch an der Zahl der Ruhebänke messen, die man sich erlaufen hat (Winterbänke zählen doppelt). Gleich wo Ihre Favoriten warten, viel besser kann man zwischen Freiburg und Galgenkopf nicht am Waldrand sein, wobei der bewaldete Buckel im Rücken nur so heißt. Hier wird niemand gehenkt, allenfalls erlöst.

Der Weg führt weiter reizvoll ansteigend über Weiden und Wald und erreicht nach wenigen Minuten den *Paulihof*. Eine einfache, aber gerade deshalb beliebte Bergstation, die besonders wegen ihrer Südterrasse zu den Plätzen zählt, an denen man schwer vorbeikommt. Sofern der Rezzo nicht am Nachbartisch sitzt, was derzeit relativ unwahrscheinlich ist.

Adressen und Hinweise

- **Horben**: *Raben*, denkmalgeschützte Gastronomielegende in der Ortsmitte, die derzeit mit viel Sachverstand und einigem Aufwand renoviert wird. Nach der geplanten **Wiedereröffnung (2004)** und im Falle einer hoffentlich glücklich abgeschlossenen Pächtersuche sicher einer der anziehendsten Landgasthöfe im Raum Freiburg. Garten, Gästezimmer, repräsentative Nebenräume für Gesellschaften.

- *Buckhof*, frugal geprägtes Alltagsangebot in erhöhter Lage mit einem Gartenabteil, auch dessen Potential wird nur partiell genutzt. RT: Mo. **Preise**: günstig

- **Horben:** *Eckhof*, von Frühjahr bis Herbst gut 20 Sorten selbst produziertes 'Bauernhofeis'. Das Sahne-Eis (auf der Basis von Crème Anglais) aus frisch gemolkener Milch, echter Vanille statt künstlicher Aromen. Hervorragendes Sorbet-Eis aus frischem Obst. Abgabe vor Ort im Becher, größere Mengen auch auf Bestellung, von 0,5 bis 5 Liter. Im Hof (825 m hoch gelegen) drei Ferienwohnungen. Tel. 0761-290 78 92, www.eckhof.biz

- **St. Ulrich-Geiersnest:** *Naturfreundehaus*, als Jausen- oder Vesperstation auch für Nichtmitglieder nutzbar; Getränkeausgabe aber nur am Wochenende (keine Speisen). Sonst mehr als Schnauf- und Rastplatz ohne Bewirtung, aber mit viel Blick.

- **St. Ulrich-Geiersnest:** *Schweighof*, idyllische Alleinlage am äußersten Rand von Geiersnest, Stimmung und Betriebssystem robust, aber nicht ohne Reiz. Im Sommer mit einer kleinen Terrasse überm Bruchsteinmäuerle, insgesamt ein seltener Außenposten mit einem durchaus passablen Angebot an Vespern (so zwischen Wurstsalat und Kalbsbratwurst) und deftig-warmen Kalorienspendern (zwischen Schnitzel und Rumpsteak); in der Saison auch Schlachtplatten. Nur: Mo, Di und Mi ab 16 Uhr. Sonntag ab 11 Uhr. **Preise**: günstig

- **St. Ulrich-Geiersnest:** *Paulihof*, einfach-rustikaler Berggasthof mit Vespern und warmer Küche, innen etwas beengt, draußen mit großzügiger Terrasse und sonnig, warmer Bank vor Hauswand. Im Herbst auch hier Schlachtplatten. Mi bis Fr von 10 bis 19 Uhr, Sa und So bis 21 Uhr, Tel. 07602-260. **Preise**: günstig

- **St. Ulrich:** *Rössle*. Aufrichtiges Landgasthaus mit ebensolcher Küche. Auffallend gute Weinauswahl, herzensgutes Betriebssystem. Zur Saison stets Wildgerichte und Schlachtplatten. In der Summe ein atmosphärisch stimmiger Familienbetrieb, wie er im Freiburger Umland zur Rarität geworden ist. Nicht zuletzt wegen der komfortablen Gästezimmer. RT: Mo und Di, Tel. 07602-252. **Preise**: günstig-mittel

Empfohlene Unterkunft: Im *Rössle* (Bollschweil-St. Ulrich), schön gelegene Ferienwohnungen in St. Ulrich und Geiersnest. Nach der Wiedereröffnung im *Raben* (in Horben).

Karte: Freizeitkarte 505, Blatt 1, Naturpark Südschwarzwald, 1:50.000. Hrsg. vom Landesvermessungsamt.

Rebhäusle an der Auffahrt zur Berghauser Kapelle

Schönberg, Berghauser Kapelle

Der Schönberg im Süden Freiburgs verdankt seine natürliche Attraktion dem Militär und dem Naturschutz. Bis zum Abzug der französischen Truppen aus dem Freiburger Vauban Quartier wurden Teile als Übungsgelände genutzt, zudem sorgt ein Naturschutzgebiet für den Erhalt der reizvollen Wald- und Wiesenlandschaft mit Magerrasen, Streuobstwiesen, extensiv bewirtschafteten Weiden und langen Heckensäumen. In der Vorbergzone zum Rheintal hin Reben, zum 645 Meter hohen Schönberggipfel Laubwälder. Gezielte Pflegemaßnahmen halten das Gebiet in einer Balance zwischen naturwüchsig und extensiv betreut, so daß sich auf relativ begrenztem Raum eine Vielzahl Arten und Landschaftsformen zu sehen ist.

Zugleich dient der Schönberg auch als ein Freiburg naher Balkon, auf den man sich mal einen ganzen Tag lang verziehen kann. Es gibt verliebte-Studenten-Wege und reichlich Eckle mit weichem Gras, mit Sicht auf Land und Stadt. An einem der ersten warmen Frühlingstage die Decke irgendwo in einer geschützten Mulde ausrollen, blühende Kirschbäume gucken und Wolken zählen, gehört zu den liebgewordenen Ritualen findiger Städter. Ein geeigneter Ausgangspunkt hierfür ist die **Berghauser Kapelle**, auf einer Anhöhe (434 m) zwischen Ebringen und Wittnau gelegen und von beiden Orten aus mit dem Auto zu erreichen - wobei allein schon die Anfahrt wohltuend wirkt. Der erhabene Fleck Berghausen wurde bereits im 10. Jh. als Dorf erwähnt, aber spätestens im 15. Jh. stand nur noch die eine kleine Kirche, die wohl im Barock erneuert wurde (innen reiche Malerei). Leider stört auch hier, wie an so vielen Aussichtspunkten und Landmarken in der Region zunehmender Bewuchs die Wirkung des Monuments. Rund um die Kapelle wurden Fichten (!) und andere Nadelbäume gepflanzt, mancher davon ist längst höher als der Turm der Kapelle. Sieht das denn niemand unserer hauptamtlichen Heimatpfleger?

Ansonsten aber nichts als reines Landschaftsvergnügen. Man muß zu solchen Orten nicht allzuviel schreiben, wer es sieht, sieht es und der Rest rennt eben dran vorbei. Muß man etwas schreiben über den Reiz des Gehens auf Graswegen, deren Spur sich langsam in einer Wiese verliert, über wassergebundenes Wegmaterial, das mit den Jahren reift und mit der Umgebung legiert wird, über die frühe Blüte von Schlehenhecken und das späte Rot von Hagebutten an einer warmen, fellweichen Böschung? Wer krumme Touren schätzt, auf Wegen, die nicht am Reißbrett geplant, sondern von Menschen und Tier mit den Jahren in die Landschaft gelaufen wurden, ist hier immer richtig.

Aber nicht nur Naturfreunde kommen. Einmal habe ich Vater und Sohn gesehen, die oben an der Berghauser Kapelle einen alten Alfa-Spider mit roter Nummer probegefahren und begutachtet haben, letztendlich wurde der Kauf dann auch beschlossen. Parkplätze in Naturschutzgebieten, die sich zur abschließenden Gebrauchtwagenbeurteilung eignen - sowas kann nicht jede Region bieten.

Im Naturschutzgebiet 'Berghauser Matten', also nur hundert Meter unterhalb der Berghauser Kapelle, entspringt eine Quelle, ein verwetterter hölzerner Brunnentrog steht in einer Senke und manchmal ist noch jemand in der Nähe, oft le-

Robustes Ausflugslokal mit Panoramaterrasse

send. Auf schwach ausgeprägten Wiesenwegen und Wagenspuren wird das obere Ende der Ebringer Rebhänge erreicht. Bei hellem Wetter grandiose Sicht auf Rheintal, Kaiserstuhl und Vogesen. Höhe und Sicht haltend, kann man sich über Rebwege und Streuobstwiesen, später auch am Waldrand rüberarbeiten in Richtung *Schönberger Hof*. Der bestens gelegene Gasthof wird dann nach Querung eines letzten Laubwaldstücks erreicht.

Ein lohnender Zugang zum Schönberger Hof aber auch direkt von Freiburg-St. Georgen aus und zwar auf den durchweg blickreich angelegten Reb- und Wanderwegen, die zunächst ansteigend durch Kleingartenanlagen, später über die Weinlagen Richtung Leutersberg führen, stets mit herrlicher Sicht. Oberhalb von Leutersberg (am Naturschutzgebiet) dann rüber durch Wald in Richtung Gasthaus Schönberger Hof (von St. Georgen aus je nach Abschweifung gut eine Stunde).

Auf einer weiten Weide-Lichtung oberhalb St. Georgen wartet mit dem *Schönberger Hof* dann eine der beliebten Anlaufstellen am Südrand Freiburgs. Eine Mischung aus Ausflugslokal, Biergarten und Panoramaplatz. Draußen sitzt man unter alten Kastanien, teils auf herben Brauereigarnituren, mit panoramischer Sicht auf die Hochhäuser im Freiburger Westen. Wenig unterhalb des Gasthauses wieder so eine Lichtung wie gemalt. An deren oberem Rand führt ein Weg in Richtung Jesuitenschloß-Merzhausen. Eine Verliebte-Studenten-Passage mit Blick und Schmelz. Aber egal wie, wo und mit wem - rund ums Jahr gibt einem der Schönberg das beruhigende Gefühl, am richtigen Platz zu sein.

- *Schönberger Hof*, gerne und vielbesuchter Ausflugsgasthof mit den notwendigen Angeboten an Speisen und Getränken. Kalorienbetontes Sortiment, Nudelsuppe wird sozialverträglich in der Löwenkopfterrine serviert, die fest angerichteten Vespern kommen durchaus passabel, dito der Kartoffelsalat. Geschützte Veranda, großer Biergarten, Fassade und Innenräume wirken auf den ersten Blick etwas praktisch renoviert. Etwas versteckt die urgemütliche alte Stube mit niederer Decke, viel Holz und grünem Kachelofen, sie steht am Wochenende offen - eine zauberhafte Koje nach einer langen Winterwanderung. Tel. 07664-7222, RT: Mo und Di-mittag bis 16 Uhr; Ferienappartements. **Preise**: günstig

Karte für Touren: Freizeitkarte 505, Blatt 1, Naturpark Südschwarzwald 1:50.000. Hrsg. vom Landesvermessungsamt (Mitarbeit Schwarzwaldverein). Oder das für Exkursionen um Freiburg etwas weniger günstig geschnittene Blatt 6 der Wanderkarte 1:50.000, ebenfalls vom Landesvermessungsamt.

Bester Ausgangspunkt: Berghauser Kapelle, auf der Höhe zwischen Wittnau und Ebringen.

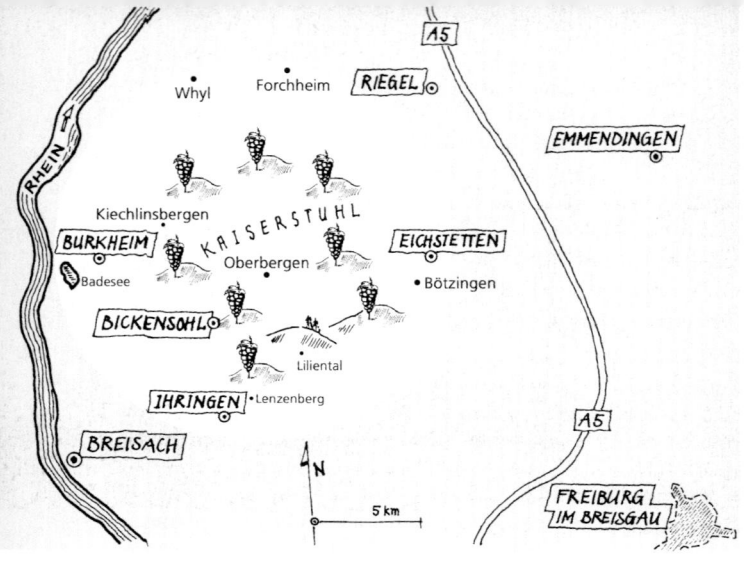

Kaiserstuhl

Die Welt im Kleinen. Hohlwege und Panoramabuckel. Weinberge und Liegewiesen. Mandelblüte und Weinlese. Weit ausschreiten und später an der warmen Wand vom Rebhäusle rasten.

Vor gut dreißig Jahren, ganz am Anfang der Wohlfühlbewegung gab es mal diese Vita-Parcours. Zwanzig Stationen im Wald, mit Reckstange, Schwebebalken und Anleitungstafeln zur Körperertüchtigung. Der Kaiserstuhl ist auch so ein Vita-Parcour, mit mindestens zwanzig Stationen. Man muß ja nicht alle auf einmal machen. Zur Gebrauchsanleitung für den Kaiserstuhl gehört zum einen der richtige Umgang mit Wetter, Jahreszeit und Stimmung, vor allem aber der richtige Ausgangspunkt. Wer beides gut kombiniert, erlebt auf beschränktem, also bequem überschaubarem Raum eine beachtliche Stimulation aller Sinne. Wichtig ist: man sollte laufen mögen und schauen können. Das außergewöhnlich warme Kleinklima sorgt für zusätzlichen Reiz. Irgendwas blüht immer, die Mandelblüte beginnt früher als im Piemont. Die

Im Kaiserstuhl blüht es früh und heftig

Kirschen sind zeitiger reif als in der Vorbergzone, die Sommerhitze kann schlimm aufbullen, aber es gibt luftige Buckel und schattige Waldränder. Wenn die Nüsse reif sind und das Oktoberwetter mitmacht, ist ohnehin volles Programm. Und dann gibt es immer wieder jene verblüffend hellen, milden Wintertage, an denen man vor dem Rebhäusle sitzen kann, mit freiem Oberhemd.

Wie nicht anders zu erwarten, folgen auch in diesem Kapitel keine 'nach 354 Metern links ab'-Wandervorschläge, sondern ein paar besonders reizvolle Ausgangspunkte zur gefälligen Beachtung. Mit etwas Sinn für (Hang-)Neigung, Tageszeit und Laune, ergibt sich von dort aus alles weitere. Empfohlene Anwendungsdauer zwischen einer Stunde und einem Tag.

Ausgangspunkt Lenzenberg bei Ihringen

Wenn jemand ganz neu in Südbaden ist und ich müßte ihm die Region in zwei, drei Stunden nahebringen, würde ich auf den Lenzenberg fahren. Ein Runde dort oben erspart einen Rundflug. Also zuerst nach Ihringen, durch die Gassen und dann steil hoch, mit Vollkontakt zu den Reben mitten durch die Weinberge. Das ist mit dem Rad oder Auto möglich; für Fußgänger gibt es von Ihringen auch einen alten Hohlweg durch den Löß. Man könnte schon bei der Auffahrt ein paar kleinere Bemerkungen zum Stand der Reben loswerden, so wie es Winzer immer machen, die im Weinberg ja selten den Mund halten können. Reben schneiden, Triebe anbinden, den Bewuchs zwischen den Zeilen mulchen (oder abspritzen, was ja auch noch vorkommt), dito zwischen den Stöcken, Triebe ausgeizen, Vorblütespritzung, Spritzung in die abgehende Blüte, Laubarbeit, wieder spritzen, nochmal mulchen. Reben sind eine Intensivkultur, was auch für den Arbeitsaufwand gilt. Und so erzählt jeder Weinberg, gerade in klein parzellierten Lagen wie am Kaiserstuhl, auch etwas über den Besitzer. Was natürlich vom Nachbarn gern kommentiert wird. Ich fuhr hier mal mit einem der wenigen Kaiserstühler Großwinzer durch die Lagen, und der gute Mann hatte wirklich zu fast jedem Flurstück einen Kommentar übrig. Zu viele Augen am Bogen, zu wenig Laubarbeit, Wasserstress, Stickstoffüberversorgung, Mehltau und so weiter. Hinzu kamen lagenbezogene Erklärungen zur Familienstruktur und Nachfolgeproblemen, zum Sortenspiegel und Vermarktungsproblematik bezüglich der beginnenden Spätburgunderschwemme. Im Grunde ein Roman auf einem Kilometer. Die Geschichte von zehn Flurstücken würde genügen und man wüßte fast alles über die Entwicklung des Kaiserstuhls von der Agrarregion zur Pendlerheimat mit integrierter Weinproduktion und angeschlossenem Naturschutzgebiet.

Weiter in Richtung *Rasthaus Lenzenberg*: Zufahrt auf einem abschnittsweise steilen, immer schmalen aber stets geteerten Rebsträßle (beschildert ab Ihringen). Am Ende der gut drei Kilometer langen Auffahrt wartet eine Südterrasse und großartige Sicht auf die gesamte deutsch-französische Südwestecke. Dort oben ist zum einen eine beliebte Ausflugsgaststätte mit einer, na ja, intensiv betriebenen Ausflugsgaststättenküche. Es gibt kalt und warm und Kuchen und man wird satt. Zur Attraktion wird der Platz besonders wegen seiner entrückten Lage zwischen Reben, Waldrand und Himmel. Schon bei der Auffahrt gibt es einige Stellen an exponierten Südhängen, die der Klimainsel Kaiserstuhl alle Ehre machen, dazu gnädig besonnte Holzwände am Rebhäusle zum Abhocken und Anlehnen. Besonders an sonnigen Frühlingstagen sind die Temperaturunterschiede zwischen Ebene und Weinberglagen enorm, wer hier lebt, weiß das. Der Mensch aus der Ebene muß es aber einfach mal erleben, wie das ist. An einem warmen Februartag im weichen Gras zu liegen, Schuhe aus, Hemd auf, Zeitung raus.

Auch auf den letzten Metern vor der Gaststätte, erst recht dann auf der im original südbadischen Baumarktstil gehaltenen Terrasse wieder großartige Sicht auf Schwarzwald, Rheintal und Vogesen. Unserem imaginären Begleiter müßten wir hier also nicht viel erzählen, sondern allenfalls auf Nachfrage ein paar markante Landmarken erläutern. Vom Atomkraftwerk im französischen Fessenheim bis zu den Solardächern in Freiburgs Randgemeinden, kein zweiter Platz im Kaiserstuhl bietet mehr Übersicht zum aktuellen Stand der Dinge.

Vom Gasthaus Lenzenberg aus bieten sich diverse durchweg gut markierte Rundwege an, die um die bewaldete, 474 m hohe Kuppe zwischen Holzegg und Gierstein führen. In ein bis zwei Stunden erschließt sich damit ein umfassendes Panorama der Landschaft am Oberrhein, mal in die engen Kaiserstuhltäler, mal in das weite Rheintal. Rhein und Schwarzwald, Elsass und Baden liegen einem zu Füßen wie René Schickeles „aufgeschlagenes Buch", das der Rhein nicht trennt, sondern verbindet. Wie erwähnt, ein idealer Rundgang, der am Beginn einer Niederlassung stehen könnte, aber auch, um Verkrustungen aller Art zu lösen.

- *Rasthaus Lenzenberg*. Erwartbare Ausflugsküche in außergewöhnlicher Lage. Guter Wanderausgangspunkt. (Sehr reizvolle Zufahrt von Ihringen aus, gut beschildert, ca. drei Kilometer mitten durch die Reben) von 11-19 Uhr. Tel. 07668-284. RT: Mi, Do. **Preise**: günstig.

- **Alternativ** zum Ausgangspunkt Lenzenberg ist von Ihringen aus der Wanderparkplatz am *Holzeck* zu erreichen. Ebenfalls hervorragende Lage, Beginn aussichtsreicher Wege durch die Weinberge.

Ausgangspunkt Liliental

Das Liliental gehört zu den bekannten Zielen naturkundlich
orientierter Kaiserstuhlbesucher. Es gibt aber auch genug Leute, die programmfrei herkommen, im Wirtsgarten eine Halbe kippen und den Tag abrollen lassen. Am Ende der drei Kilometer langen Stichstraße, die zwischen Ihringen und Wa-
senweiler ins Liliental hinein führt, liegt die einfache, innen
im Stil eines brandenburger Seniorenheims eingerichtete
Wandergaststätte Lilie. Die große beschattete Freiterrasse davor
zählt allerdings zu den beliebten Ausflugszielen am südlichen
Kaiserstuhl. Den lauschigen Platz darf man hier also ebenso-
wenig erwarten wie die endgültige Vespereinkehr. Trotzdem
gehört das Liliental zu den Ausgangspunkten der Wahl, wenn
es um einen direkten Zugang zu Besonderheiten der Kaiserstühler Flora geht. Liliental ist nicht nur Ausflugsziel, sondern auch ein Versuchsgut der staatlichen Forstverwaltung
mit angeschlossenem Waldpark (Arboretum) und botanischer
Raritätensammlung (u.a. Obstgehölze und Orchideenwiesen). Auf einer insgesamt 250 Hektar großen Fläche, die unterschiedlich intensiv oder extensiv bewirtschaftet wird, ist so-

mit ein Querschnitt der naturwüchsigen kaiserstühler Flora zu sehen, außerdem einige Exoten und Kulturformen.

Diverse, größtenteils von Lehrtafeln ausführlich kommentierte Wege (zwischen 30 min. und mehreren Stunden) erschließen das weitläufige Terrain, so daß hier weitere Erklärungen entbehrlich sind. Der größte Zulauf herrscht während der Orchideenblüte, die je nach Witterung von Mitte April bis in den Juni währt. Obwohl namentlich an Wochenenden einiger Betrieb herrscht, wird es schon ein, zwei Kilometer abseits der Wandergaststätte erstaunlich ruhig. Insofern sollte man sich von dem in jeder Weise profanen Treiben unten an der Lilie nicht schrecken lassen, und für die kurze Einkehr reicht das Angebot allemal.

Im Grunde beginnt das Liliental ohnehin nicht erst bei der Lilie, sondern bereits weiter unten im Mühletal, also gleich nach der Abzweigung von der Kreisstraße Ihringen-Wasenweiler. Linker Hand konnte sich hier eine erfreulich kleinteilige und damit vielgestaltige Reblandschaft halten. Ein Feldmosaik, das über weite Bereiche noch dem Zustand vor der Flurbereinigung entspricht, die anderswo am Kaiserstuhl für tabula rasa in Form fußballfeldgroßer Terrassen gesorgt hat. Die reizvollen Kleinparzellen und Reblagen westlich vom Mühletal können direkt von der Zufahrtstraße aus erwandert werden, teils wunderschöne und warme Rastflächen zwischen den steilen Lößterrassen. Das Gelände wird aber auch auf einem Rundweg erreicht, der bei der Lilie beginnt und über das Welzental und Betzental nach Ihringen und zurück zur Lilie führt (zusammen etwa zwei Stunden, am Weg eine Straußenwirtschaft). Am Weg fällt vielleicht ein herrschaftlich gelegenes, etwas pompös renoviertes Anwesen südlich vom Lilliental auf. Die großräumig eingezäunte Liegenschaft mit Reben und eigener Schmalspurbahn. Es handelt sich um den Landgut-Traum eines Unternehmers aus der Baustoffbranche.

- *Zur Lilie*, Tel. 07668-7808, tägl. 11 bis 19 Uhr, mit großer Freiterrasse und Außentresen, die schlichten Innenräume passen zum frugalen Angebot, RT: Di. **Preise**: niedrig.

Die ältere Bevölkerung steht zur Raiffeisenmode

Ausgangspunkt Eichstetten

Einer der bekanntesten Ausgangspunkte für Kaiserstuhltouren ist die Paßhöhe *Vogelsang*, oben zwischen Bötzingen und Vogtsburg-Oberbergen gelegen. Bei Wanderwetter, zur Baumoder Orchideenblüte sind die Parkplätze und Zugangswege hier dicht mit Autos vollgestellt. Der eigentlich überlegene Platz, mit seinem großartigen Panorama auf die Freiburger Bucht, leidet darunter ebenso wie die Umgebung. Die Trokkenrasenflächen im Naturschutzgebiet unterhalb von Eichelspitze und Badberg werden mitunter so heftig bewandert und auch mal belagert wie ein stadtnahes Parkgelände, was zumindest an Wochenenden nicht unproblematisch ist. Wer möchte mitten im Kaiserstuhl schon auf komplette Freiburger Wohngruppen treffen, die zu Picknick oder Gitarrenspiel ausrücken.

Viel ruhiger wird es in den weiten Rebhängen westlich oberhalb von **Eichstetten**. Die 3.000-Einwohner-Gemeinde gilt als die Gemüsekammer des Kaiserstuhls, Eichstetter 'Gelrüble' (Hochdeutsch: Karotten) sind auf den Wochenmärkten zu einer Marke geworden wie Munzinger Spargel, Buchholzer Erdbeeren oder Forchheimer Kartoffeln (vgl. zu diesen weiter unten). Tatsächlich konnte sich um Eichstetten eine markant kleinbäuerliche Struktur mit Obst-, Wein- und Gemüseanbau halten, die anderswo im Kaiserstuhl der nivellierenden Angestellten- und Pendlerentwicklung gewichen ist.

Wer an einem Sommerabend durch das alte Dorf fährt, das sich nach Westen, in Richtung der 520 m hohen Eichelspitze, lange in die Rebhänge hineinzieht, fühlt sich schon ein wenig aus der Zeit. Traktoren und Kleinschlepper mit Spezialaufbauten wuseln durch den Ort, jeder hat was in der Hand, die ältere Bevölkerung trägt überwiegend Raiffeisen-Mode, was ja nicht von schlechtem Geschmack zeugt. Überhaupt scheinen die Bürger Eichstettens mit sich, mit ihrer Gemeinde und Gemarkung sehr zufrieden zu sein. Was öffentliches Engagement und nützliche Projekte angeht, wurde das Gemeinwesen im Jahr 2003 als beispielhaft ausgezeichnet. Zur 1998 gegründeten Bürgergemeinschaft gehören 430 Haushalte des 3.200 Einwohner großen Dorfes. Die kommunale Eigeninitiative scheint hier ebenso intakt wie die oft zitierte Bürgerbeteiligung. Fegt Gehwege, legt Gärten an, verkauft Feldfrüchte, wäre demnach ein probates Mittel gegen Zivilisationskrankheiten. Aber sowas wollen die Erlebnispädagogen heute nicht mehr hören.

Die langgezogene Hauptstraße führt zunächst durch das alte Oberdorf und weiter bis in die Reben. Auf geteerten Wirtschaftswegen kann man auch hier weiterfahren bis zum kleinen *Wanderparkplatz Fohrenbuck* am Waldrand unterhalb der Eichelspitze (ein zweiter Parkplatz am Wald wird von Eichstetten über Breitenweg und Löcherntal erreicht). Beide Ausgangspunkte bieten schon bei der lohnenden Auffahrt grandiose Sicht auf Rheintal und Schwarzwald, aber selbst bei bestem Wanderwetter ist hier viel weniger Rummel als um den eingangs erwähnten Vogelsangpaß bei Bötzingen. Von beiden Waldparkplätzen kann man entweder am Saum zwischen buchenbewaldeten Höhen und Rebhängen lang wandern, oder einen der großen Panorama-Querwege ansteuern, die über kaiserstühler Kammlagen führen (Dreiländer Weg / Nord-Süd-Weg). Damit erschließen sich allerlei Tourenmöglichkeiten zwischen Spaziergang und Halbtagestour.

Aussteigen und Hinschauen lohnt aber auch schon unten im Dorf. Am westlichen Ortsrand von Eichstetten (um den einzelnen Siedlerhof am Ende von Hauptstraße und Altweg), entstand auf Anregung der Gärtnerei Hiß und weiterer Landbaubetriebe die *Saatgutinitiative/Stiftung Kaiserstühler Garten*. Ein 'Arbeitskreis für Agrarkultur' kümmert sich seither um Erhaltung von alten Nutzpflanzen, seltenen Lokalsorten und um die Vermehrung von deren Saatgut. Dazu wurde eigens ein Saatgut- und Raritätengarten angelegt. Seit 2002 können die gewonnenen Samen auch im Ort und auf den Märkten der Umgebung gekauft werden. Neben dem Garten mit einjährigen Nutzpflanzen gibt es auch Anlagen für ausdauernde Kulturpflanzen, Gewürzstauden und Obstgehölze, im Umfeld Stationen, die über das Konzept der Saatgutinitiative informieren. Die professionell gestaltete Anlage ist für alle ambitionierten (Nutz-)Gartenfreunde eine absolute Sehenswürdigkeit, besonders zur Zeit der spätsommerlichen Hauptblüte vieler Nutzpflanzen. Es gibt hier zahlreiche Anregungen zur Erhaltung und Vergrößerung der Sortenvielfalt, auch im eigenen Garten. Die Anlagen sollen in Zukunft noch weiter vergrößert und nach speziellen Themenbereichen gegliedert werden (u.a.: Grundtypen, Nutzpflanzen, Raritäten, etc.). Schon jetzt ist die Vielfalt beeindruckend, so wurden im Jahr 2003 allein mehr als 20 Tomatensorten kultiviert.

Auch im Ortskern Eichstetten sind einzelne Hofgärten als sehenswerte Bauerngärten markiert und entsprechend unterhalten. Aber natürlich ist Eichstetten mehr als eine Bastion familiär strukturierter Dorfidylle und Landkultur. Die moderne Zeit findet auch hier Nistplätze. Etwa im Asia Restaurant *Huong Ahn*, das in einem Neubau in der Hirschstraße untergekommen ist. Der ferne Osten nun also auch in Eichstetten, unter dem Kürzel V 16 finden wir 'Gebackene Nudeln mit gebratener Hühnerfleisch'. Aber vielleicht gibt es beim nächsten Besuch ja schon was ganz anderes, mongolisch oder so. Eher badisch kann man im *Ochsen* einkehren, die Gaststätte mit kleiner Innenhof-Terrasse liegt zentral im alten Ortskern.

Überregional geschätzte Kartoffelkultur - Forchheim

Bäume und Kartoffeln

Wer schon mal im Kaiserstuhl ist, Gartenfreund und Land-
besitzer ist, vielleicht noch ein sonniges Stückchen frei hat,
kommt um einen Ausflug nach Wyhl eigentlich nicht herum.
Mit *Wahrer* und *Ganter* gibt es in dem kleinen Ort, der seine
überregionale Bekanntheit einem nicht gebauten Kernkraft-
werk verdankt, zwei Baumschulen, deren Sortiment weit über
das übliche Vorgarten- und Krüppelgehölz hinausgeht, besonders bei Sträuchern, Obstgehölzen und alten Hochstamm-
sorten. Zum Thema Einheitsobst wäre ja ebensoviel zu sagen
wie zum pflegeleichten Bodendecker, der unsere verkehrsbe-
ruhigten Eigenheimzulage-Wüstenrot-Zone 30-Vororte so
einzigartig ideenreich begrünt. Oder zur Kiwi, die sich auf
Dessertellern ebenso breit gemacht hat, wie sie die Carports
und Heimwerker-Pergolen berankt. Ein gescheiter Apfel, ein
berosteter Boskop mit seiner kräftigen Säure, eine Cham-
pagnerrenette, die mit ihrer fettigen Haut bis in den Mai
hinein hält, ein Berlepsch oder eine nussige Goldparmäne ist
derweil kaum mehr zu bekommen. Also selber pflanzen.
Wind und Wetter gerinnen in den alten Lokalsorten zu aromatischen Früchten, die mit dem süßlich-ausdruckslosen

Konsumsorten nichts gemein haben. Was die Vorgärten der Vorstädte angeht, gibt es ja eine verblüffende Angleichung ans Vorabendfernsehen, überall die gleichen Sorten (Pflanzen und Wesen). Seicht, pflegeleicht, abgasfest. Wer ein Stück Land hat, leiste sich den Luxus abweichender Früchte! In Wyhl finden Sie die Anregungen dazu.

Und wenn ich schon mal in Fahrt bin, sei hier auch noch an Forchheim erinnert, dessen überregionale Bedeutung nicht zuletzt in der hoch entwickelten Kartoffelkultur liegt. Gut ein Dutzend Landwirte widmet sich in dem idyllischen Dorf am Nordrand des Kaiserstuhls dem Ackertrüffel, der dank einer optimalen Wasserführung der Forchheimer Böden vorzüglich gedeiht. In feuchten Jahren gibt es keine Staunässe, aber auch lange Trockenperioden werden von den mittelschweren Löß-Lehmböden gut ausgeglichen.

Was die Sortenvielfalt angeht, bieten Otmar und Christa *Binder* auf ihrem Lindenbrunnenhof ein kaum zu übertreffendes Angebot. Wobei Otmar Binder auch mit dem beliebten Irrtum aufräumt, nur festkochende Sorten seien für Salat und Brägele geeignet. „Alles Geschmackssache, die mehligen Sorten haben oft mehr Aroma." Erfahrene Hausfrauen scheinen das noch zu wissen. „Auf dem Markt verkaufen wir an ältere Kunden mehr mehlige Sorten, die jungen wollen eher Festkochende. Die sind eben einfacher in der Verarbeitung."

Gleich welche Präferenz, von den kleinen Mäusle, auch als les Rattes oder Bamberger Hörnchen bekannt, über die rotschalige, erdig-aromatische Rosevall, von der dekorativ violetten, allerdings nicht umwerfend aromatischen Trüffelkartoffel bis zum vielseitigen Arbeitstier Selma, der adrette Hofladen auf dem Lindenbrunnenhof ist eine Fundgrube für Kartoffelliebhaber. Aber nicht nur, ebenso vielseitig wie das Kartoffelangebot ist das Obst- und Gemüseangebot der Binders, die dem üblichen Agrogejammer ihr originelles Sortiment und eine regelrecht ansteckende Freude am Produkt entgegensetzen. „Wir müssen einfach mehr bieten als der

Supermarkt am Eck", meint Otmar Binder so lapidar wie überzeugend.

Zu diesem 'einfach mehr' zählen noch ein paar ausgesuchte Delikatessen, die man nicht unbedingt in Forchheim vermuten würde: Dazu gehört die alljährliche Aufzucht von Kapaunen, die derzeit auf dem Lindenbrunnenhof im Freien und mit eigenem Korn gemästet und dann auf Weihnachten hin schlachtfrisch angeboten werden. Ein junger, kastrierter Hahn, früher auch als 'Kapphahn' bekannt, gehört mit seinem aromatischen Fleisch zum feinsten Geflügel überhaupt. „Der Jungfernhahn ist dem Fasan ebenbürtig, ihm an auserlesen feinem Geschmack sogar nicht selten überlegen," lobt das Appetit-Lexikon von 1894. Mit einem Schlachtgewicht von etwa drei Kilo wäre ein Forchheimer Jungfernhahn somit das ideale Essen für eine große Tafel an den Festtagen. Aber jetzt sind wir ein wenig vom Weg abgekommen.

Adressen und Hinweise

- *Saatgutinitiative Eichstetten:* Schaugarten am westlichen Ortsrand, www.kaiserstuehler-garten.de, www.kaiserstuehler-saatgut.de

- **Eichstetten**: *Ochsen.* Renovierter und innen etwas aufgemachtes Dorfgasthaus in Platzhirschlage, im Sommer Bewirtung im Innenhof. Altweg 2, Tel. 07663-1516, RT: Mo. **Preise**: mittel.

- **Wyhl:** Baumschule *Klaus Ganter*, Baumstr. 2, Tel. 07682-1061. Großer Sortenkatalog, auch Versand. Baumschule *Klaus Wahrer*, Endinger Str. 92, Tel. 07642-7803.

- **Forchheim**: *Lindenbrunnenhof*, Christa und Otmar Binder, Lindenbrunnenweg 19, Tel. 07642-36 51. Hofladen: Di von 10 bis 12 Uhr, Freitag 17 bis 19 Uhr. In Freiburg auf dem Stühlinger-Wochenmarkt unter der Stadtbahnbrücke, Mi- und Sa-vormittag. In Hinterzarten auf dem Bauernmarkt am Freitagnachmittag.

Ausgangspunkt Bickensohl

Der Ausgangspunkt Bickensohl kann aus zwei Gründen empfohlen werden. Da ist einmal der *Engel*, eine der wenigen Kaiserstühler Wirtschaften, die noch Wirtschaften sind. Mit einer guten Stube inklusive vitalem Stammtisch, mit gradlinig-
ländlicher Atmosphäre, aber ohne die vermeintlich unvermeidlichen Zutaten der Gastronomie in Fremdenverkehrs-
gebieten. Also keine Kartoffelschuppen, Rucolaorgien und
Blätterteighäubchen, auch keine Schlüsselblumensamtsüpp-
chen.

Und gleich hinter dem Engel geht es los mit einer anderen
Kaiserstühler Spezialität, die es auch nicht mehr so oft gibt:
die Hohlwege. Weil nämlich unser stets mit dem nackten Elend
ringende Nährstand mit seinen neuen turbogeilen, vollklima-
tisierten Rallyeschleppern am liebsten über geteerte Land-
wirtschaftswege brettert, weil dank Flurbereinigung und ach
so leerer Landeskassen auch der hinterste Rebbuckel planiert,
begradigt und kommod erschlossen wurde, weil geteert und
abwaschbar immer noch am besten ist, auch weil sich niemand mehr um die Pflege kümmert und Böschungen frei-
hält, weil der Ökomichel in der Toskana lieber Olivenbaum-
patenschaften übernimmt, haben es die Hohlwege schwer im
eigenen Land. Ein paar Relikte dieser alten Kaiserstühler
Wirtschaftswege gibt es noch und gleich hinterm Engel, die
Hohlgasse hoch, warten ein paar stattliche Exemplare. Man
gewinnt hier rasch an Höhe und einmal mehr besteht die
Chance auf den Kaiserstuhleffekt: Auf sonnigen Terrassen,
vielleicht mit einer schützenden Lößwand im Rücken, läßt es
sich praktisch rund ums Jahr draußen sein. Mit als erstes Obst
blühen die Weinbergpfirsichbäumchen, die mit ihrer rosa
Blüte den Frühlingsbeginn anzeigen. Noch etwas früher - oft
schon Anfang Februar - sind die Mandelbäume dran. Für den
Fall an Wolldecke und Lektüre denken.

- **Bickensohl**, Winzerstube *Engel*. Selten angenehme, altgemütliche
Holzstuben, einfach-ordentliche Karte, naturbelassene Stimmung.
Gartenterrasse. Tel. 07662-234, RT: Mo. **Preise**: günstig-mittel

Schönster Baggersee im Freiburger Umland

Burkheimer See

Das alte Burkheim liegt günstig. Auf einer steil zur Rhein-ebene abfallenden Terrasse abseits der Durchgangsstraßen, schon am Westrand vom Kaiserstuhl. Die Reste des drei-geschossigen Renaissanceschlosses (gebaut Mitte des 16. Jh. im Auftrag des Feldobristen Lazarus von Schwendi) stehen noch, allerdings zur Kulisse zerschossen. Der historische Kern Burkheims wird von einer breiten Marktstraße durchlaufen, bergseitig gehen zwei Gassen parallel. In der katholischen Kirche bedeutende Malerei an Wänden und der Decke, im Ort auffallend schöne Bürgerhäuser aus dem 16. bis 18 Jh., das Rathaus ist 1604 datiert.

Was Lage, historische Substanz und Gassencharme angeht, gehört Burkheim zu den schmucksten Gemeinden im Kaiser-stuhl. Ein kleiner Ortsrandgang lohnt allemal, in der warmen Jahreszeit bietet sich die Kombination mit einem Bad am na-hen See an, der zu den schönsten Baggerseen im Umkreis von Freiburg gehört. Ein Kompliment, das im gewässerarmen Freiburger Umland doppelt zählt. Anders als an den über-nutzten oder freizeitgerecht gestalteten Seen direkt bei Frei-burg, hat sich in den Rheinauewäldern bei Burkheim noch etwas vom Charme ländlichen Badevergnügens gehalten. Mopedjugend, Feuerstellen, aber auch ganz ruhige Zonen mit Gras bis ans Wasser und viel Schatten. Aufgestellte Abfalleimer sorgen für eine gewisse Grundsauberkeit, die wilden Seen oft fehlt. Auch im Hochsommer beste Wasserqualität und abseits der Hauptliegezone genug Platz.

Auskiesungen und Betonköpfe

Es wäre ein Jammer, wenn auch dieses Gebiet durch einen zwischen Breisach und Burkheim geplanten Riesenpolder gefährdet würde. Im Rahmen des 'integrierten Rheinprogrammes' sind nun insgesamt 13 Hochwasserrückhalteräume (oder Polder) auf deutscher Seite am Oberrhein geplant. Bereits seit 25 Jahren (!) tüfteln die Ämtler diverser Landesgewässerdirektionen an ihrem Marschallplan. Das Planfeststellungsverfahren läuft derzeit (2003) und soll bis 2006 abgeschlossen sein. Das Vorhaben soll - nach jahrelanger Bauphase und massiven Eingriffen zwischen Weil und Neuried - durch ein breiteres Flußbett und neue Stauräume den Hochwasserdruck rheinabwärts reduzieren helfen. Geplant sind sogenannte 'Auskiesungen', auf Deutsch: die flußnahe Landschaft wird auf 90 Meter Breite bis zu 6 Meter tiefergelegt, zudem sollen besondere Stauflächen eingedeicht werden. Das würde allein zwischen Breisach und Hartheim über 10 Jahre Baggerbetrieb mit bis zu einer Million LKW-Fuhren bedeuten. Daß es Alternativen zu dem geplanten, bis 500 Hektar großen Kunststau in tiefergelegten Rückhaltebecken gibt, haben die betroffenen Gemeinden bereits aufgezeigt: angepasste, kleinräumigere Lösungen, 'ökologische Fließpolder' u.ä. könnten das Ablaufverhalten der Zuflüsse und die Fließgeschwindigkeit des Stroms verbessern helfen.

Das über Jahre andauernde Ausbaggern und Eindeichen kilometerlanger Rückhaltebecken wird von Planern, die nie hier wohnen werden - wie üblich - mit einem feinen Mäntelchen verkauft. Unabhängig vom Hochwasserfall sollen durch sogenannte „ökologische Flutungen" (an etwa 60 Tagen im Jahr) die eingedeichten Flächen gezielt in Richtung Feucht-

Gefährdetes Eldorado - am Hartheimer Baggersee

biotop verändert werden, so wie der Rheinauenwald ganz früher vor Tullas Zeiten einmal war. Somit erfreut das Projekt neben der Fuhr- und Baubranche auch jene Lehrbuchökologen, die ebenfalls nie hier wohnen werden. Die direkten Anwohner befürchten dagegen nicht zu Unrecht auch eine ökologische Annäherung an frühere Lebensumstände: Schlammeintrag in riesige Rheinwaldflächen, Schnakenplage, Grundwasserprobleme, besonders auf den tiefer liegenden Flächen, die in den letzten Jahrzehnten bebaut wurden. Ganz abgesehen vom Verlust jener Naherholungsgebiete, die in Jahrzehnten geschaffen wurden, in denen nebenbei auch die schönsten Freizeitgewässer der Region liegen.

Der Bürgermeister von Breisach, Alfred Vornab, stellte auf einer Bürgerversammlung im Oktober 2003 so lapidar wie treffend fest: „Nehmen Sie das Thema ernst. Das integrierte Rheinprogramm wird diese Landschaft gravierend verändern." In vielen betroffenen Gemeinden haben sich mittlerweile Bürgerinitiativen gebildet, die von der lokalen Verwaltung unterstützt werden. Weniger betroffene Gemeinden, wie etwa Neuenburg, erhoffen sich durch die geplante Kiesschieberei Infrastrukturvorteile. Endgültig entschieden wird woanders. Dort wo entschieden wurde, daß landesweit Flüsse begradigt werden, daß planiert und betoniert wird, je nach Mittelfluß, weniger nach Anliegerwunsch.

Man muß schon ein ziemlicher Betonkopf sein, um eine großdeutsche Lösung mit meterhohen Dämmen, Stellwerken und hektarweit ausgebaggerten Flächen als „integriertes und ökologisches Rheinprogramm" zu verkaufen. Im Grunde geht es um eine alte politische Frage: Von oben verordnete Mammutprojekte, an denen Großfirmen beteiligt werden, kontra lokale Lösungen, die nach den Verhältnissen vor Ort geplant und realisiert werden können. So sicher wie das nächste Hochwasser ist allein der Subventionsstrom. Auch im Falle geplanter Auskiesungen gilt somit - Rettung verspricht allein die Haushaltsnot.

- **Integriertes Rheinprogramm und Polder**: Am Rhein bei Hartheim (wo ebenfalls einer der Großpolder entstehen soll) steht eine Info-Tafel der Gemeinde, die das Ausmaß der geplanten Verpolderung am Oberrhein zwischen Weil und Breisach aufzeigt, ebenso wie eine lokale Alternativen dazu. Die Info-Tafel erreicht, wer von der Autobahnausfahrt bei Hartheim, nicht zur Raststätte, sondern entgegengesetzt bis zum Rhein fährt. Auch ein Stück Heimatkunde. Details unter: www.hartheim.de

- **Unterkunft im Kaiserstuhl**: Zahlreiche Gasthöfe bieten auch Fremdenzimmer, darunter in **Kiechlinsbergen**: *Zur Stube*, historischer Landasthof mit vier angenehmen Gästezimmern. Laut Eigeneinschätzung „Exklusive Küche im Feinschmecker-Restaurant". Die handwerklich saubere, freilich hoch gepreiste Küche orientiert sich eng am traditionellen Gourmetmodell nach Altbadisch-Elsässer Art. Erwartbar, aber nicht exklusiv, eher sahnig als animierend. Die Gasträume wurden im Landhausstil der 90er aufrenoviert, Laminatparkett, bunte Bilder sollen für moderne Akzente sorgen; die Weinpreise sind für ein ambitioniertes Dorfgasthaus mehr als stramm. „Rustikale Küche" zu volksnäheren Preisen gibt es im angeschlossenen historischen Gewölbe-Weinkeller. Winterstraße 28, Tel. 07642-1786. Fax: 07642-4286. www.dutters-stube.de. RT: Mo und Dimittag, von Nov bis März Mo und Di. **Preise**: Zimmer mittel, Restaurant: hoch.

- **Karte für Touren**: Freizeitkarte 505, Blatt 1, Naturpark Südschwarzwald 1:50.000, Freiburg/Kaiserstuhl. Hrsg. vom Landesvermessungsamt.

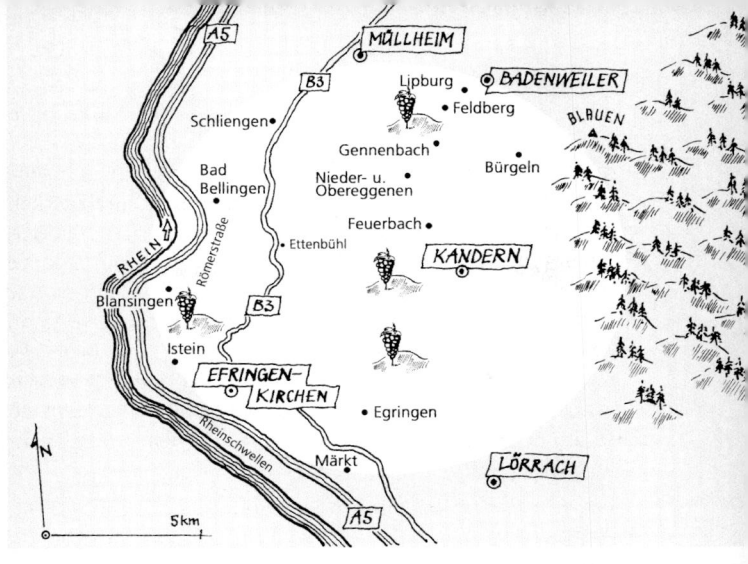

Markgräflerland auf schmalen Wegen

Das Markgräflerland ist eine Sonntagsstube. Kleinräumige, in weiten Teilen wohlgeratene Hügellandschaft. Wein, Thermalquellen und behagliche Ecken im Wechsel. Eine Querung abseits bekannter Wege.

Ganz unten im Südwesten ist mancher Winkel noch einen Schlag idyllischer als ohnehin am Oberrhein. Mittendrin **Badenweiler** mit der Infrastruktur eines traditionellen Kurortes. Warme Quellen in gemäßigter Hanglage, was schon den Römern zusagte. Mittlerweile etwas in die Jahre geraten, aber immer noch oder gerade deshalb ein guter Stützpunkt.

Fußgängerzonenbewohner werden es nicht glauben, aber im hinteren Markgräflerland gibt es noch diese 'heile-Welt-Ecken' - die einfach so wirken, ohne Stadtverschönerungsmaßnahmen und Kunst im öffentlichen Raum. Der Dorfbrunnen in **Müllheim-Feldberg** ist so ein Fleck, an heißen Sommertagen, wenn im Dorf die Fensterläden so selbstverständlich verrammelt werden, wie sonst nur südlich der Alpen, plantscht dort die Dorfjugend, was munter klingt und

Müllheim-Feldberg

noch besser riecht, wenn das Wasser auf den heißen Teer spritzt. Zwei Häuser weiter bei Familie *Rosskopf* hängt ein Pappschild an einer alten Eichenholztür und annociert Schinken und Speck (aber nur samstags zwischen 10 und 12 Uhr), noch ein paar Häuser weiter, in *Ortlieb's Hausbäckerei*, wird jeden Tag gut gebacken (Spezialität: Scharwaie).

An der Hauptstraße, gleich neben dem Brunnen steht noch das ehemalige Milchhäusle von 1896. Erbaut für die Feldberger 'Zentrifugen-Molkereigenossenschaft'. Eine Bronze-Tafel informiert: 'Heute im Eigentum der Sparkasse Markgräflerland'. Weshalb die Sparkasse Markgräflerland hier an einem der schöneren Flecken des Markgräflerlandes ein Milchhäusle derart zur Außenstelle verunstalten konnte, bleibt eines der vielen Rätsel, die unter den etwas verharmlosenden Begriff 'Sparkassenarchitektur' fallen. Warum keiner der Räte und Hochmögenden, die besonders gerne in Sparkassengremien Beisitz halten, an so einem Sparkassen-Milchhäusle Anstoß nimmt, wäre auch mal eine Frage. Christoph Meckel schreibt in seinem 'Suchbild' über das gelobte Land am Oberrhein: „Es gibt das breitärschig-selbstgerechte Heimatgefühl mit Männerchören, Frauenchören, gemischten Chören, Trachten-

Milchhäusle im Sparkassendesign - in Müllheim-Feldberg

kapellen und Blaskapellen." Und es gibt viele, die das Weg-
schauen nicht lernen müssen, weil sie nicht mehr hinschauen.

Eine alte Lagenbezeichnung, an der schmalen Straße rüber
nach **Badenweiler-Lipburg**, heißt 'Feldberger Paradies' und
so sieht das Weinland hier auch aus. Auf der anderen Seite
vom Tal führt ein Sträßle über den Weiler **Gennenbach** rüber nach Niedereggenen bei Schliengen. Ganz oben am steilen Buckel geht der Sonnholeweg ab. Viel Streuobst, letzte
Holzleitern an dicken Stämmen, dazwischen etwas Garten-
land, ein paar Mättle fürs Hasenfutter, später ein Stück warmer Laubwald, anschließend steile Rebstücke, gestützt von
Bruchsteinmauern, die erst unlängst wieder instandgesetzt
wurden. Vor eine haben die Wirtsleute vom *Rebstock* in Obereggenen einen Feigenbaum gesetzt, er ist im Jahrhundert-
sommer 2003 gut angewachsen. Im Herbst wird unten im
Eggener Tal geherbstet, geobstet und gebrannt, daß sich die
Hofläden biegen. Dazu gibt es als landschaftlichen Hintergrund verwunschene Graswege, die genau am lichten Saum
zwischen Wald und Rebland verlaufen, im Frühling breit-
kronige Obstbäume, die alles zublühen. Über allem thront
Schloß Bürgeln, eigentlich zu schön, um wahr zu sein.

Schloß Bürgeln

Auf der Traumterrasse der *Schloßwirtschaft* holt einen dann die Realität wieder ein, die Realität einer deutschen Ausflugsgaststätte mit behördenähnlichen Öffnungszeiten, aber der Blick versöhnt (Details, Routen und Abwege später). Erst mal anlegen in und um Badenweiler, später dann ausschwärmen.

Aquajogging und Apfelkuchen

Badenweiler war früher ein Themalkurort und befindet sich heute gleichsam in Konversion. Satt Fango und Tango heißt es nun Wellness und Aquajogging, was Vor- und Nachteile hat. Die moderne *Cassiopeia-Therme* ist im zeitgemäßen Wohlfühlstil gehalten, also ideal zur Entmüdung nach einer längeren Tour oder statt einer Tour. (Ein neuer, großzügig und edel gestalteter Saunabereich ist im Bau, Eröffnung Ende 2004). Zu den Unverlangtsendungen in solchen Anlagen zählen allerdings auch eigens angestellte Vorturner, die zu stündlichem Aquajogging auffordern oder Feng-shui-Animateure, die am Beckenrand den sterbenden Schwan mimen. Noch vor 20 Jahren hätten die Gäste den Bademeister aufgefordert, derlei Faxen zu unterbinden, heute nimmt die Mehrzahl der

Rundweg Kaffeemühle im Kurpark Badenweiler

Besucher an den kuriosen Vorstellungen teil, was allenfalls für eine kurze Weile unterhaltend wirkt. Erstaunlich, wie widerstandslos sich die animationsgewohnte Masse hingibt, zu Lande und selbst im Wasser. Aber deshalb sind wir nicht hier. Nur am Rande sei noch erwähnt, daß Badenweiler mit denselben Strukturproblemen zu tun hat, die in den beiden anderen Heilbäder im Dreiländereck (Bad Bellingen und Bad Krozingen) noch schärfer auftreten, seit die Kassen nicht mehr alles und jedes bezahlen. Immerhin ist Badenweiler mit der besseren Hardware gesegnet (Lage, Umgebung, Park). Trotzdem wurden immer mehr Hotels zu Appartements und Sanatorien zu Seniorenresidenzen. Und schier zwangsläufig kommt einem der schlauen Gremien oder Investoren auch der Einfall zur Ansiedlung des 14. Golfclubs, der feuchte Wiesen in eine stete Geldquelle wandeln soll. Die übliche Fruchtfolge also, wobei einem der Golfplatz immer öfter als eine letzte Einsaat vorkommt, vor endgültig drohender Brache.

Auch bei der Verwaltung des Wohlfühlens die übliche Entwicklung, beschleunigtes Personalkarussell, immer mehr Gremien bei abnehmender Gästezahl. Eine sogenannte 'Kur-

67

Grand Hotel mit Jahresringen - Römerbad, Badenweiler

verwaltung' umzubauen, ist vermutlich ein ähnliches Unterfangen wie die Reform der Bundesanstalt für Arbeit. Neulich hat das letzte Lebensmittelgeschäft im Ortszentrum zugemacht, aber keine Angst, eine Verkaufsausstellung mit 'Offenbacher Lederwaren' kommt noch immer ins Kurhaus, das innen wie außen dem Namen alle Ehre macht. Auch im Ort selbst keine Sensationen, sondern Kurbetrieb, der zwischen ziemlich gestrig und recht rührend pendelt. Im Übrigen kann einem das ganze Wellness-Geklingel egal sein, solange eine alte Regel befolgt wird: Ein Kurort ist ein Kurort - will heißen: Man kann sich hier durchaus und mit Gewinn auf das traditionelle Angebot besinnen. Also eine Runde im Kurpark flanieren, in der Therme abtauchen, vielleicht auf einen Nachmittagstee ins *Römerbad*, das erste, einzige und mit sehr großer Wahrscheinlichkeit auch letzte Grand Hotel am Ort. Heute mit dem abgehangenen Charme eines Veteranen, der die wesentlichen Schlachten hinter sich hat, aber mit einigen Einrichtungen, die bis heute nicht zu unterschätzen sind: dazu gehört der animationsfreie Privatpool (mit Bewirtung, auch für Passanten) ebenso wie die Bar, die zu den wenigen Plätzen von Rang in der Provinz zwischen Freiburg und Basel zählt (gerade weil dort selten Gedränge herrscht). Ansonsten raus in die Umgebung und beim Heimkommen mit offenem Fenster schlafen. Tut auch mal gut. Gedeckten Apfelkuchen und Königsberger Klopse gibt es in Tagescafés, die gegen 19 Uhr schließen. Eine etwas zeitnähere Kreuzung zwischen deutscher Romantik-Hotel-Anmutung und Resten von Italienità (der Eigentümerfamilie) bietet die *Sonne* mit dem angeschlossenen Weinkeller *la Cantinella*, immerhin eine der raren Möglichkeiten, nach dem Bade am späteren Abend noch ein paar warme Nudeln zu bekommen.

Ein Kurpark geht mit der Zeit

In einem alten Kurort sollte man auch mal tun, was Kurgäste über die Jahrzehnte getan haben. Im Park auf Rundwegen promenieren, den Wechsel zwischen geschaffener Attraktion und natürlichem Refugium erleben, wie ihn ein angelegter Landschaftspark verspricht. Vom Kurhaus auf der sogenannten Kaffeemühle ebenerdig vor zum grandiosen Ausblick über Rheintal und Vogesen. Früher einer der Plätze zum Verweilen, Plaudern oder Rauchen vor Einnahme der Halbpension. Die Dame mit rotem Sonnenschirm, die Emil Bizer in jene Szene hineinkomponierte, der wir das Titelbild verdanken, werden Sie allerdings vergeblich suchen. Sonnenschirme sind bekanntlich so ausgestorben wie jene Damen, die sie tragen können.

Die Vorläufer der heutigen Parkanlage entstanden Mitte des 18. Jh., erst Mitte des 19. Jh. wurde der vorhandene Weg zum Schloßberg als ebener Rundweg ausgebaut, der um die Burgruine führt. Dieser Weg bildet bis heute, als besagte Kaffeemühle, das Herz des Parks. Die Gunst der natürlichen Hanglage mit Blick auf Rheintal und Vogesen ersparte jede größere Geländemodellierung bei der Anlage. Hinzu kamen reizvolle Perspektiven auf Schwarzwald und Reben des Römerbergs und eine bewegte Landschaft mit Burgberg und Ruine. Ideale Voraussetzungen, um den Park von Anfang an als Landschaftspark zu konzipieren. Als Park, der seinen Reiz aus einem langsamen, aber steten Wechsel der Perspektiven zieht.

Lediglich der sogenannte Schwanenweiher im östlichen Park-
teil (bei den aufwendig überdachten Römischen Badruinen)
kam später hinzu, als einzige größere künstliche Anlage.

Als einer der Parkschöpfer gilt Gärtner Krautinger, der von
1860 an Pflanzen aus den Hofgärten von Karlsruhe und
Schwetzingen beschaffte und die Entwicklung der Anlage in
einer wichtigen Wachstumsphase des Ortes bis gegen Ende
des 19. Jh. vorantrieb. Krautinger studierte exemplarische Anlagen, seine Reisenotizen lesen sich wie ein Vademecum eines ernsthaften Gartenfreundes: „ ... in den berührten Orten
mein Augenmerk auf Garten- und Landschaftsanlagen zu
richten, ältere und neuere Gruppierungen zu studieren, Formen, Wuchs und Schattierung der Blätter zu beobachten,
mich mit neu eingeführten Hölzern bekannt zu machen,
Garteneinrichtungen, Einfriedungen, Gartenmöbel, Arbeits-
löhne und Matrialpreise kennen zu lernen." Auf seinen Stu-
dienreisen mißfielen Krautinger insbesondere die dressierten
französischen, ebenso wie die „verschnittenen holländischen
Gärten, vielmehr fand er durch Anschauung zu den ruhigen
Formen und Arrangements des englischen Landschaftsgartens.

Ein grundlegendes Parkpflegewerk, wie bei vergleichbaren
Anlagen üblich, wurde in Badenweiler aber nicht aufgelegt
und so gab und gibt es keine festgeschriebene Parkphilo-
sophie. Damit auch keine Pflegeregeln, die ein Park dieser
Größe eigentlich dringend bräuchte; besonders heute, um
vor den Launen (und Haushaltskapriolen) der Kommunalpolitik geschützt zu sein. Das Personal der ehemaligen Kur-
gärtnerei wurde in den letzten 30 Jahren um gut 80% reduziert, nach heutigem Stand der Dinge bleibt nichts anderes,
als den Park mit einer Art Notprogramm leidlich zu erhalten.

Ein ehemaliger Leiter der Kurparkgärtnerei sah diese Probleme schon vor Jahren: „Die Einmaligkeit des Badenweiler
Kurparks wird in wenigen Jahrzehnten hinfällig sein. Der
Park wird sich langsam den üblichen pflegeleichten Grünflächen angleichen." Der Prozeß ist zur Zeit im Gang, ein Leit-
motiv des Landschaftsparks, der stete Wechsel zwischen At-

Belvedere im Kurpark Badenweiler (Architekt: Friedr. Weinbrenner)

traktion und Refugium, nimmt ab. Die Monotonie dunkler Zonen, die Herrschaft von dichtem Buschwerk und hohen Baumgruppen nimmt zu. Dabei vollzieht sich die Vergreisung langsam und für die Augen des Normalbesuchers kaum merklich. Für subtilere Argumente, oder gar für eine auf Jahrzehnte angelegte Denkweise klassischer Gartenkunst ist im Budget-Gezerre der Gremien kein Platz, ein Park hat keine Lobby - trotz laufend steigender Kurtaxbeiträge. Der alte Parkmeister sagte es so: „Gartenbaukunst war beim Adel obligatorischer Bestandteil der Ausbildung. Heute redet jeder mit, der zuhause eine Topfpflanze hat."

Emil Bizer (1881-1957), der so viele Schlüsselstellen und Schlüsselstimmungen im Markgräflerland ingeniös wie kein anderer gemalt hat, fand auch an der Kaffeemühle eine Szene und seine Einstellung dazu. Wer sich heute an dieselbe Stelle begibt (ein paar Meter vom Aussichtspunkt Kaffeemühle in Richtung Römerbad), sieht die nämliche Laterne, allerdings schiebt sich mittlerweile ein Baum in Bizers Panorama, was der Parkpflege offenbar nicht weiter auffällt. Unklar bleibt, ob sich Bizers Dame mit Sonnenschirm über den Zustand der Parkwege wundern würde. Wir müssen ja alle

Annette Kolbs Haus in Badenweiler (Aufnahme ca. 1930)

sparen, ob die Löcher im Makadam mit grauem Mörtel zu-
geschmiert werden müssen, ist aber eine andere Frage. Badenweiler hatte wirklich schon bessere Tage.

Meine Treppe zählt dreizehn Stufen - Badenweiler Häuser

Wer Badenweiler auf der Landesstraße 132 in Richtung der
eingemeindeten Teilorte Lipburg und Sehringen verläßt,
trifft, noch am Ortsrand Badenweilers an der Kanderner Straße (Höhe des großen Parkplatzes) wieder auf ein Stück altes
Badenweiler. Am Haus Nr. 14 eine Gedenktafel, die an René
Schickele erinnert, der hier seine letzten Jahre vor der Emigration nach Südfrankreich verbrachte. Unmittelbar nebenan,
das kleine Haus seiner Literatenfreundin Annette Kolb, die
bereits 1934 emigrierte und 1945, als eine der ersten, nach
Badenweiler zurückkam. Zwei Häuser weiter, ebenfalls vom
Stuttgarter Architekten Paul Schmitthenner zu Beginn der
20er Jahre gebaut, das von ihm so genannte „Haus des Malers". Alle Häuser stehen noch heute, mehr oder minder wie
damals gebaut, nur die unmittelbare Umgebung hat durch
Zunahme von Bebauung und Verwaldung verloren. Als Ent-
wurfslehrer der 'Stuttgarter Schule' war Schmitthenner einer

Das Annette Kolb Haus an der Kanderner Straße im Jahr 2003

der stilbildenden Architekten seiner Zeit - sein Credo: „Schönheit ruht in der Ordnung".

Architekt *Schmitthenner* (1884 - 1972) schrieb zum 'Haus des Malers': „Was soll man über ein so kleines Haus schon sagen. Es ist ja nichts daran, über das etwas zu sagen wäre. Vielleicht ist damit schon alles gesagt. Keine sieben Meter tief und gut elf Meter lang und mit der Hand kannst du fast an das Dachgesimse reichen. Mitten auf den Wiesen steht es und wenn das Wiesenschaumkraut und die Butterblume in einem Jahr besonders üppig wachsen, verschwindet es um ein Drittel. Da ist nicht viel zu sagen." Vielleicht wäre noch zu sagen, daß so bescheiden, zurückhaltend und wohl proportioniert schon seit Jahrzehnten nicht mehr gebaut wird. Und statt dem Wiesenschaumkraut gibt es heute ein Froschbiotop oder den mediterran gestalteten Wintergarten, der auch als großer Vogelkäfig durchginge.

Annette Kolb schrieb über ihr Haus: „Zwei schöne Fenstertüren führen ins Freie. Es wächst ins Riesige verglichen mit dem Arbeitszimmer. Vielleicht ist dies der Kniff! Mein Vorplatz ist nicht der Rede wert, meine Treppe zählt dreizehn ganze Stufen, mein Gaststübchen ist schon eine Mansarde. Und doch sage ich nie mein Häuschen, sonder immer mein

Halb Bauernleinen - halb Königspurpur, René Schickele Haus

Haus. Nicht aus Größenwahn, sondern weil es sich tatsächlich groß bewohnt und weil irgendein kurioses Problem, hinter das ich nicht komme, gelöst wurde."

René Schickeles lang gestrecktes Landhaus ist heute hinter einer hohen Rotbuchenhecke verborgen und kaum mehr einzusehen, die repräsentative Einfahrt mit den ziegelgemauerten Pfeilern ist aber von der Straße aus gut zu erkennen. Der alte 'Schickelehof' ist mit Abstand das stattlichste unter den drei Schmitthenner-Landhäusern, „halb Bauernleinen, halb Königspurpur." Schickeles Hauptwerk entstand hier, darunter die epische Trilogie 'Das Erbe am Rhein', geschrieben zwischen 1923 und 1931. Schickele liebte seine Wahlheimat, die er auch mit seinem Malerfreund Emil Bizer, genannt 'Bi' durchstreifte: "Hier ist der warme, gehütetste Winkel des alemannischen Gartens. Lebte ich hier in der Verbannung, es wäre das schönste Exil der Welt, am Rande eines tiefen Waldes auf der einen, eines ständig sich wandelnden Himmels auf der anderen Seite - und so heiter."

Es kam bekanntlich anders. Die Emigration vor Augen, schreibt Schickele seine letzten und bittersten Zeilen ans Ende der 'Himmlische Landschaft', ansonsten eine frohe

Gedenkstein am Schickele Haus in Badenweiler, Kandernerstraße

Hymne ans Markgräfler Land. „Als ich auf die Terrasse trat, legte mir die Sonne eine schwere Hand auf die Schulter. Ich verstand, daß es der Abschied war." Schickele starb 1940 in der Emigration in Vence. Seine letzten Jahre in Südfrankreich sind ihm nicht gut bekommen, die Zeit im Exil war von Armut geprägt, allein der Briefwechsel mit Annette Kolb offenbart dies immer wieder. Kurz nach der Ankunft in Sanary-sur-Mer: „Leider ist hier alles entsetzlich teuer!!! Ich *muß* die Feuilletons schreiben, die von mir verlangt werden, *und das ist die gröbste Störung, die es gibt.*" Die Situation spitzt sich weiter zu, aus St. Cyr-sur-Mer kommt im Juli 1936 die Nachricht: "Die Pleite ist komplett. Gottseidank werden wir logiert und ernährt." Dazu die üblichen Spitzen und Neidereien unter Literaten, die sich im Dampfkessel des Exils weiter aufschaukelten: "Gottseidank ist die Deutsche Kolonie hier verduftet." „Kürzlich gab Feuchtwanger einen Monstre-Tee, bei der auch Baby Goldschmidt-Rothschild *und Gatte* erschien…"

Erst 1956 konnten Schickeles Überreste auf den Friedhof oben im Lipburger Tal überführt werden, auch so ein Ort, den er immer wieder beschrieben und gepriesen hat. Vom schmiedeeisernen Tor, das „immer halb offen steht" bis zum Tal, das bis heute seinen Reiz nahezu unverändert erhalten hat.

„Eines nachts ging ich in den Mond hinein bis zu einer Bank, von der man über ein kleines, vielfach bewegtes, aber geschlossenes Tal blickt. Die Bank steht neben einem niedrigen Steinkreuz am Waldrand. Es ist ein wundervoller Platz zum Alleinsein, zum Schauen und zu jener tieferen Art von Schau: dem Horchen…"

Schickeles Bank steht heute noch. Sie ist leicht zu finden: Von Badenweiler aus über die Kanderner Straße (Landstraße 132) zunächst ein Stück in Richtung Kandern. An der Kreuzung zum Hochblauen, kurz und steil abwärts in Richtung Lipburg. Unter der etwas grob geratenen Straßenbrücke durch und unmittelbar danach rechts ab zum 'Ehrenfriedhof'. Die Bank steht hier direkt an einem mittlerweile geteerten Weg, noch etwas oberhalb der 1950-51 geschaffenen Kriegsgräberanlage. Von hier führt ein kurzer Fußweg in fünf Minuten durch eine kleine Talsenke runter zu Schickeles letzter Ruhe auf dem wunderbar würdig gelegenen Lipburger Friedhof, dessen schiefe Steinmauern bis heute von ein paar alten Kastanien gehalten werden.

Der kleine Parkplatz vor dem Friedhof wäre auch ein guter Ausgangspunkt für eine Runde durch eines der kleinen Täler des Markgräflerlandes, das zugleich zu den schönsten zählt. Nur zwei Siedlungen liegen im Tal, oben Sehringen, unten Lipburg, sonst Wiesen und Gärten, viel Obst und noch etwas Wein - unten gerahmt von alten Eichenwäldern, nach oben, zum Blauen hin, dunkelblauer Nadelwald. Und alles im typisch milden Markgräfler Wechsel. Vierteleland - harmonisch bis zur Betäubung.

Alles auf einmal erlebt man auf einer kurzen Runde um den Lipberg (markiert mit gelbem Viereck, der Weg beginnt genau gegenüber vom Lipburger Friedhof). Die Kuppe des Lipbergs - mit zwei Aussichtsbänken und zwei Bäumen - krönt die kleine Einzellage 'Lipburger-Kirchberg', die auf einen Rest von drei Hektar geschrumpft ist. Früher reichte der Weinbau noch viel weiter über den Ortsrand hinaus bis in die

„Das Tor steht immer halb offen" - Friedhof Badenweiler-Lipburg

heutigen Streuobstwiesen. Ein Teil der alten Rebmauern ist noch zu sehen. Oben vom Lipberg großartiger, bei bewegtem Wetter allerdings zugiger Rundblick auf Rheintal, Vogesen und burgundische Pforte. Ein Panorama auf das letzte Stück Deutschland, das hier besonders gut geraten ist. Der Weg rund um den Lipberg führt dann durch alte, wie nur selten gefällige Streuobstbestände und stets mit bester Sicht weiter zum kleinen Dorf Lipburg.

Der letzte, besonders sonnige und geschützte Wegabschnitt am Fuß des Lipberges wird von Liebhabern auch 'Riviera' genannt. Wer mal an einem hellen Frühlingstag auf einer der Bänke hier saß, oder sich schon ins Gras wagt, weiß warum. (Einkehrmöglichkeit in Badenweiler-Lipburg im Landgasthaus *Schwanen*; kurgastkompatible Karte, üppigüberreich dekorierter Innenhof, RT: Do, Gästezimmer sowie Appartements, Tel: 07632-82090).

"Ein vielfach bewegtes Tal" - Blick vom Lipberg auf die Vogesen

Von Badenweiler ins Oberland nach Kandern

Die Markgräfler Tour auf schmalen Straßen beginnt eigentlich erst hier in Badenweiler-**Lipburg** und sie läuft nach geruhsamem Tälerhopping über dreißig, fünfunddreißig Kilometer irgendwo im Süden bei Egringen oder gar am Rhein bei Istein aus, wo es zwar kein Meer gibt, aber an den Rheinschwellen putzmunteres Wasser. Eine Rumtreiberei zwischen Obst und Wein, Aussiedlerhöfen, Rosengärten und Dorfkirchen, mit dem Auto so gut wie mit dem Fahrrad möglich, wobei zahlreiche Haltepunkte für natürliche Ablenkung sorgen.

Beginn der Tour am Dorfbrunnen von Lipburg, dort ein historischer, handgemalter Wegweiser nach Müllheim-Feldberg. Die alte, nur wenig befahrene Dorfverbindung führt zunächst kurz, aber heftig bergauf und später (neu geteert) auf schmaler Waldfahrstraße oberhalb vom paar-Häuser-Weiler Rheintal rüber nach Müllheim-Feldberg. Noch vor der eigentlichen Abfahrt nach Feldberg, unmittelbar nach Ende der Buchenwälder am Hörnle, ein kleiner Stellplatz für drei, vier Autos (keine 100 m später die Abzweigung der Straße nach Rheintal).

Vom Abstellplatz am Wald führt ein Weg am warmen Waldrand hoch, eigentlich kein Weg, sondern mehr so eine Art Himmelsleiter, zwischen Hörnle und den 27 Hektar Wein der alten Einzellage 'Feldberger Paradies', deren Reiz schon am Anfang der Tour beschrieben wurde. Man kann hier wandern, man könnte hier aber auch einen ganzen Nachmittag im Gras liegen und mit Schmetterlingen und Eidechsen diskutieren.

Weiter auf der Straße Richtung Feldberg wird zunächst das kleine Freizeitaktivistenareal am *Stalten* erreicht (Fußballfeld, Grillplatz, Schutzhütte). Dann, wieder nach kurzem heftigen Gefälle, der ebenfalls schon eingangs erwähnte Müllheimer Ortsteil **Feldberg**. Einkehrmöglichkeit im *Ochsen*, der besonders wegen seiner gut erhaltenen Optik und mit der alt eingewachsenen Gartenwirtschaft lockt, die zu den lauschigeren im hinteren Markgräflerland zählt. Auch die alte Holzstube bietet hohe Idyllewerte (RT: Do).

Auch von Feldberg rüber ins Eggener Tal gibt es wieder eine jener kleinen Dorfverbindungen, auf der einem, wenn überhaupt, mehr Traktoren als Autos begegnen. Wegen der geringen Verkehrsfrequenz auf eine langsame Fahrweise zu schließen, wäre allerdings ein Fehler. Wie üblich zeichnen sich eingeborene Dorfbewohner nicht selten durch eine beherzte Fahrweise aus, die sich an den Möglichkeiten des Fahrzeugs und weniger an der Schönheit der Landschaft orientiert. Gleich wo, die Straße gehört einem selten allein.

Von Feldberg also zunächst ein kurzes Stück auf der Kreisstraße (K 4984) in Richtung Müllheim, die erste mögliche Abzweigung nach links führt dann über den Weiler **Gennenbach** hoch auf die paßartig ausgebildete Anhöhe *Heidel* rüber ins Eggener Tal bei Schliengen-**Niedereggenen**. Oben am Heidel wieder ein begnadeter Ausgangspunkt für Mittagswanderung oder kurze Tour. Entweder in Richtung Blauen, und Schloß Bürgeln vor Augen, durch offenes Rebland. Oder, verwunschener, eine Runde auf dem Sonnholeweg, der direkt von der Paßhöhe weg nach Süden führt. Zunächst über ein paar Matten, später im lichten Laubwald und noch später wieder durch Reben unterhalb der bewaldeten Anhöhe Egenkapf zurück. Die exponierten Steillagen hier, weit oben über dem Holebach und schon weg vom Dorf Niedereggenen, waren und sind nicht einfach zu bewirtschaften. Ein Teil wurde längst aufgegeben, ganze Parzellen sind mit Schlehengestrüpp und wärmeliebendem Pioniergehölz überwuchert, stellenweise sind aber auch Gegentendenzen zu sehen. So haben die Wirtsleute vom kleinen, feinen Landhotel *Rebstock* in Obereggenen hier einzelne Flächen rekultiviert, die alten meterhohen Bruchsteinmauern wurden saniert, sogar ein Sitzplatz (mit Feigenbaum und Kletterrose) angelegt. Die Erträge dieser erfreulichen Kultivierung werden im Rebstock lagenrein ausgebaut.

Das Sträßle von Gennenbach führt mit kurzem, heftigem Stich runter nach **Niedereggenen**. Eine typische Markgräfler Landgemeinde, mit einer typischen Bachverbunkerung, wie sie von typischen Betonköpfen in der 'Alles-begradigen-Phase' der 80er Jahre realisiert wurde. Tiefergelegte Geister, die sich noch heute gerne als Sanierer, Erneuerer und Wohltäter feiern lassen. Also rauscht auch hier der Holebach kanalgerade durch den Ort und schnell in Richtung Rhein, auf daß der heftig anstiege, was wiederum schöne Baumaßnahmen provozieren dürfte, die derzeit unter dem etwas harmlosen Titel 'integriertes Rheinprogramm' geplant werden (vgl. dazu unter Kaiserstuhl/Burkheim). Ansonsten sind die Dörfer im Eggener Tal aber ganz Oberland, wie das Markgräflerland früher auch noch hieß. Letzte Höfe und Restlandwirtschaft, neues Pendlerglück am Ortsrand, schleppergängige Spalierobstanlagen im munteren Wechsel mit jahrhundertealten Birnbaumpyramiden, an denen Bündel alter Aststützen lehnen. Ab und zu steht noch eine schwarze BMW mit Beiwagen unterm Scheunendach.

Der April ist voller Blüten und Wandergruppen

Einmal im Jahr, zur Kirschblüte, kommt Leben ins Eggener Tal, aber dann richtig. Zu den Begleiterscheinungen der Obstblüte gehört die Wandergruppe. Je mehr Blüte, desto fideler.

Stilleben in Obereggenen

Da kann es in den einschlägig bekannten Regionen auch mal eng werden, so auch zwischen Niedereggenen und Schloß Bürgeln, wo nach Ausbruch der Kirschblüte im Konvoi gestaut wird. Dazu werden Campingstühle an strategisch günstigen Punkten aufgestellt, ältere Herrschaften üben sich in der Kunst der Sonntagsfahrt, des Frühlings buntes Band weht aber auch als flotter Radlerpulk durchs Land. Die Obstblüte ist gnadenlos: Wanderer fürchten eine späte Rache des Winters sowenig wie die betroffenen Bäume, die selbst bei Sauwetter einfach weiterblühen. Es ist kein Halten. Wobei der Herdentrieb des Publikums allein schon deshalb erstaunt, weil die Bäume in den ruhigen Nebentälern das Blühen ja auch nicht verlernt haben. So bleibt die Einsicht, daß auch das Naturerlebnis einen Veranstaltungscharakter angenommen hat, was Risiken und Chancen mit sich bringt. Fazit: Nicht unbedingt am Wochenende zu Ausbruch der Hauptblüte ins Eggener Tal.

Von Niedereggenen rüber nach Kandern-**Feuerbach** geht es auf nun schon gewohnt schmalem Sträßle weiter. Diesmal über die kleine, aber ebenfalls markant ausgeprägte Paßhöhe am *Stocken*. Wunderbare Abfahrt durch das harmonisch

Kirschblüte bei Obereggenen

hingewellte Oberland bis nach Feuerbach (die einzige, substanziell nicht reizlose Gaststätte ist derzeit verwaist und sucht einen Käufer).

Von Feuerbach rüber nach Kandern führt wieder so eine kleine Verbindungsstraße höherer Ordnung: gleich nach dem Ortsausgang (Richtung Riedlingen) links ab, also nicht nach Riedlingen, sondern direkt hoch in Richtung Kandern. Der Wald- und Wiesenparkplatz oben auf der Höhe heißt *Geißhaldeneck*, es gibt aber auch Wege, die heißen - nach dem alten Namen für Bienen - *Amelen*buck, und es gibt, nur ein paarhundert Meter vom kleinen Waldparkplatz am Geißhaldeneck, eine besondere Gunststelle, die heißt 'Alpenblick'. Beim Thema Alpenblick denkt man im Oberland in der Regel an die nebelfreien Wintertage auf dem Hochblauen, oder an sonst einen Gipfel im Südschwarzwald. Aber Alpenblick geht ausnahmsweise auch hier, auf einer Obstwiese, gerade mal 450 Meter hoch, zwischen Kandern und Feuerbach. Und wenn alles zusammenpaßt (was zugegeben selten ist), trockene, klare Luft, später Schnee in den Alpen, warmes Frühjahr im Oberland, wenn alles paßt, dann sind hier die Kirschen schon rot und die Alpen noch weiß. Aber auch für den Fall,

Wenn alles paßt, sind die Alpen noch weiß und die Kirschen schon rot

daß nur eine Komponente zutrifft, eine großartige Stelle, die zusätzlich durch besonders reizvoll ausgeschilderte Wanderrouten gewinnt (sehr lohnende, variantenreiche Wege durch Wald, Feldflur und Wiesen in Richtung Sitzenkirch und Johannisbreite/bzw. von dort kommend).

Um Kandern, in einer der Teilgemeinden wie Riedlingen oder Tannenkirch, ändert sich der Charakter unserer Tour über schmale Straßen so langsam. Das Markgräfler Oberland wird nun - Lörrach und Weil zu - immer weiter, die Anstiege milder, die Täler offener, der Verkehr etwas heftiger. Schön ist es trotzdem, im letzten Stück Südwesten zwischen Kandern, Bad Bellingen und Lörrach. Trotz aller Grilleckle, Neubaugebiete, Sonnen- und Nagelstudios, noch immer reichlich freies Land zwischen Siedlerhöfen und Kirchtürmen. Und ein Rosengarten, der seinesgleichen sucht.

Drei Hektar lustbetonter Auslauf - Landhaus Ettenbühl

Vom Aussiedlerhof zum Rosengarten

Im hinteren Markgräflerland, südlich vom Schliengener Buck, wo die Dörfer Tannenkirch oder Gupf heißen, wird der Horizont weit. Gefällig ausrollende Vorberge zwischen Schwarzwald und Rheintal, Störche auf dem Feld und ein 'Bräunungsstudio Crazy Sun' im Dorf. Dazwischen viel Mais und ein paar Aussiedlerhöfe. Einer davon wurde mit der Zeit zu einer Art Schönheitsfarm und heißt nun *Landhaus Ettenbühl*. Die Geschichte der ungewöhnlichen Konversion begann vor 30 Jahren mit viel Land, reichlich Leidenschaft und ein paar Rosen, die Stefanie Körners Mutter aus England nach Hertingen brachte. „Am Anfang habe ich natürlich alles falsch gepflanzt", sagt die Gründerin von Landhaus Ettenbühl; aber sie sagte es wie jemand, der mit seinen Pflanzen gewachsen ist.

Vor sechs Jahren wurde das Privatvergnügen Ettenbühl zu einem öffentlichen Garten mit Gärtnerei, Gartenschule und einem Rosenversand, dessen Sortiment mittlerweile einen knapp 100-seitigen Katalog füllt und international beachtet wird. Wobei das Wort 'Garten' eine reizlose Umschreibung abgibt für ein Reich mit 400 überwiegend historischen Rosensorten, seltenen Gehölzen und Stauden, arrangiert in 'Gartenzimmern', die klassischen Themen gewidmet sind: Lavendelgarten, Teich mit Pergola, herbstfärbende Gehölze. Wie in einer alten Villa ändert sich auch auf Ettenbühl der Gang des Besuchers. Mit dem Sehen beginnt das Schreiten. Als Teppich dient barfußweicher Rasen, der alle fünf Tage geschnitten wird. Starkwüchsige Kletterrosen, sogenannte 'Rambler', erklimmen greise Bäume und verausgaben sich in meterhohen Blütenkaskaden. Wer eine nackte Hausecke hat, findet hier Sorten, die in einem Jahr locker fünf Meter klettern. Die intensiv duftenden Moschata-Hybriden haben auf Ettenbühl ihr eigenes Revier und jedes Gartenzimmer bietet dem Besucher eine spezielle Vista. Ein rosa Blütenmeer, angerichtet von Misses Billy Crick, kommentiert Stefanie Körner wie ein leichtes Sommerkleid: „Zarte Farben, Duft, Romantik pur."

Nicht nur mit den Schritten, auch mit den Jahreszeiten ändern sich die Aspekte: wenn die sommerliche Blütenfülle nachläßt, fällt die Rinde des Schlangenhautahorns auf, im Winter setzen Christrosen Akzente. Im Frühsommer ziehen Duft und Wolken manchmal synchron vorbei und die Stimmung pendelt zwischen betört und betäubt. Wobei eine Gartenanlage, die sich an englischen Motiven orientiert, oft mit Andeutungen spielt. Als Vorbild dient nicht die strenge Geometrie einer barocken Anlage, die sich hart gegen die Natur abgrenzen möchte. Stilgebend ist vielmehr die kultivierte Natürlichkeit eines 'pleasure ground'. Ein Landschaftsgarten in Hausnähe, wie er gegen Ende des 19. Jahrhunderts zum Hauptelement des großbürgerlichen Villengartens avancierte, dem scheinbaren Paradox geplanter Ungezwungenheit verpflichtet. So wurde manches Bild, das wie zufällig gewachsen scheint, sorgfältig geplant. Kletterrosen und Clematis ergänzen sich auf ihrem Weg nach oben, Strauchrosen stehen in Gemeinschaftsbeeten mit farblich passenden Begleitpflanzen, der Farbwechsel zwischen den Beeten wird von grau belaubten Pflanzen moderiert. Macht zusammen drei Hektar lustbetonter Auslauf, ideal für einen geschenkten Sommernachmittag.

Trotz aller Hege und Pflege bewegen sich die Pflanzen auffallend natürlich im Beet, sie müssen jedenfalls nicht salutieren wie im deutschen Vorgarten, wo blanke Erde und strammstehen zur Pflicht zählen. „Wir mögen keine schreienden Rosen", erklärt Stefanie Körner eine der Regeln auf Ettenbühl. Ihr Mann, John Scarman, ein Name unter den englischen Rosenzüchtern und Gartendesignern, kümmert sich um die Zucht neuer Raritäten und bewährter Klassiker. Scarman pflegt seine eigene Kollektion, er gibt Gartendesign- und Rosenschnittkurse und wenn er mit seiner Schere im Rosenbeet steht, sieht das aus wie gewachsen. Gesunde, langblühende und duftende Rosen sind Scarmans Ziel, Problematiker und Zicken haben im Sortiment keine Chance. Überhaupt wird das Gärtnern auf Ettenbühl nicht als akademische, sondern als praktisch-fröhliche Wissenschaft betrieben. So folgt auch Scarmans Rosenschnittmethode eher dem Menschenverstand als sturer Augenzählerei.

Ettenbühl ist schon so ein Erlebnispark, aber eher für Damen mit Hut. An einem Sommertag kommen auch mal an die 100 oder 200 Besucher auf die Garteninsel, Mainaurummel droht dennoch nicht. Zum einen schluckt ein gut eingewachsener Garten einiges, zum andern gehören kurzbehoste Baumarktkunden, die zum Fliesenkleber schnell noch ein paar praktische Bodendecker mitnehmen, nicht zur Zielgruppe von Ettenbühl. 80 % der Kursteilnehmer sind Frauen, 60 % der Gartenbesucher sind Besucherinnen. Mitunter stehen zwei Damen vor einer Pergola in voller Blüte, was natürlich auch eine Vista abgibt. Männer, deren Frauen es plötzlich in die Rosen zieht, haben ohnehin nur eine Wahl: einen Spaten kaufen und Pflanzlöcher ausheben.

Wegweiser an der alten Römerstraße bei Huttingen

Zum Rhein bei Istein

Die schnellste Verbindung von Bad Bellingen-Hertingen ans
Ende unserer Oberländer Tour bei Istein wäre die Bundesstraße 3. Die führt aber gerade im südlichen Markgräflerland so
ziemlich an allem vorbei, was die Region reizvoll macht.
Anders die alte *Römerstraße*, die von Bad Bellingen über Blansingen und Huttingen runter nach Efringen-Kirchen führt.
Meist oben auf dem runden Herrgottsbuckel eines Vorberges,
der hier weiter als sonstwo im Oberrheintal an den Fluß
reicht, was für Panorama und erhabenes Landschaftsgefühl
sorgt. Eben deshalb wurde auch ein Golfplatz in die Hänge
um Blansingen planiert, wo ein Gewann sinnigerweise 'Himmelreich' heißt. Als rheinnaher Balkon ist die Nebenstrecke
zwischen Bad Bellingen-Bamlach und Huttingen jedenfalls
einzig.

Überhaupt bieten die freundlichen Höhen zwischen Bellingen und dem Isteiner Klotz einen weiten Blick auf zwei-
tausend Jahre Streben und Wollen. Altes Kulturland - an einer Stelle oberhalb Blansingen kreuzen sich 'Römerstraße'
und 'Gänseheide'. Das Rheintal liegt wieder mal da wie René

Schickeles aufgeschlagenes Buch: eine Seite Elsass, gut aufgeräumt, andere Seite Baden, mit ein paar krummen Ecken,
mittendurch im Bund fließt der Rhein. In den Steillagen
brummen Schmalspurschlepper, Golf spielen geht aber auch.
Zwischen Bad Bellingen und Bamlach ziehen erwachsene
Männer vollgepackte Wägelchen hinter sich her, wie das aussieht, muß jeder selbst entscheiden. Manchmal hört man Sät-
ze wie diesen: „Wir müssen das jetzt halt mal rechnen und
dann ziehen wir die Stückzahl raus." Ganz am Ende, bei
Loch 18, nur ein paar Meter vom meckikurz geschnittenen
Grün entfernt, mahnt ein altes Steinkreuz am Weg: „Ich
wenn ich von der Erde erhöht bin, werde Alles an mich ziehen. Joh. 12, v. 32." Am Rand des Grüns stecken kleine Schild-
chen im Boden: 'Lebensgefahr - fliegende Bälle'. Die Gefahr
durch verirrte Golfbälle, vor der Schilder hier warnen, dürfte allerdings vergleichsweise gering sein. Der Landschaftseindruck auf der Römerstraße wiegt das Risiko jedenfalls allemal
auf.

Eine passende Einkehr zur abgehobenen Route will mir auf
dieser Strecke leider nicht einfallen. Das gastronomisch oft
gelobte südliche Markgräflerland bietet bei kritischer Betrach-
tung doch verdammt wenig Adressen, die überzeugen können - abseits von Schnitzelbergen, mörteldicken Landgast-
haussaucen oder läppischen mediterranen Imitationen. Somit ist die lokale Gastronomie auf dem besten Weg, der elsässer Krankheit zu verfallen, Erstarrung und Dünkel. Insofern beschränkt sich der weise Gast - gerade im südlichen
Dreiländereck - öfter mal auf ein kleines Gedeck und genießt
die Umgebung. Auch im *Römischen Hof* oben bei Blansingen,
kann ich keine Übereinstimmung zwischen Potential und Realität erkennen (Innenhof, RT: Do und Fr). Allein die Natur
nutzt die Möglichkeiten der begünstigten Lage, die Römerstraße führt hier durch einen Obstladen, vom Frühsommer
bis in den Herbst so üppig und verlockend, wie sonst kaum
wo im Südwesten. Die Kirschen wachsen einem fast in den
Mund. Ein Sommertag ohne klebrige Finger ist fast undenk-
bar.

Natürliche Gegenstromanlage - Rheinschwellen bei Istein

Markgräfler Meer

Was das fehlende Markgräfler Meer angeht, läßt sich dieses zumindest mit einiger Vorstellungskraft ins Rheintal hineinphantasieren. Unten in Istein gibt es mit den *Isteiner Schwellen* sogar eine Stelle, die als natürliches Spaßbad durchgeht. Im 19. Jahrhundert, als der Rhein noch nicht in einen französischen Kanal und einen deutschen Restrhein getrennt war, lagen die bizarr geformten Kalkstein-Riffe noch unter dem Wasserspiegel, damals eine permanente Gefahr für Flößerei und Schifffahrt. Heute werden die meist freiliegenden Strömungskanäle als Sommerausflugsziel und Badevergnügen genutzt. Zumindest bei Niedrigwasser kann man hier mitten im Rhein sitzen, dümpeln oder gegen die natürliche Gegenstromanlage anschwimmen.

Das Recht Frankreichs zur Wasserentnahme aus dem Rhein geht auf die Versailler Verträge zurück, in denen die Reparationsleistungen festgeschrieben wurden, die Deutschland nach dem ersten Weltkrieg zu erbringen hatte. Frankreich erhielt das Recht, Wasser - in nicht begrenzter Menge und Dauer - aus dem Rhein abzuleiten, und zur Schifffahrt, Bewässerung und Energiegewinnung zu nutzen. Zwischen 1928 und 1960 entstand dann der Rheinseitenkanal mit Stauwehren, Schleusen und Kraftwerken. In den Rheinseitenkanal, der von Märkt bei Efringen-Kirchen bis Breisach reicht, fließt derzeit gut 95 % der gesamten Wassermenge, für den Rest- oder Altrhein, bleiben noch 20 bis 30 Kubikmeter je Sekunde. Im Rahmen einer neuen Konzessionsvergabe für das Elektrizitätswerk in F-Kembs soll die Menge, die in den Altrhein fließt, nun etwas angehoben werden - somit könnte es an den beliebten Rheinschwellen etwas unruhiger werden.

Bis heute ist es aber trotz aller bilateralen Gesprächsrunden nicht gelungen, die Wassermenge für den Restrhein zu erhöhen, oder zumindest zeitweise zu dynamisieren. Das hätte zur Folge, daß im alten Rheinbett zumindest intervallweise höhere Wasserstände auftreten, was für die Vitalität der Auenlandschaft wichtig wäre. Trotz aller frommen Regiokonferenzen und deutsch-französischer Gespräche scheint das Thema Rheinwasser bis heute tabuisiert. Selbst französische Umweltverbände haben mit einiger Verwunderung bemerkt, daß Deutschland bei diesem Thema bislang wenig Druck macht, „Frankreich darf den Rhein nicht mehr beschlagnahmen." Allerdings ist das Erstellen von Fußgängerbrücken einfacher und politisch besser zu verkaufen.

In **Märkt** bei Efringen-Kirchen gibt es mit der *Krone* eine zuverlässige Einkehr, die durch ihre Auswahl an Fischgerichten ebenso auffällt wie durch den großen Sommergarten. Obwohl etwas versteckt gelegen, ist die grenznahe Adresse längst nicht unbekannt, speziell auch unter Basler Gästen, die hier - wie so oft im Dreiländereck - ihren Frankenvorteil in Egli und Kalbsrahmschnitzel umsetzen. Eine weitere Gartenterrasse, die sich zum Ausklang einer Tour durch das südliche Markgräflerland anbietet, liegt etwas landeinwärts. Der *Rebstock* in Efringen-Kirchen/**Egringen** sieht aus wie Landgasthaus und bietet Gartenwirtschaft, Stubengemütlichkeit und Übernachtungsmöglichkeit.

Eine ruhige Übernachtungsalternative im Park wartet in **Lörrach** mit der *Villa Elben*. Damit wäre auch schon ein Ausgangspunkt für eine Exkursion nach Basel gefunden. Aber das ist ein anderes Thema.

Hotel Römerbad, Badenweiler

Tisch und Bett und mehr

i *Badenweiler Thermen und Touristik,* Tel. 07632-79 93 00, www.badenweiler.de. Auskunft *Cassiopeia Therme:* Tel. 07632-79 92 20.

Unterkunft in Badenweiler: Unterkunftsangebot von Pension bis Luxushotel, aktuelles Gastgeberverzeichnis über die o.g. Touristik-Info. Die Zurückhaltung im traditionellen Kurwesen führt in der Regel zu breitem Angebot während aller Jahreszeiten. Insofern können Logierfragen meist noch vor Ort nach Augenschein gelöst werden. Unter vielen anderen: *Hotel Anna,* klassisches Mittelklasse-Ferienhotel, ruhig am Ortsrand, aufmerksam familiengeführt. Tel. 07632-7970. *Villa Hedwig.* Reizvolle Jugendstilvilla, ruhig und direkt am Kurpark, nur Appartements, Tel. 07632-82000.

- *Schlössle* (Appartement). Der Name trifft die Verhältnisse, ein stattliches historisches Anwesen aus der guten Zeit Badenweilers, überragende Bestlage am Ortsrand mit großartigem Rheintal- und Vogesenblick. Das schön renovierte Appartement mit Garten (für ein bis vier Personen) kann auch für Einzeltage gemietet werden. 79410 Badenweiler, Kandernerstraße 4, Tel. 07632-240, Fax: 07632-82 82 34. **Preise**: mittel.

- *Hotel Römerbad*. First-class-Hotel mit Jahresringen, interessante Sonderveranstaltungen (Musiktage), auch Wochenendarrangements. Reizvoll auch für Passanten: bezahlbarer Mittagstisch mit Grand-Ho-

tel-Ambiente im Hotelrestaurant oder auf den Terrassen, stimmungsvoller Teegarten zum Schloßplatz hin. Klein, apart und unaufgeregt
die Hotel-Bar (tägl. ab 18 Uhr - ein besonders stimmungsvolles Versteck an einem langen Herbst- oder Winterabend bei Schneegestö-
ber), Freibad mit poolservice. 79410 Badenweiler, Schloßplatz 1, Tel.
07632-700, www.roemerbad.de. **Preise**: hoch.

-   *Romantik-Hotel Sonne* mit *Weinkeller La Cantinella*. Deutsche Fach-
werkromantik, die von der Gastgeberfamilie mit einer Prise Süden
dekoriert wurde. Moltkestraße 1-4 (zentral, zwei Minuten oberhalb
der Cassiopeia-Therme), Tel. 07632-750 80. Im Hotelrestaurant kein
RT, Weinkeller La Cantinella RT: Di und Mi (hier keine Reservierung). **Preise**: mittel-gehoben

-   **Schliengen-Obereggenen**, *Landhotel Rebstock*, persönlich und familiär, ebensolche (Abend-)Küche in einem Landlogis mitten im
Dorf. Tel. 07635-1289. RT (der Küche): Di. **Preise**: mittel-gehoben

-   *Schloßwirtschaft Bürgeln*, eine der Traumterrassen im Markgräflerland, die bislang durch verwirrende, allerdings verdi-gerechte Ruhe-
zeiten auffiel (im Sommer in der Regel vor Sonnenuntergang). RT
von April bis Oktober: Di. Von Nov bis März: Mo und Di; Abend-
küche nach spezieller Vereinbarung. Tel. 07626-293. **Preise**: mittel.

-   **Bad Bellingen-Hertingen**: *Landhaus Ettenbühl*. Die Gärten sind
von April bis Oktober zu o.g. Zeiten geöffnet, Eintritt 4 Euro. Som-
mer-Kaffee (mit kleinen Speisen) auf dem Gärtnereigelände. Tel.
07635-82 23 57. Gärtnerei: Di bis Sa 9-13 Uhr und 14-17 Uhr.
www.landhaus-ettenbuehl.de

-   **Weil am Rhein-Märkt**: *Krone.* Angenehme Gasträume, im Sommer großer Kastaniengarten, Karte mit vielen Fischgerichten. Der ro-
bust-familiäre Service beherrscht den hohen Umtrieb - gerade während der Sommermonate - in der Regel durch Routine und Direkt-
heit. Einzelne schöne Weine. Rheinstraße 17, Tel. 07621-623 04, Fax:
653 50. RT: Mo und Di. **Preise**: mittel.

-   **Efringen-Kirchen, Egringen**: *Rebstock,* Landstraßen-Landgasthof
mit Freiterrasse und gemütlich-bürgerlichen Räumen, gepflegtes
Weinangebot, insbesondere vom ortsansässigen Weingut Brenneisen.
Küche warm und üppig, gute Kuchen. 8 Gästezimmer. 79588 Efrin-
gen-Kirchen/Egringen, Kanderner Str. 21, Tel. 07628-903 70, Fax:
90 37 37, RT: Mo und Di . **Preise**: mittel.

-   **Lörrach**: *Villa Elben*, ruhiges, gepflegtes Garni mit 34 Zimmern
im Park am Stadtrand. 79539 Lörrach, Hünerbergweg 26, Tel. 07621-
2066, Fax: -43280. www.villa-elben.de. **Preise**: mittel.

Zufahrt Rheinschwellen Istein: Von der Landstraße 137 Istein-Efringen-Kirchen, genau gegenüber der Abzweigung nach Efringen-Kirchen zum Rhein abbiegen (ca.1 km, Parkplatz nach der Autobahnunterführung).

Empfohlene Unterkunft: Zahlreiche Möglichkeiten in *Badenweiler*, Details vgl. oben. Im Süden: *Rebstock*, Egringen oder *Villa Elben*, Lörrach.

Karten: Freizeit- und Wanderkarte 1:50.000 vom Landesvermessungsamt, Blatt Nr. 508, Lörrach.

Beste Ausgangspunkte für Wanderungen

- Friedhof in Badenweiler-Lipburg.
- Parkplatz am 'Stalten' zwischen Lipburg und Müllheim-Feldberg.
- Anhöhe 'Heidel' zwischen Feldberg-Gennenbach und Schliengen-Niedereggenen.
- Parkplatz 'Am Stocken' zwischen Niedereggenen und Kandern-Feuerbach.
- Parkplatz 'Geißhalden', zwischen Feuerbach und Kandern.
- Alte Römerstraße zwischen Bad-Bellingen Bamlach und Huttingen.

Weitere Wandertouren

Zwei reizvolle Möglichkeiten zur Querung des Markgräfler Landes auf reinen Wanderwegen:

- Der *Bettlerpfad* zwischen Merzhausen (Beginn in der Weberstraße beim Brunnen) und Badenweiler. Einer der klassischen Wanderwege zwischen Breisgau und Markgräflerland, 27 Kilometer ohne größere Steigungen, überwiegend durch die Vorbergzone. Sehr unterschiedlicher Wegcharakter vom verwunschenen Grasweg bis zum asphaltierten Landwirtschaftsweg. Informativer Führer im konventionellen Stil von Werner Kästle. Schillinger Verlag, Freiburg.

- Der *Markgräfler Weinwanderweg.* Durchgehend vom Schwarzwaldverein markiert von Freiburg-St. Georgen nach Weil (rote Raute mit Rebsymbol). Gesamtstrecke rund 75 Kilometer. Gut vier Fünftel der Wegstrecke als großartiger Panoramaweg durch Reblagen, die Steigungen mild, die Belohnungen am Weg reichlich. Faltblatt mit Kartenskizze beim Schwarzwaldverein, Freiburg, Tel. 0761-380530. Oder die Wanderkarten 1:50.000 vom Landesvermessungsamt, Blatt Nr. 505 und 508.

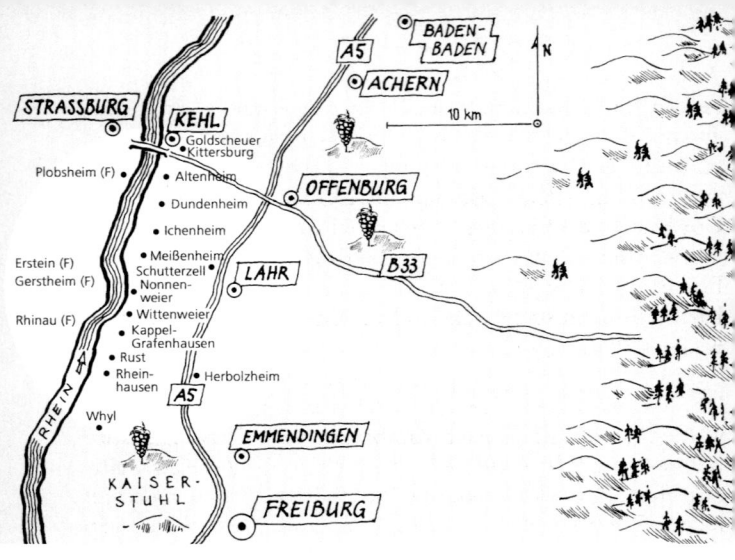

Die Ortenau am Rhein

Durchs Ried gondeln - von Rheinhausen über Kappel und Schwanau bis hoch nach Altenheim. Orchideen schauen und Weißfische knabbern, am Altrhein lang trödeln und ruhige Badeseen entdecken. Durch Rheindörfer ziehen, den Europapark (fast) links liegen lassen.

Am Rhein leben, heißt auch in den stromnahen Rieddörfern nicht mehr mit dem Wasser leben. Höchstens ein bißchen, so zum Feierabend: in der Hauptstraße von Ichenheim gibt es mit Pleuler ein namhaftes Angelsport- und Jagdwaffengeschäft. Gerne fährt man auch raus zu einem der Anglerheime im Auwald oder man radelt eine Weile am Hochwasserdamm oder am Mühlbach lang. Der darf zwischen Schwanau und Altenheim noch ziemlich naturnah mäandrieren. Zumindest die alten Radfahrer aus dem Ried beherrschen die Kunst des Mäandrierens ebenfalls. Weite Schleifen, in aufrechter Haltung, ohne Eile.

Auch vorne am Rhein gibt es genug Treffpunkte, die ohne Verabredung funktionieren. Die fulminante Pappelallee bei Ottenheim, die breite Natostraße von Ichenheim, die in weitem Schwung raus zum Strom führt. Oder die Feldwege, die einen zu einer stillen Bank an einem Altrheinarm im Naturschutzgebiet Salmengrund bringen. Das Radfahren im Ried hat noch immer eine fast meditative Qualität, Pensionäre mit Cordhut und Dreigang-Nabenschaltung gegen den Wind, Witwen und Tanten mit der Gießkanne am Lenker zum Friedhof, am Wochenende alle zusammen raus zum See. Jedenfalls nicht so gebückt und verbissen wie die städtischen Kampfradler.

Sobald es warm wird (und es wird früh warm und bleibt lang warm), sobald der Bärlauch in den staunassen Rheinwäldern steht und es nach Knoblauch duftet, spätestens im Mai, wenn der Mais aus den Böden bricht, ist es Zeit für eine erste Tour über die rheinnahen Rieddörfer der Ortenau. Erst recht im Sommer, wenn der Mais mannshoch steht, werden die kühlen, klaren und trotzdem wenig besuchten Baggerseen zur Rettung im seenarmen Oberrheinland. An einem heißen Augusttag, wenn südlich der Alpen Platzkarten ausgegeben werden, fühlt man sich im Ried wie in einem Reservat, jedenfalls seltsam aus der Zeit. Ein langer Tag am See, eine Tour auf dem Rheinaueweg und nachher in Wittenweier oder Rheinhausen eine Platte Backfische verputzen - auch so eine Kreuzfahrt am Oberrhein. Das Angenehme an der Region ist, daß es keine herausragende Ziele gibt. Also sorglos stromabwärts treiben, zwischen Auenwald und Ried in Dorfschänken geraten. Die Rheinschlingen sind seit Johann Gottfried Tulla durchstochen, die Nebenflüsse wurden ordentlich reguliert, aber die Fließgeschwindigkeit ist hier noch immer eine andere. Mehr Dreigangschaltung.

Flußkrebse und Europapark

Zum Einstieg in eine rheinnahe Riedtour eignet sich **Rheinhausen** (Autobahnausfahrt Herbolzheim). Wobei schon in Rheinhausen eine erste Unterbrechung droht, aber nur von Donnerstag bis Samstag. *S' Dirlis Fischerstube* ist mit viel Liebe und so nett hergerichtet, wie sie heißt. Von vorne an der Straße ist die eigentliche Gastronomie kaum zu erkennen,

Kleines Gedeck in Dirlis Fischerstube, Rheinhausen

erst im geräumigen Hinterhof wird es mit Netzen und Reusen, mit Kerzenlicht, Terrakotta, Olivenbäumchen und anderem mediterranen Zierrat so richtig heimelig oberrheinisch. Die überaus freundlichen und bemühten Damen des Hauses bieten nicht nur bei der Dekoration, sondern auch auf der Karte eine Art cross-over-Gastronomie. Die Küche bietet sowohl die Fänge der passioniert nebenerwerbsfischenden Hausherren, als auch Zukäufe befreundeter Fischer. Mitunter gibt es sogar original Rheinhauser Flußkrebse, wenn es denn welche gibt. Wie gesagt, cross over, deshalb auch Rheinhauser Paella mit Flusskrebsen, ein Zander Cordon bleu mit Kartoffelgratin und Knoblauchsauce (richtig gelesen: Zander Cordon bleu), aber durchaus auch Angebote für Puristen: darunter die tadellos trocken fritierten Backfische (Rotaugen), sowie je nach Fang einen gemischten Fischteller mit wirklich hervorragendem Kartoffelsalat. Das Bauernbrot ist gut, das offene Bier läuft frisch, der Salat kommt knackig und bietet somit einen idealen Kontrapunkt zum Backfischangebot. Dazu der trockene Riesling von Jägle aus Kenzingen und über allem ein lauer Sommernachtshimmel. Rheinhausen liegt nicht am Meer, aber in die Fischerstube kann man sich ruhig mal treiben lassen.

Neben- und Durcheinander in Rust

Kurioses bieten die Rheinauen um **Rust**. Im *Europapark*, gegründet 1975 auf dem Gelände des Ruster Schlosses derer
von Böcklin, haben nun jährlich gut drei Millionen Besucher
die Wahl zwischen Euro Mir, Taiga Shuttle und Wasserach-
terbahn Poseidon und mit jedem Jahr kommen neue Attraktionen hinzu. Das gemachte Vergnügen zeigt ja eine erstaun-
liche Eigendynamik, ein bißchen Spaß geht einfach nicht.
Neulich einen Cartoon von Greser&Lenz gesehen: Ehepaar
mit den obligatorischem Satz Tourenrädern auf dem Auto-
dach fragt Frührentner mit Hut und Dackel: „Zum Freizeitpark?" Rentner antwortet: „Am besten über Pleitenstadt und
Insolvenzring in Richtung Schuldenberg." In Rust ist kein
Schuldenberg, vielmehr wurde der Vergnügungszwang zum
größten Arbeitgeber der Region. Widerstand zwecklos.

International wie das Publikum zeigt sich das Shopping-
und Restaurantangebot, vom 'Walliser Weinkeller' bis zum
'Fjord Restaurant' ist alles da. Europa als buntes Lutscherle,
verlorene Kinder können am 'Schöller Meeting Point' einge-
sammelt werden. Abends sitzen die Gäste in intensiv ani-
mierten Restaurants der beiden parkeigenen und praktisch
dauervollen Hotels El Andaluz und Castillo Alcazar. Harfen-
spieler und Feuerschlucker treten in buntem Wechsel auf.
Aber nicht nur, mittlerweile produziert der öffentlich-recht-
liche Südwestrundfunk einen schönen Teil seiner unverlang-
ten Dauerwerbesendungen im Europapark zu Rust. Ich ver-
stehe Spaß, aber die Baden-Baden/Europapark-Connection
geht verdammt weit. Offenbar gehört auch diese Form der
Unterhaltung zum unverzichtbaren Kanon der gebühren-
finanzierten Grundversorgung. Die Dreistigkeit der Intendan-
ten wird nur noch übertroffen von der Feigheit derer, die ihre
Kontrollfunktion nicht mehr erfüllen. Manche Systeme, die
sich demokratisch nennen, haben das Stadium der Refor-
mierbarkeit längst hinter sich gelassen. Berlusconi ist mitunter näher als man denkt und alle schauen weg.

Unmittelbar nebenan fließt die blinde Elz ins Taubergießen und mit etwas Glück kann man den Pirol flöten hören

Spaß muß sein - Europapark Rust

oder den Eisvogel im pfeilschnellen Flug beobachten. Das
Naturschutzgebiet Taubergießen ist gut 25 mal so groß wie
der Europapark, vermutlich kommen in einem Jahr aber weniger Besucher ins Taubergießen als an einem Ferienwochen-
ende in die Gaudizone. Was den Pirol kaum stören dürfte.
Als größter Freizeitpark Deutschlands hat der *Europapark*
seine eigene Autobahnausfahrt, die Besucher stauen sich nun
nicht mehr in den Nachbardörfern und finden ohne Umwe-
ge zu Europas größter Achterbahn. Das hat unter anderem
den positiven Effekt, daß schon ein Dorf weiter, in Kappel
am Rhein, kaum mehr Holländer anzutreffen sind, die nach
dem Weg fragen.

Die Gemeinde Rust selbst ist durch und durch vom größten Arbeitgeber der Region geprägt, gut 2.500 Personen arbeiten mittlerweile für den Park, nicht nur im Park, auch im
Dorf wogt ein Umtrieb wie sonst nirgendwo im Ried, Rust
wurde zur Servicestation des Europaparks. Auch außerhalb
der eigentlichen Anlage sind viele Leute auf Spaßrazzia, dazu
passen Gästehäuser und Gaststätten. Auch der 'Ochsen' pflegt
ein zum Gesamtereignis passendes Salatangebot: 'Chefsalat,
Fitnesssalat, Gourmetsalat, Hirtensalat'. Der demonstrativ

ausgefallene Rathausneubau in geradezu klassischer Sparkassenarchitektur fügt sich ebenfalls trefflich in die Szenerie.

Über das Ruster Schloß Böckling von Böcklinsau, erbaut
1577, nun in den Parkbetrieb vollintegriert, berichtet der
Kunstführer 'Dehio' in seiner Ausgabe von 1964 noch in
vornehmer Knappheit: „Großes dreigeschossiges Steinhaus,
Treppenturm, reiches Renaissanceportal. In schönem Park gelegen, nicht ohne malerischen Reiz."

Seltsam, aber real: der größte Freizeitpark Deutschlands
und eine der reizvollsten Naturlandschaften Europas liegen
dicht an dicht in friedlicher Koexistenz und kurioserweise
gibt es kaum Interferenzen oder Beeinträchtigungen. Der mit
Oma und Kindern vollgepackte Zirkuswagen findet leichter
denn je zur Totalanimation nach Rust, ein paar Kilometer
weiter in den einsamen Rheinauen, erst recht im Naturschutzgebiet Taubergießen, werden die Sinne dann etwas subtiler
angeregt, es blüht die Ragwurz, im Rheinwalddschungel wechseln echte Schwäne von Ufer zu Ufer.

Wer Lust auf einen Schlag zeitgenössischer Eventkultur hat,
sollte aber ruhig mal reinschauen. Am besten gleich an der
Zufahrt von der Autobahn beim großen Kreisel zu den Hotels 'Al Andaluz' und 'Castillo Alcazar' abbiegen und dort
vor dem Hoteleingang parken (auf der anderen Straßenseite
entsteht derzeit ein neues Tagungs- und Eventhotel italian
style mit fast 1500 Betten!). Über die Rezeption des Hotels
El Andaluz wird dann ein patioähnlicher Innenbereich erreicht. 'Patio' bedeutet im Spanischen ja nicht nur Innenhof,
sondern auch Schulhof und so ähnlich geht es hier auch zu.
Konzentrierter ist das Endstadium einer paneuropäischen
Freizeitkultur wohl nirgends zu beobachten, insofern ist das
Konzept des Europaparks seiner Zeit weit voraus. Ein mun-
teres Durcheinander der Klassen, Stile und Absichten, wobei
man kaum sonstwo im Land auf so engem Raum, soviel
kurzbehoste Männer mit Weizenbierfigur trifft. Die erzie-
hungsberechtigten Mütter umherirrender Kinder gönnen sich
derweil eine Auszeit mit Zigarette, Handy und Drink. Unterschiede zwischen den Nationalitäten sind nicht mehr erkennbar. Ach, Europa! Im Übrigen stimmt es nicht, daß wir uns

„zu Tode amüsieren", wie ein mittlerweile etwas altmodischer Buchtitel mal ankündigte. Wer in die Gesichter der Gäste in Rust schaut, sieht keine Toten. Das Leben stelle ich mir aber anders vor.

Taubergießen und andere Gießen

Der zentrale Zugang zum Taubergießen wird über die Gemeinde **Kappel-Grafenhausen** erreicht, er liegt vorn am Rhein gleich neben der Anlegestelle der Rheinfähre nach Rhinau (F). Dort gibt es das Infohäuschen *Zollhaus Taubergießen*, zwei große Parkplätze, einen Kiosk und sommers auch die übliche Zusammenballung von emsigen Radausflüglern, Schattenhockern und orthodoxen Naturkundlern mit halbhohem Schuhwerk und Tagesrucksack.

Das 1682 Hektar oder gut 20 Quadratkilometer große Naturschutzgebiet Taubergießen kann allerdings über sieben verschiedene Zugänge angefahren werden (auch diese jeweils mit Parkplätzen). Der Ausgangspunkt beim Zollhaus/Rheinfähre Kappel ist zwar der populärste, die anderen Zugänge weiter im Süden (z.B. die 'Saukopfbrücke') sind aber zur Blütezeit und Hauptsaison im Frühsommer deutlich ruhiger. Die Besucher verlaufen sich dort auch viel schneller, was besonders für die abgelegenen Zugänge Rheinhausen-Schützenhaus weiter im Süden, sowie Gifizbrücke, zwei Kilometer nördlich von Kappel gilt. Zudem wäre zu beachten, daß die zwischen zwei und acht Kilometer langen Themenwege, sehr unterschiedliche Biotope erschließen: Man hat die Wahl zwischen sonnigen, orchideenreichen Trockenwiesen, schattigen Altrheinarmen und kühlen Quelltöpfen (Gießen). Pädagogisch gehaltene Infotafeln an den Parkplätzen bieten eine erste Orientierung, aber es lohnt sich unbedingt, vor dem Besuch die hervorragende Infobroschüre oder zumindest die übersichtliche Naturparkkarte zu besorgen (erhältlich im Zollhaus bei der Rheinfähre oder im lokalen Buchhandel, vgl. weitere Hinweise am Kapitelende). Zudem sollten stillere Naturen beachten, daß es gerade nördlich des eigentlichen Taubergießen-Naturschutzgebietes, also im Bereich zwischen

Am Altrhein bei Kappel

Wittenweier und Altenheim, rheinnahe Auenwälder, Trockenwiesen (besonders an den Rheindämmen) und Altrheinarme gibt, die eine botanische Vielfalt bieten, die durchaus mit dem Taubergießen vergleichbar ist, bei deutlich geringerer Besucherdichte. Durch den gut markierten *Rheinaueweg* werden zahlreiche dieser reizvollen und ruhigen Passagen erschlossen, an denen man über Kilometer kaum auf Besucher trifft (Hinweise hierzu weiter unten). Insofern eignet sich die eigentliche Taubergießen-Schutzzone eher, um einen ersten Eindruck von der Landschaft zu erhalten. Für eigene Touren gefällt mir der Bereich nördlich davon besser, besonders im Sommer, wegen der vielen Bademöglichkeiten in den Baggerseen, die es im engeren Taubergießen ja nicht gibt.

Ein Gässle in Kappel

Schon vor dem Zugang zu den eigentlichen Rheinauen kann man in Kappel für ein paar Minuten dem Wasser der Elz folgen. Man macht das ja ohnehin viel zu selten und gerade hier im Ried ist die Gegend dazu: einfach in ein Dorf fahren, sich mal umschauen und mit irgendjemand reden. Oder unkorrekt mit dem Auto durch die Gegend flanieren, von Gefühl

Kappel, Bachgässle

und Straßenverlauf treiben lassen (Karte statt Navigationssystem!), kurz an der Tanke aussteigen, weiter zum nächsten Dorfbrunnen, auf ein Eis bleiben und danach mal die Kühle einer Dorfkirche fühlen.

Kappel ist jedenfalls tiefe Ortenau. Ältere bewegen sich mit Schubkarre und Gießkanne dorfauswärts, dort gibt es auch den obligatorischen Hundeplatz. Plakate werben für Streichelzoo und Antik-Tage. Die katholische Kirche St. *Petrus und Paulus* stammt von einem Vorarlberger Baumeister, drinnen ein Hochaltar, eine spätgotische Marienfigur und überraschend kunstvoll gearbeitete Seitenaltäre mit plastischem Schmuck.

Die Elz fließt in einem betonierten Kanal mitten durch den Ort. Von Osten kommend gleich hinter der Brücke scharf rechts beginnt wieder mal so ein ländlicher Mikrokosmos: Längs vom *Bachgässle* hat sich eine Mischung aus Klein-Venedig und Grachtenidyll gehalten. Kleingärten und Häuser wie auf einer Perlenschnur am Bach lang, ein paar der niederen, alten Fischer- und Holzhauerkaten stehen noch, Stirnseite zum Wasser, jedes Haus mit Garten, jeder Garten mit Treppe zur Elz, manchmal ein Boot davor, manchmal eine

102

Früher hatte jedes Dorf seine Zigarrenfabrik - Tabakspeicher im Ried

Obi-Schutzhütte unterm Obstbaum, manchmal ein alter Rosenbusch, mit Blütenfarben, die es bei Obi nicht mehr gibt. Das schmale Bachgässle führt einen mitten durch dieses Idyll aus Salatrabatten und Grillecken. Nach ein paar Häusern tatsächlich der 'Salon Sie und Er Wieber' mit vergilbtem Wella-Schild. Dann die Brücke über die Elz. Kein geleiktes 'Unser-Dorf-soll-schöner-werden-Viertel', sondern ein Unikat, das im Vergleich zu den seelenlosen Neubauvierteln am Ortsrand wie eine Wundertüte ausschaut. Und welcher Wohlstand im Vergleich zu früher, als hier allenfalls die Arbeit in der Tabakfabrik für Zubrot sorgte. Zu Beginn des 20. Jh. hatte fast jedes Dorf in der Rheinebene seine Tabakfabrik, im Europaparkdorf Rust wurden noch 1950 Zigarren gewickelt, was den Frauen aus überwiegend kleinbäuerlichen Verhältnissen etwas Geld ins Haus brachte.

Historische Aufnahmen aus dem 20. Jh. zeigen das Ried als rauhen Mikrokosmos aus Handwerk, Kleingewerbe und regelmäßig wiederkehrendem Hochwasser. Dazwischen rauschebärtige Korbmacher, Vogel- und Entenfänger, Frauen beim Hanfspinnen, Schnitzer beim Zurichten der Pappeln aus den Rheinwäldern zu Holzschuhen, die Treidelpferde am

Ortenauer Gondoliere im Taubergießen

französischen Rheinkanal, später die ersten Rheindampfer mit Schaufelantrieb, letzte Lachsfänger in der Rench 1939. Heute kommt der Lachs aus Norwegen, bei Neukauf, jeden Donnerstag.

Taubergießen kommt von 'taube Gießen'

'Gießen' heißen die vom Grundwasser gespeisten Fließgewässer, Bachläufe, ehemalige Altrheinarme und Quelltöpfe, welche die rheinnahen Auen im gesamten Bereich zwischen Wyhl und Meißenheim mit einem fein verzweigten Geäder durchziehen. 'Taubes' Wasser ist nährstoffarmes, fischarmes Gewässer. Der Reiz dieser amphibisch anmutenden Rheinlandschaft wird durch den mosaikartigen Wechsel von wasser- und waldreichen Partien und trocken gelegenen, blumenreichen Wiesenflächen noch erhöht. Auch auf den aufgeschütteten Rheindämmen, die nur einmal im Jahr gemäht werden, konnte sich eine wärmeliebende Flora und Fauna ansiedeln, Orchideen, Kräuter, Schmetterlinge, Wildbienen.

Die Gießen frieren auch im Winter kaum zu und bieten Zugvögeln und seltenen einheimischen Arten wie dem Eis-

Am Mühlbach bei Meißenheim

vogel Lebensraum. Im Detail informiert die bereits erwähnte Broschüre der Staatlichen Naturschutzverwaltung über alles Sehenswerte und vor allem auch über den Charakter der vier Rundwege, die das Naturschutzgebiet Taubergießen erschließen und jeweils unterschiedlichen Themen gewidmet sind: Schmetterlingsweg (2 km), Kormoranweg (6 km), Orchideenweg (6,5 km) und Gießenweg (3,5 bis 8 km).

Abgesehen von wenigen, recht belebten Wochenenden zur Hauptblütezeit der Orchideen (Mai und Juni), ist man abseits der großen Parkplätze und der von Radlern befahrenen Dämme meist ziemlich allein, im Grunde lassen sich die Naturparkbesucher ja in zwei Klassen teilen. Einmal die im Detail Botanisierenden, oft mit Bestimmungsbuch oder Fernglas gerüstet. Es gibt hier wirklich noch die Vierergruppe älterer, rüstiger Damen in ein Gespräch über Hummel-, Spinnen- und Fliegenragwurz vertieft. Dann die Generalisten mit dem Blick fürs Ganze, weit ausschreitend, vielleicht die sanfte Modulation einer blühenden Wiese genießend, umflogen von Bläulingen. Und das alles, während keine fünf Kilometer entfernt der Europapark auf Hochtouren läuft. Zu beachten wäre allerdings, daß ein direkter Zugang zu den offenen Blumen-

Altrheinzugang bei Wittenweier

und Orchideenwiesen nur über die beiden Zugänge 'Zollhaus Taubergießen' und 'Saukopfbrücke' möglich ist. Speziell von der Saukopfbrücke aus ist man schnell auf den weiten Trokkenrasenflächen 'Im G'schledder', mit wunderschöner Flora. Und wie bereits erwähnt und empfohlen, auch außerhalb der Taubergießen-Region, gleich nördlich von Wittenweier, bietet der Rheinauenweg gute Zugänge abseits gelenkter Naturkunde.

Biotope am Oberrhein

In der Felder- und Auenlandschaft, die sich nun von Kappel über Wittenweier und Nonnenweier bis runter nach Neuried hinzieht, konnte sich nicht nur eine seltene Pflanzen- und Tierwelt halten, auch das Soziale hat dort Rückzugsgebiete. Es gibt Radfahrer ohne Trikot und Helm, man sieht mehr Autos mit Anhängerkupplung als mit Stoffdach. Männer sitzen im weißen Unterhemd draußen, Kinder gehen barfuß, hinter den sonnenverbrannten Holzlamellen der hohen Speicherscheunen dörrt Tabak in der Spätsommerwärme, manchmal duftet es wie im Zigarrenkistle.

Am geruhsamsten und schönsten fährt man von Kappel nach Wittenweier nicht auf der L 104 landeinwärts, sondern auf der Nebenstraße längs der Elz in Richtung Norden. Auf Höhe der Kläranlage nochmal ein Zugang ins Taubergießen-Naturschutzgebiet (Gifizbrücke, Kanueinsetzstelle). Weiter durch lichten Wald, längs von Riedwiesen, wenig später malerisch praktisch direkt der Elz lang bis ins Dorf Wittenweier. Am Ortseingang zeigen naturnah gestaltete Votivtafeln ('Wittenweier - das Tor zum Taubergießen'), daß auch hier vom Taubergießentourismus profitiert werden soll. Wie in Kappel, Rust und Rheinhausen werden auch hier Bootstouren angeboten, wahlweise im geselligen Holzkahn oder sportlicher im Kanu, mit entsprechendem Einsetz- und Abholservice (Schilder an der Straße informieren). Es muß einige Konkurrenz zwischen den lokalen Anbietern geben. Man hört von zerstochenen Reifen und bösen Sachen, wenn sich einer aus dem falschen Dorf der lokalen Einsetzstelle bedient. Die schlimmsten Neger wohnen immer im nächsten Dorf, heißt es auf dem Land.

In der *Krone* in **Schwanau-Wittenweier** geht es dafür ausgesprochen friedlich zu. Außer vielleicht am Donnerstagabend, dann stehen die Gäste auch mal bis auf den Parkplatz raus Schlange. Denn dann gibt es wie jede Woche Backfische, fritiert und knalleheiß serviert, in den Varianten Backfisch (kleine Weißfische), Felchen, Barsch und Zander, mitunter auch Hecht und Aal (je nach Fang, Saison und Vorrat), jeweils als Gedeck mit gutem hausgebackenem Brot, noch besserem Kartoffelsalat und einem frischen, gemischtem Salat. Neben der souveränen Fritiertechnik, die zu bemerkenswert trockenknusprigen Resultaten führt, überzeugt besonders der handwarme, schön schlonzige Kartoffelsalat, der nur mitunter etwas diätgelb aussieht, aber überraschend vollmundig schmeckt (manche holen eine Schüssel davon über die Gass). Sauer eingelegte Fische gibt es auch unter der Woche, nach Voranmeldung wird Backfisch ebenfalls unter der Woche angeboten, täglich wechselnd wird ein aufrichtig gekochtes Mittagessen serviert, mit Suppe und Salat, einfach aber sauber, zum sagenhaften Preis unter fünf Euro. Ähnlich bodennah

Backfischbonanza jeden Donnerstag - Krone, Wittenweier

und familiär auch das Sonntagmittagsangebot - dazu wird im Herbst öfter mal eine Wildsau zerlegt, am Sonntagnachmittag kommt auch mal der Pfarrer auf einen Kaffee vorbei - ein Landgasthaus ist ein Landgasthaus.

Speziell zur Fischbonanza am Donnerstagabend füllt sich das im strengen Ortenauer Rustikalstil des späten 20. Jahrhunderts gehaltene Lokal bis auf den letzten Platz. Die roten Vorhänge sind dann oft dreiviertel zugezogen, man sitzt eng beieinander an pflegeleichtem Furnier. Bedient wird freundlich und speditiv, mit hohem Umschlag, im Publikum überwiegend erfahrene Wiederholungstäter; vereinzelt rollen auch tief durchgebräunte Herrschaften in großvolumigen Sportwagen vor, die mal wieder ein paar Backfische ohne Besteck vernaschen wollen. Gerade nach einem warmen Sommertag an einem der Badeseen in den nahen Rheinauen zeigt die Krone, daß es am Oberrhein noch Anlegestellen mit einiger Exotik gibt.

Rheinaueweg zwischen Wittenweier und Nonnenweier

Von Nonnenweier nach Altenheim

Von Wittenweier nach Norden bis **Nonnenweier** sind es nur
knapp zwei Kilometer. Statt der reizlosen Landstraße sollte
man an eine Runde auf dem Rheinaueweg denken (Zugang
über Ortsmitte/Kirche) - dies nicht nur als Appetitanreger im
Falle einer späteren Einkehr in der Krone. Der ohnehin sehr
lohnende Wanderweg verläuft speziell im Abschnitt zwischen
Wittenweier und Nonnenweier ausgesprochen reizvoll, meist
unmittelbar längs der Elz, über Brücken und Krüppelpfade.
Zu jeder Jahreszeit ein Genuss.

Eine historische Aufnahe zeigt, daß die Dorfstraße in Nonnenweier bis in die 60er Jahre mit einem radelnden Schwei-
nehirt und einer Rotte von Säuen zu teilen war. Heute wäre
so eine Vorstellung allenfalls noch auf nostalgischen Brauch-
tumsfesten denkbar. Zum realen Brauchtum in Nonnenweier
gehören dafür die üblichen Zutaten, wie wir sie in Pendler-
dörfern heute überall finden: Quelle-Depot, Schlecker-
Markt, am Ortsrand eine Erdaushubdeponie. Draußen am
sehr kleinen (Bade-)See das *Landgasthaus Anglerheim*, auf der
Terrasse viel buntes Plastik und auch sonst viel Buntes, das

Hofladen in Nonnenweier

Publikum erscheint passend angeschirrt. Es gibt Schnitzel in der Karosserie 'paniert', sowie 'rustikal', aber auch Riesengarnelen, Chicken Wings mit Dip und Pumuckelteller, der besteht aus '4 Chicken Nuggets, Pommes u. Ketchup'. Aber wie so vieles im Leben ist auch die Entscheidung für den Pumuckelteller freiwillig. Drei Dörfer weiter, bei Ichenheim, gibt es übrigens wieder ein Anglerheim, das aussieht wie ein Anglerheim.

Erfreulich gut sortiert und munter geführt, präsentiert sich der *Bauerladen Frenk* direkt an der Ortsdurchfahrt. Vor allem die Hausspezialität 'Rohmilch Riedkäse' ist auch einen kleinen Umweg wert. Ein feiner, halbfester Schnittkäse, natur oder auch mit diversen Zutaten angeboten, daneben gibt es im bestens bestückten Hofladen frisches Obst und Gemüse, endlich mal ein gut durchgebackenes Holzofenbrot, Fleisch und Wurst vom eigenen Hausmetzger, auch Frischgeflügel und - von einem Kollegenbetrieb - die weit über kaiserstühler Grenzen hinweg bekannten Forchheimer Kartoffeln (vgl. auch unter Kaiserstuhl). Zudem erfreut es einen jedesmal aufs Neue, wenn ein landwirtschaftlicher Betrieb das Jammertal verläßt und was Eigenes auf die Beine stellt.

Rheinlust und Rheinfrust bei Ottenheim

Auch ein Dorf weiter, in **Ottenheim,** könnte man wieder mal
vorfahren bis an den Rhein: Erst die Kläranlage, dann das
Kieswerk mit seinen markanten Kiessilos (die Zahlen auf den
Lagertürmen geben die Körnung in Millimetern an). Schon
unmittelbar vor dem Kieswerk zweigt rechts ein Fahrweg zum
Baggersee ab, dessen Uferpartie hier aber ziemlich eingewachsen und nicht einladend wirkt. Der Weg quert wenig später
einen Nebenarm des Mühlbachs und erreicht, kurz durch Auenwald führend, wenig später den Rhein auf Höhe der Staustufe Gerstheim (F). Das ebenfalls ziemlich eingewachsene
Westufer des Ottenheimer Baggersees erreicht man auf einem
Fahrweg, der nach Querung von Kieswerksgelände und Alt-
rheinzufluß, nach rechts abzweigt. Bei meinem letzten Besuch wirkte das Gelände abweisend, Aussiedlergruppen saßen
wortkarg ums Feuer, rauchend mit der Angel im See. Der
Himmel war gewittrig und die Stimmung ebenso.

Die Hauptzufahrt führt vom Kieswerk aus aber direkt und
sicher zum Rhein. Rechter Hand im Wald die 'Rheinlust', ein
Relikt aus der Frühzeit der Spaßgesellschaft mit Tanzboden,
und Gartenlaube, zur Zeit geschlossen. Einheimische erzählen von munteren Gelagen aus der Vorzeit der Laserdiscos.
Vorn am Rhein (Parkplatz) gleich linkerhand dann das ehemalige Haus des Deichmeisters mit markanten Dachgauben,
auch etwas aus der Zeit geraten. Von hier zieht eine fulminante Pappelallee nach Süden. „Es gibt die Tannen des Hoch-
schwarzwaldes und die Pappeln an den Altwassergräben des
Rheins", schreibt Christoph Meckel 1980 in 'Suchbild - über
meinen Vater'. Als Beigabe zur zeittypischen Vater-Sohn-Ab-
rechnung liefert Meckels 'Suchbild' bis heute ein präzis,
knappes und inspiriertes Portrait der Region am Oberrhein,
geographisch wie sozial. „Es gibt ein paar hundert Hebel-
stuben mit Hebelbildern, Hebelsprüchen und ehrenamtlich
hebelnden Oberlehrern." Gut zwanzig Jahre später sind Mek-
kels ehrenamtlich hebelnde Oberlehrer aber schon wieder
Rarität und eine Schulkasse, die sich in den Rheinauen mal
mit den botanischen Besonderheiten vertraut macht, habe

Eine fulminante Pappelallee zieht nach Süden - bei Ottenheim

ich hier auch noch nie gesehen. Wahrscheinlich sind die
Projektmittel zu knapp, oder die Freistunden zu kurz, oder
andersrum.

Bei den Pappeln vorn am Rhein stehen zwei alte Frauen
mit Rad und Rock im Schatten, schauen und reden ein wenig miteinander. Die beiden müßten sich eigentlich gerade
noch an die Zeit der Korbflechter und Pappelholzschnitzer
erinnern. Die eine erzählt aber gleich von anderen Dingen.
Neulich sei hier ein Spätaussiedler ertrunken. „Beim Angeln
oder beim Biertrinken." Die andere: „Oder bei Beidem." Die
eine: „Einer weniger."

Einkaufen auf dem Land - der Reitterhof in Ottenheim

Ziemlich in der Mitte von **Ottenheim** fällt in der Unterdorf-
straße der stattliche *Reitterhof* auf. Wohnhaus, Ställe und alte
Tabakscheunen bilden einen großen Innenhof, zur Straße
hin wird das seit 300 Jahren bewirtschaftete Anwesen von einer mächtigen, halbhohen Sandsteinmauer gefaßt. Gleich
links von der Einfahrt ein kapitaler Feigenbaum, der ersicht-
lich vom Mikroklima hinter den behauenen Sandsteinqua-
dern profitiert. Zweimal im Jahr hängen soviel reife Früchte

Bio-Hofladen Reitterhof in Schwanau-Ottenheim

am Baum, daß die Kunden des Hofladens auch mal eine probieren können. Immerhin 100 Hektar bewirtschaftet der Reitterhof heute. Bis in die 60er Jahre war hier, wie in der Region üblich, ein Gemischtbetrieb, Kühe, Pferde, Schweine, Geflügel, Tabak, Korn und Futterpflanzen. Die Entwicklung zur Spezialisierung in größeren Einheiten erreichte den Reitterhof in den 70er Jahren. Milchbetriebe gaben und geben ihre männlichen Kälber zur Bullenmast auf den Hof, 400 Rinder zwischen 4 Wochen und 2 Jahren sind es heute.

Seit ein paar Jahren geht die Entwicklung auch auf dem Reitterhof wieder weg von einer mengendominierten Bewirtschaftung. Die ehemaligen Spaltbodenställe werden nach und nach in offene Tretmistställe umgewandelt: Die Bullenmast auf dem Reitterhof bleibt (derzeit) zwar noch konventionell, schon vor fünf Jahren wurde aber ein Betriebsteil auf kontrolliert biologischen Landbau (nach Demeter) umgestellt. Gemüse, Kartoffeln, Eier, Hühner, auch frische Masthähnchen und Schweinefleisch von schwäbisch-hällischen Säuen stammen heute aus biologischer Haltung, das Rindfleisch wird noch konventionell erzeugt (solange sich hier keine sicheren Abnehmer für Bioware finden). Alle Produk-

Streuobstwiese im Naturschutzgebiet Lachenschollen

te werden über einen Hofladen vermarktet, der nach Sortimentsbreite und Güte zu den interessantesten Quellen in der Region gehört. Zudem haben die Preise noch nicht das stramme Niveau stadtnaher Bioanbieter erreicht. Bemerkenswert vor allem das Angebot an frischem Bio-Schweinefleisch und -Geflügel (auch vakuumiert), dazu gutes Obst von Hochstämmen und Gemüse. Freundliche und kompetente Bedienung.

Dundenheimer Schatzler und Dichtersonne

Am westlichen Ortsrand von **Meißenheim** führt die Oberriedstraße erst durch das Gewerbegebiet. Dort vorbei am Betriebsgebäude der Baufirma Zürcher (Tief- und Gleisbau), weiter raus ins Ried (markiert als Rheinaueweg) führt der Fahrweg durch auffallend üppige Obstwiesen, teils neu angelegt, teils alte Bestände. Weiter bis zum Deich am Naturschutzgebiet Lachenschollen. Auf dem Deich lang führt eine verträumte Radstrecke, das Richtige, sofern man von Schmetterlingen und nicht von schwitzenden Kampfradlern begleitet werden möchte. Zwischen Deich und Altrheindschungel beginnt nun eine auffallend gepflegte Streuobstwiese; ein Uferidyll, wie es Caspar David Friedrich nicht schöner hin-

Grabstein von Friederike Brion an der Kirche in Meißenheim

bekommen hätte. Das kurz gemähte Gras reicht bis ans dunkelgrüne Wasser, eine Bank steht unter tief hängenden Weidenzweigen, weiter hinten ein Gartenhaus mit Schwengelpumpe. Altes Streuobst, vereinzelt wurde nachgepflanzt, an einem Stamm hängt noch das Etikett: 'Dundenheimer Schatzler. Mittelgroß, gelb, Tafel- und Verwertungsapfel. Robuste heimische Sorte'. Wenig später erzählt eine Frau mit Rad und Hund, das Gelände würde vom Altbürgermeister so liebevoll gepflegt. Wer einen 'Dundenheimer Schatzler' setzt, kann kein schlechter Mensch sein.

    Der Barockbau der evangelischen Kirche stammt aus der Mitte des 18. Jh., er zeigt eine für evangelische Kirchen ungewöhnlich reiche Ausstattung - leider bleiben die Türen, wie oft bei evangelischen Dorfkirchen, unter der Woche geschlossen. Das feine Deckengemälde (Mariä Himmelfahrt) wurde vom Freiburger Johann Pfunner 1763 gemalt, die Orgel stammt von Johann Andreas Silbermann; unmittelbar an der Ostfront der Kirche das Grabdenkmal der Friederike Brion ('von Sesenheim', *1752, gest. 1813, Grabmahl eingeweiht 1866). Goethes Angebetete („sah ein Knab ein Röslein stehn…") starb hier einundsechzigjährig im Haus ihrer Schwester, der Pfarrersfrau Maria Salomea Marx (Goethes Olivia). Der Grab-

Soweit das Auge reicht - Maisacker bei Neuried-Altenheim

stein der ledigen Pfarrerstochter zieht noch heute Goethe-Touristen an. Unter dem Geburts- und Sterbedatum steht: „Ein Strahl der Dichtersonne fiel auf sie, so reich, daß er Unsterblichkeit ihr lieh."

Das stattliche ev. Pfarrhaus nebenan wurde 1770-73 gebaut, es blieb bis heute einer der ansehnlichsten Wohnbauten in Meißenheim. Einige moderne Ausstattungsdetails, wie ein weißer Plastikzeitungskasten und die verzinkten Tore der Hofeinfahrt, lassen vermuten, daß die heutigen Bewohner die Würde des Hauses sehr frei interpretieren.

Maisplage

Von einem Dorf zum anderen, von Meißenheim nach Ichenheim, fährt man durch den Mais, neben dem Tabak die Kulturpflanze im flachen Ried. Der schnellwüchsige Mais zeigt auch ziemlich brutal, wie weit es mit dem Sommer schon gekommen ist. Im Mai kaum aus dem Boden, ist der Starkzehrer ein paar Wochen später bereits mannshoch und wenn wenig später die ersten Kolben aufgehen und gelb werden, geht dem Sommer bald die Luft aus.

Ach ja, der Mais und das Grundwasser. Pro Kubikmeter Wasser zahlen wir 5,1 Cent extra, die wollte das Land einmal im Rahmen einer Schutzgebiets- und Ausgleichsverordnung (= *Schalvo*, heißt wirklich so!) an Landwirte umverteilen. Diese sollten dann im Gegenzug weniger Dünger, respektive Jauche auf die Felder karren, oder halt ganz auf Maisanbau verzichten. Jedenfalls sollte das Grundwasser so etwas weniger Nitrate abbekommen. Der schnellwüchsige Mais, der ohne Nitrate aber nicht gedeihen will und deshalb eigentlich gar nicht so recht auf die durchlässigen Kiesböden über dem Rheintal-Grundwasser paßt, der Mais also, wird wiederum zu EU-Garantiepreisen aufgekauft, auf den Weltmärkten aber zum viel tieferen Marktpreis angeboten. Mit dem Kraftfutter kann dann weltweit gemästet werden, auf daß die Fleischpreise in den Keller gehen. Was wiederum die darob bedrängten heimischen Bullenmäster nach Förderung rufen läßt. Als Mais- und Subventionskönige müssen die Elsässer gelten, was schon eine Fahrt jenseits der Grenze zeigt, wo die Maisäcker himmelweit reichen. Aber das Ried holt kräftig auf, erst recht wenn einmal die Tabaksubventionen wegfallen.

Und das Grundwasser? Seit das Land Baden-Württemberg per Wasserpfennig jährlich 90 Millionen Euro kassiert, hat sich die Wasserqualität leider um kein Milligramm Nitrat verbessert, im Gegenteil, die Belastung steigt weiter (vielleicht auch, weil sich Grundwasserströme nicht an nationale Grenzen halten). Die 90 Millionen nützen zwar kaum der Wasserqualität, sicher aber dem Landeshaushalt, in dem das Geld auch nicht zweckgebunden eingesetzt werden kann. Was wiederum Kontrolleure in Brüssel monieren, die somit mehr Stellen zur Überwachung solcher Strömungsverluste anmahnen. Wenn der Wasserpfennig nichts fürs Grundwasser bringt, könnte er doch für den Hochwasserschutz verwendet werden, so geht nun eines der neuesten Denkmodelle im Landwirtschaftsministerium. Man könnte also Polder, Dämme und hochwassersichere Straßen bauen, damit der Bürger staatliche Ausgabestellen erreicht, an denen Rindfleisch und Wassermarken ausgegeben werden. An einen berechtigten Personenkreis, dessen Bedürftigkeit genau zu überprüfen ist. Oder so ähnlich.

Am Blattsee bei Ichenheim

Im Ried baden gehen

Draußen am Rhein, zwischen **Meißenheim** und Neuried-**Ichenheim** liegen zwei meiner Lieblingsbadeseen am Oberrhein. Die beiden Seen im lichten Auengelände sind ideal für die Erfrischung nach einer Exkursion durchs Ried. Beide groß, klar, kühl und mit Frischwasser versorgt vom Mühlbach, der eine Wasserspiegel mehr grün, der andere eher blau, beide mit belebten, aber auch ganz einsamen Stellen, mal mit offenem Sandufer, mal mit verwunschen weidengesäumten Partien und viel Schatten.

Der südliche der beiden Blattseen (nach dem Namen des Abbaubetriebs) wird über Meißenheim erreicht (Parkplatz nahe am See, dann kurze Strecke zu Fuß). Gleich am Südufer hat sich ein Segel- und Surfclub etabliert, etwas angelegtes Gelände und am Wochenende entsprechender Grill- und Ausflugsbetrieb. Ruhiger wird es an den Seiten, sowie am Nordufer (hier aber Förderbänder). Noch ruhiger ist der nördliche der beiden Blattseen, der am besten über Ichenheim erreicht wird.

Anders als bei den Seen im Raum Freiburg gibt es hier viel Platz an naturnah verwachsenen Ufern, am Abfluß des Mühlbachs schier amazonische Stellen, am stillen Nordufer ruhige Nester und überhaupt jene unaufgeregt ländliche Stimmung, wie sie in der Nähe von Universitätsstädten, MTB-Hochburgen und freizeitaktiven Ballungsräumen nie entstehen kann. Ich war mal am Pfingstmontag da, um sechs am Abend bei herrlicher Wärme, kaum ein Mensch am See, das klare Wasser schon recht warm, jedenfalls die oberste Schicht (an den Füßen wird's rasch kalt). Auf dem Weg zwischen Anglerheim und See kam mir ein gut 60-jähriger entgegen. Im Bademantel, mit einer Seifenschale in der Hand, hochzufrieden und frisch gewaschen. Nachher beim Bier im Anglerheim fuhr jemand mit dem Solex vor, es blieb noch lange warm und die an solchen Orten übliche Spannungsfreiheit stellte sich auch bald ein.

Zufahrt zum nördlichen Blattsee über **Ichenheim**, eine breite 'Natostraße' führt durch den Rheinwald im Naturschutzgebiet Salmengrund bis vor zum Rheinufer, das hier als Furt ausgebaut wurde (Parkplatz). Die flache Rampe dort wird neuerdings besonders gerne von französischen Wasserbobfahrern für ihr lautes und ziemlich dämlich anzusehendes Hobby benutzt. Die Halbstarken und ihre Sozien veranstalten eine Art Rodeo auf dem Rhein, was weder elegant, noch mutig aussieht. Nun denn, die 35-Stunden-Woche entläßt ihre Kinder. Der Baggersee wird nach kurzem Fußweg in Richtung Süden erreicht. Abseits des Kiesabbaus und der angeschütteten Sandufer gibt es ruhige, teils auch eingewachsene Buchten. Um zu diesen ruhigeren Stellen des Blattsees zu kommen, biegt man allerdings besser bereits einen Kilometer vorher nach links unten ab (Schild: Badplatz/Anglerheim). Zunächst an zwei kleineren Seen vorbei (Parkplatz, angelegte Grillstellen) zum Anglerheim durchfahren.

Die ersten beiden kleinen Seen gleich rechts der Straße zum Anglerheim werden derzeit gerne von deutschrussischen Mitbürgern besucht, deren Freizeitverhalten mal mehr, mal auch weniger dem mitteleuropäischen entspricht. Erstaunlich, wie sich deren soziale Codes auch nach Jahren in der Orte-

Verstecktes Naherholungsgebiet - Anglerheim Ichenheim

nau noch immer von den hier üblichen unterscheiden. Vom Balzverhalten junger Paare über die Fingerhaltung beim Rauchen bis zur Anzugsordnung - alles ganz anders. Gibt es eigentlich spezielle Läden für diese Trainingshosen?

An den beiden kleinen Seen also vorbei und weiter bis zum *Ichenheimer Anglerheim* (Parkplatz an der Brücke über den Mühlbach; Kanueinsetzstelle, von hier sind es noch gut 200 Meter Fußweg bis zum See). Die Terrasse des Anglerheims bietet unverfälschten Waschbetoncharme und drinnen geht es grad so weiter. Kein unnötiger Zierrat, Tresen, Fernsehapparat und gnädig gedämpftes Licht bestimmen die Szenerie. Die Fachzeitschrift 'Fisch und Fang' liegt aus. Im Hochsommer wäre ein Mann im kleinen, weißen Achselfreien durchaus passend angezogen. Die beiden Damen im Service agieren mit Umsicht und Erfahrung. Es gibt passable Backfische (Forelle und Zander, nach dem Fritieren mit aufgestreuter Würzmischung veredelt, aufs Wochenende evtl. auch mal mit Kartoffelsalat), sonst halt Vesper einfach (Schnitzel, Pommes, Wurstsalat) und Wagner Bier. Aber die Stimmung stimmt. Mitunter kommen ein paar Russen vom vorderen See und kaufen ein paar Bier, setzen sich her und schauen sich um,

Angelbedarf Pleuler, Ichenheim

ansonsten bleibt man aber gerne unter sich. Multikulti funktioniert jedenfalls nicht so, wie es die Gemeinschaftskundelehrer vor zehn Jahren erzählt haben.

Von der lauschig gelegenen Kanueinsetzstelle beim Anglerheim über die Mühlbachbrücke bis vor zu den Seen sind es ein paar Minuten zu Fuß – aber was für ein Weg. Lösung vom Alltag bei aufkommendem Amazonasgefühl.

Drinnen in Ichenheim erinnern die breite Hauptstraße und stattliche Hausfronten an das alte Marktrecht von 1776, so konnte hier schon früh ein Marktfleck zwischen Straßburg und Lahr entstehen. In der Hauptstraße 41 genießt das Angel- und Jagdwaffengeschäft *Pleuler* Ansehen weit über die Gemeindegrenzen hinaus. Nicht weit davon, in der Hauptstraße 59, die *Metzgerei Decker*. Solide Landmetzgerei mit bemerkenswert guter Lyoner. Der richtige Platz, um sich ein, zwei Weckle richten zu lassen, nach dem Baden kommt ja der Hunger.

An der Schutter im Naturschutzgebiet Langwald

Die Schutter aufwärts

Nächster Halt in Neuried-**Altenheim**. Im Herbst, an einem Wochenende, oder nach Voranmeldung vielleicht auch schon in Neuried-**Dundenheim**, denn dann (und nur dann) gibt es im *Schwert* auch mal Extras, speziell vom Wild, aber nur auf Anmeldung. Unter der Woche wirkt das Lokal mit seinem unrenovierten, aber bis ins Detail sorgfältig gehüteten 60er-Jahre-Charme wie eine (bislang noch) ungeküßte Landpartie. Zu genießen wäre ein zeitfernes Betriebssystem und ein freundlich-zurückhaltender Wirt, der Pullunder trägt und auch so bedient, eine gastronomische Rarität. Gerade hier im weiten Ried, wo der Braten gegen Pizza&Döner schon längst verloren hat. Für Gäste mit Sinn für seltene Nischen.

Wer mit dem Rad unterwegs ist, kann sich von Dundenheim aus mit Gewinn auf einem der fast autofreien Verbindungswege durch Tabak- und Maisfelder eine Zeit lang in Richtung der **Schutter** oder sonstwohin durch die Ebene treiben lassen. Man muß hier ja nichts anschauen, kann also ruhig vom Kurs abkommen, was natürlich auch mit dem Auto möglich wäre, nur tiefergelegt darf es nicht sein.

FRISCHE LANDBUTTER ZU VERKAUFEN

Landbutter und Rauputz - in der Schutterzeller Mühle

Landschaftlich besonders reizvoll sind die weiten Riedwiesen und der überraschend freie Lauf der Schutter, etwa im
Bereich zwischen **Schutterzell**, **Müllen** und **Kittersburg** (vgl.
unten) - grob gesehen zwischen den Autobahnausfahrten von
Lahr und Offenburg. Eine denkbare Route vom Rhein und
der B 36 her kommend: Ichenheim - Dundenheim, dann
rüber zur Schutter und zum Waldsee an der Dundenheimer
Mühle (frugal bewirtet). Von der Mühle führt eine wunderbar verträumte Partie auf einem Feldweg am östlichen Ufer
die Schutter aufwärts: In Richtung *Naturschutzgebiet Langwald*
- Feuchtwiesen, real malerischer, natürlich gewundener Flußlauf, an den Böschungen alte Weidenstämme, zahlreiche Plätze zum Abhocken und Staunen. Der Weg verliert sich im weiteren Verlauf und wird zur rauhen Fahrspur in der Wiese
(deshalb nicht tiefergelegt!), unter normalen Bedingungen
sollte aber die K 5332 Ichenheim - Niederschopfheim erreicht
werden. Von dort sind es dann nur noch ein paarhundert
Meter bis zur *Schutterzeller Mühle*. Ein Langasthof wie aus
dem Bilderbuch, ganz allein und etwas aus der Welt an der
Schutter gelegen. Mit Fachwerk und Freisitz im Hof, drinnen
wurde das mächtige Gebälk der alten Mühle freigelegt.

Flammkuchen und Vesper gehören zu den Stärken des Anwesens, das mit Achtung und Sorgfalt geführt wird und von der ländlichen Kundschaft eben deshalb geschätzt wird. Ein Aushang im Gang verspricht 'Frische Landbutter'.

Reizvolle, fast schon friesische Flußauenstimmung, auch beiderseits der Landstraße 99, die von Dundenheim nach Höfen führt, besonders auf den letzten beiden Kilometern westlich vor Höfen im Bereich der Riedwiesen 'Unterwassermatten'. Es ist ja immer wieder verwunderlich, was ein paar zarte Kurven, eine landschaftsnahe Trassierung, ausmachen. Hier - inmitten tiefer Ortenau zwischen Dundenheim und Höfen - ist es mal wieder soweit, ein Stück Landstraße als Erlebnis. Von **Höfen** nach **Müllen** bei Altenheim kommt man auf dem Ortenau-Weg praktisch verkehrsfrei und wieder über reizvolle Passagen nahe der Schutter. Von Müllen weiter nach Norden in Richtung der Einkehr *Kittersburger Mühle* (vgl. weiter unten) wieder nahe der Schutter auf dem Ortenau-Weg (über Rohrburger Mühle in Richtung **Kittersburg**).

Zwischen den Feldern erfuhr ich hier auch mal was über den nur teilweise koedukativen Wassersport früherer Jahre: An eher zahmen Bachläufen wie dem der Unditz gingen früher die Mädels baden, besonders dann, wenn es mit dem Schwimmen noch nicht so weit her war. Der Rhein war was für die Jungs. Zueinander fand man an der Schutter, die so für beide Seiten interessant wurde. Und wenn's nicht stimmt, ist es zumindest eine schöne Geschichte. Aber nur, wenn keine Arbeit auf dem Feld anstand. Alter Klagereim aus dem Ried (in freier Transkription): „Rüwe hacke, Tiwack gieze, oh wie mün d'Wiwer schwitze."

Tabak und Lyonerweckle

Bis heute prägt der Tabakanbau das Sommerbild der Gegend, besonders in den Fachwerkstraßen der Gemeinden um Altenheim-Neuried fallen die hohen Trockenscheunen mit ihren sonnenverbrannten Holzlamellen auf, durch die der warme Wind zieht. Mit dem Rückgang des Hanfanbaus (Seilerei), der in der Region noch im 19. Jh. dominierte, kam der Tabak-

Wandmalerei in Neuried-Altenheim

anbau immer stärker auf. Einen Anfang der Tabakverarbeitung in der Ortenau markiert aber bereits die Gründung der Schnupftabakfabrik der Gebrüder Lotzbeck (Lahr, 1774). In vielen Dörfern der Ortenau wurden spätestens zu Beginn des 20. Jahrhunderts kleine Tabakfabriken gegründet, die in Dundenheim bei Ichenheim entstand im Jahr 1908, mancherorts hatte bald jede große Straße ihre eigenen Manufaktur. In Rust wurden noch lange nach dem 2. Weltkrieg Zigarren gerollt. Zum größten Produzenten in der Wirtschaftswunderzeit entwickelte sich aber die Badische Tabakmanufaktur in Lahr mit ihren altbekannten Marken 'Reval' und 'Rothändle'. Bekanntlich sind die großen Zeiten der nikotinstarken, filterlosen Männerzigaretten aber längst Geschichte. Zeitgemäße Nachfolgemarken wurden nicht mehr aufgebaut, erst recht, nachdem die Tabakmanufaktur von einem Konzern übernommen wurde, verlor der Produktionsstandort Lahr rasch an Bedeutung.

Noch heute gehört der mannshohe Tabak zum Sommerbild der Region. Die Arbeit auf den Feldern forderte früher die ganze Familie, besonders während der sechs bis acht Wochen langen Hauptvegetations- und Erntephase im Hoch-

Tabakspeicher im Ried

sommer. Die Tabakblätter werden nicht in einem, sondern nach und nach von unten nach oben geerntet und separat getrocknet. Das Sammeln der Blätter, gebückt in der Hitze, mit großen weißen Scheitkappen gegen die Sonne geschützt, mehrere Erntedurchgänge, die sachte Behandlung der Blätter beim Tabakbinden, alles eine sehr zeitaufwendige Arbeit. Mit der Zeit wurde vieles mechanisiert, mitunter sieht man auf dem Feld die komplex aufgebauten Spezialmaschinen zur Bearbeitung der Kulturen. Als eine der höchst subventionierten Sonderkulturen überhaupt bringt der Tabakanbau den wenigen Landwirten, die davon profitieren, schon mit ein paar Hektar Anbaufläche ansehnliche Einnahmen. Gut 50 % der Tabakerlöse stammen aus öffentlichen Fördermitteln, diese sollen nun reduziert werden, aber der Prozeß des Abbaus vollzieht sich vermutlich so konsequent wie beim Steinkohlebergbau. Jedenfalls wurde der Tabakanbau noch im Jahr 2003 EU-weit mit einer Milliarde Euro subventioniert - nach offizieller Lesart eine Maßnahme zur Förderung strukturschwacher Gebiete. Dabei werden die einfachen Feldarbeiten, wie beim Spargelanbau, längst von Osteuropäern erledigt. Größe und Zustand mancher Tabakpflanzerhöfe sprechen für

Vorne raus alt, nach hinten neu - Ratsstübl in Altenheim

sich. Bevor einem wieder all der Unfug europäischer Sub-
ventionskreisläufe (und korrespondierender Tabaksteuer-
erhöhungen) in den Sinn kommt, denkt man lieber an die
nächste Einkehr, die sich endgültig in Altenheim anbietet.

Dekorative Fachwerkbauten in langer Reihe (auch ein Hei-
matmuseum) bietet in Neuried-**Altenheim** die *Großriedgasse*,
die nur so heißt, im Grunde aber eine richtige Straße ist. Von
der Ortsmitte bei der evangelischen Kirche führt die Kirchstraße dorthin. In der Kirchstraße liegt auch das *Ratsstübl*, wobei das Wörtchen 'Stübl' im engeren Sinne nur für den alten,
vorderen Gebäudeteil an der Straßenfront durchgeht. Der ist
von außen so fachgewerkt und innen so behaglich, daß sofort
Einkehrlust aufkommt. Die Gästezimmer und der gastronomische Alltagsbetrieb finden sich allerdings im neuen,
rückwärtigen Anbau, dahinter wartet noch eine kleine Gartenterrasse. Allerdings geht hinten Zweckmäßigkeit eindeutig vor Liebreiz. Besonders im funktionalen Gastraum, der
auch in der Region um Kassel denkbar wäre. Vorne in der
alten Stube sitzen mitunter noch ein paar einheimische Pensionäre zusammen (oder am Fernseher), wer zaghaft anklopft,
bekommt vielleicht auch dort was zu trinken, Speisen und

Im Salmengrund bei Neuried-Ichenheim

Restauration sonst nur im Neubau. Die Karte der Krone ist zweckmäßig wie das Ambiente und mit klarem Blick für die Wünsche der Bevölkerung komponiert, es gibt also auch Kegler- und Krabbentoast. Andere Standards liegen deutlich über dem Durchschnitt, besonders Rumpsteak, Schnitzel und Pommes sind ohne Fehl. Mit günstigen und ruhigen Übernachtungsmöglichkeiten bietet das Ratsstübel zudem eine der wenigen Optionen im flachen Ried, was auch mancher Handlungsreisende so sieht. Alles in allem eine der wenigen zuverlässigen Adressen in einer Region, die sich bislang nicht unbedingt als Fremdenverkehrsgebiet profilieren konnte. Nur wenig weiter um die Ecke, die überorts bekannte und gute Bäckerei *Marzluf* (Demeter Brot). Abermals gute Lyoner et al. fürs Vesperbrötle in der Metzgerei *Grim*, Kirchstraße 2.

Flammkuchen à gogo

Als stimmungsvoller Landgasthof und Flammkuchenmekka in einem ist die *Krone* überregional bekannt. An den gewöhnungsbedürftig wenigen Öffnungstagen (Mi, Fr und So) kommt es zu beachtlichem Betrieb und davon träumt wohl jeder Wirt: An drei Tagen in der Woche aufmachen, immer

Flammkuchen à gogo - Krone, Altenheim

volle Hütte und erwartungsfrohe Gäste, die einfach kommen und das gewohnte Prozedere über sich ergehen lassen. Zur Einführung wird Neulingen nur beschieden, daß man den Flammkuchen hier weder bestellen kann, noch muß. Er kommt praktisch zwangsläufig. Das ist wahr, aber wie er kommt. Die Tabletts mit den holzofengebackenen, schier rasierklingendünnen Fladen werden in Nasenhöhe präsentiert. Wer will, muß sich rasch entscheiden, dann wird eine DIN A5 große Portion aufgelegt. Wer nicht will, setzt eine Runde aus und wartet bis zum nächsten Durchgang. Runde für Runde wechselt der Belag, vom Standard mit Rahm über verschiedene Varianten mit Speck, Zwiebeln und Speck, Käse, dann und wann wird auch mal eine Kombination mit Grieben eingestreut (zum Dessert gibt es auch süße Modelle). Gleich wie, der Gast bedient sich und bezahlt am Ende der Sitzung je nach Konsum. Außer Flammkuchen à gogo gibt es auch Bibiliskäs mit Fladenbrot aus dem Holzofen, sowie Forelle aus dem Ofen. Gesellige Stimmung, im Sommer auch in einem lauschigen Innenhof.

Von Altenheim aus wäre ein weiterer Badeausflug an die *Fohlenweide* möglich. Eine Straße führt vom Ort raus nach

Auskiesen und Tieferlegen, Poldergefahr auch bei Ottenheim

Westen über den Mühlbach und weiter direkt zum See (Parkplatz). Am See wird nicht mehr gebaggert, die Uferzonen sind deshalb schon gut eingewachsen bzw. renaturiert und etwas angelegt mit gemähten Liegewiesen und Abfallbehältern, das Wasser meist schön klar (mitunter kommen Tauchclubs), im nördlichen Teil eine kleine Insel. Ein kleiner Bereich am Ostufer ist für Dauercamper abgetrennt, die hier im Sommer zum klassischen Datschenwochenende rauskommen. Ansonsten wenig Remmidemmi und genug Platz auf den schönen, unvermüllten Liegewiesen.

Wenige hundert Meter westlich des Fohlenweide Sees Querung eines Altrheinarmes, wenig später endet die Zufahrt zum Rhein an einem zweiten Parkplatz. Der schon mehrfach empfohlene *Rheinaueweg* führt hier in südlicher Richtung (über die Carl-Wucherer-Hütte) durch besonders ansprechende Auwaldpassagen. Diese reichen über die Gewanne 'Korbmacher' und 'Salmengrund' (Naturschutzgebiet) bis runter zu den beiden Blattseen bei Ichenheim (insgesamt gut eine Stunde Weg). Man erreicht oder überquert mehrmals stille Wasserpartien, da und dort sind im seichten Wasser regelrechte Muschelbänke zu sehen, schöner Auwaldeindruck zu praktisch allen Jahreszeiten (der Duft modernden Pappellaubs im Herbst!), im Vergleich zum Taubergießen wird die gesamte Rheinwaldregion um Neuried nur marginal besucht.

Der Polder bei Altenheim

Die meterhohen Dämme am großen Polder zwischen Ichenheim und Altenheim zeigen allerdings auch, wie stark die Auenlandschaft hier bereits verändert wurde - Aufschüttungen und Deiche mit hohen Böschungen, mächtige Stellwerke und Verbindungskanäle. Im Rahmen des sogenannten 'integrierten Rheinprogramms' werden 13 ähnlich große Polder nun auch für den Rheinabschnitt flußaufwärts geplant (u.a. in der Ortenau bei Meißenheim-Ottenheim, am Kaiserstuhl zwischen Breisach und Burkheim, sowie Auskiesungen im Markgräflerland). Großprojekte - mit jahrzehntelanger Bauzeit und gigantischen Erdbewegungen - die das gesamte rheinnahe Landschaftsbild verändern könnten. Die Polder sind als Flutungsreserven gedacht, um den Hochwasserdruck vom Mittel- und Niederrhein zu nehmen. Die Flächen müßten dazu nicht nur eingedämmt, sondern auch um Meter tiefergelegt werden, nach einer Flutung wegen Hochwasser wäre das Land wohl für Monate nicht mehr nutzbar, zudem sind regelmäßige 'ökologische Flutungen' der Polder geplant, um das Land in Richtung Feuchtauenlandschaft zu verändern. Daß es lokal kleinräumige Alternativen zu solchen Großprojekten gibt, ist unbestritten. Die Gemeinde Hartheim zeigt mit einer Infotafel direkt am Rhein, welche Maßnahmen Hochwasserschutz bringen würden, ohne die Rheinauen umzugraben und 'auszukiesen' (vgl. dort, sowie unter Kaiserstuhl/Burkheim, bzw. unter www.hartheim.de).

Die Bundesstraße 36 führt nördlich von Neuried-Altenheim in Richtung **Kehl-Goldscheuer**, spätestens von dort an ist nicht mehr so viel freies Land wie weiter im Süden im Ried. Es beginnt nun vielmehr der übliche neudeutsche Siedlungsreigen von Tankstelle, Baumarkt, Gewerbezone und leckerem Neubaugebiet. Damit läuft unsere Tour durchs freie Ried hier aus. Wobei sich als Rückfahrtroute der Weg über

Spätsommer im Ried

die neue Rheinbrücke südlich von Straßburg anbietet. Rückfahrt nach Süden dann rheinnah auf der französischen Seite über **Plobsheim** in Richtung **Gerstheim** (D 468). Später malerisch und immer am Rheindamm entlang auf einsamer Strecke (D 20) bis Rhinau (kostenlose Fähre nach Kappel) oder weiter bis zum Grenzübergang Marckolsheim/Sasbach (am Kaiserstuhl). Es gibt auf dieser Strecke noch zwei interessante Unterbrechungen, die mit einer Einkehr zu verbinden wären. Aber bevor es mit imposantem Schwung über die neue Rheinbrücke nach Frankreich geht, wäre (besonders für Radfahrer lohnend) auch noch ein Abstecher auf der deutschen Seite möglich:

Die *Kittersburger Mühle* liegt einen halben Kilometer nordwestlich außerhalb der kleinen Kehler Teilgemeinde **Kittersburg**. Von Altenheim zunächst auf der B 36 in Richtung Goldscheuer, dann auf der Landstraße 98 (Offenburger Straße) kurz nach Osten und Abzweig nach Kittersburg. Das alte Mühlenanwesen liegt auf flacher Feld- und Wiesenflur von der Schutter umflossen, eine typische und in der Größe seltene Ausflugsgaststätte mit riesigem Biergarten im Innenhof und Vesper- und Grillausgabe an einer Sommertheke. Einfach, aber auf einer Sommertour über die schier verkehrsfreien Wirtschaftswege im Rheintal durchaus ein Etappenziel.

Zurück über die Rheinbrücke und ins Elsass

Die neue Rheinbrücke südlich Straßburg (von der A 5 zu erreichen ab Ausfahrt Offenburg) führt in elegantem Schwung über den Rhein. Noch auf deutscher Seite, unmittelbar südlich der Rampe zur Brücke, der Baggersee Dreibauerngrund (nördlich der Zufahrt Yachthafen und Wassersport auf dem gestauten Rhein). Nicht nur wegen ein paar feiner, heller Sandpartien wird der See auch 'Goldstaub' genannt. Die Goldwäscherei am Rhein ist aus dem 9. Jh. historisch belegt, viel wurde allerdings nicht aus dem Rheinsand gewaschen, vom Gold*rausch* wird jedenfalls nirgendwo berichtet.

Bei Plobsheim, südlich von Straßburg, hat der gestaute Rhein eine Beule mit einer Wasserfläche größer als der Schluchsee *(Plan d'Eau de Plobsheim)*. Es gibt dort einen kleinen Yachthafen, das Ufer ist betoniert, die Brandung hält sich in Grenzen, aber es riecht zumindest nach Wasser und dank der neuen Rheinbrücke kommt man nun schnell rüber. Zuerst nach Plobsheim also, dann auf schmaler Straße in Richtung Rhein und den Schildern *La Regate* folgen. Neben der Gastronomie gibt es dort ein großes Picknickgelände, am Wochenende überlagert Ausflugsbetrieb den Reiz des Ortes. An einem stillen Tag unter der Woche wäre hier aber einer der wenigen Plätze am Oberrhein, die schon etwas an der Kante liegen, also fast eine Strandkneipe, fast. Man sitzt frei am Wasser oder geschützt unter einer dieser gewagten Zeltkonstruktionen, die auch irgendwo am Mittelmeer stehen könnte. Boote, leichte Brise und gleißendes Licht sorgen für etwas maritime Illusion, die auch auf der Karte Platz hat: Fischsuppe, Petite Friture, Mergues Frites. Man hat die Grenze überschritten, zum Campari gibt es Oliven und es schmeckt nach Sonne, Sand und warmer Haut. Auch zum schnellen Abkippen von einem Kronenbourg, oder als Station auf einer der lohnenden Radstrecken längs des Rheins, ist der Fleck ideal. La Regate ist keine Strandkneipe, aber immerhin.

Hotel-Restaurant Au Bord du Rhin, Gerstheim, Téléphon 12

Dazwischenland - Niemandsland

Südlich von Plobsheim führt die D 468 in Richtung **Erstein**. Ein 10.000 Einwohner-Landstädtchen, das zwei Zuckerrüben im Ortswappen führt und nicht unbedingt durch städtebaulichen Reiz auffällt. Eben Alltags-Elsass ohne Weinstraßendekor, vielmehr sorgt die große Zuckerfabrik und weitere Industrie am Ortsrand für geschäftlichen Umtrieb. Aber immerhin, es ist Leben im Ort, der Platz um das alte und stattliche Rathaus hat was und mit der *Auberge du Ried* befindet sich dort eine angenehme Provinz-Einkehr, es gibt eine passable Plat du Jour und im Sommer stehen ein paar Tische auf dem Gehsteig, auffallend viele Stammgäste aus der Umgebung zu beiden Seiten der Grenze.

Bereits vor Erstein und wenig südlich von Krafft führt der Abzweig auf die D 426 in Richtung der deutschen Grenze bei Nonnenweier. Nach Überquerung der **E.D.F. - Staustufe Gerstheim** wird zwischen gestautem Rhein im Westen und Restrhein im Osten ein einsames, etwas seltsames Dazwischenland erreicht. Niemandsland, sagt man in der Ortenau auch zu dem Fleck, und so ähnlich fühlt man sich auch auf der schnurgeraden Fahrt auf der D 426 von der Staustufe runter in Richtung nach Nonnenweier. Aber Obacht, schon kurz nach Überquerung des Rheins gibt es einen scharfen Abzweig runter auf die Halbinsel zwischen den Restrhein und Kanal. Die Region um den Schollengießen ist jetzt Naturreservat mit durchaus reizvollen Wegen und ein paar Tafeln, aber deshalb kommt wohl kaum jemand auf die Kiesinsel. Das eigentliche Ziel heißt *Au Bord du Rhin* und das ist eine der seltenen Gaststätten zwischen den Welten. Von außen etwas abgewettert, der im Grunde unverzichtbare Freisitz, der auf historischen Aufnahmen noch zu sehen ist, wurde längst aufgegeben, aber drinnen geht es durchaus vitalfolkloristisch zu. Nicht nur wegen der Froschschenkel, die hier nach wie vor unerschrocken serviert und konsumiert werden, kommen Gäste auch mal von weiter her. Es ist wohl die stimmige Mischung zwischen Vin rouge und dunklem Tabak, zwischen Wochenendziel und Abendentspannung, die hier besonders gut funktioniert. Kulinarisch sind keine Höhen zu erwarten, aber aufrichtige Provinz, soziokulinarisch gut abgemischt. Wer genug von der dicken Luft drinnen hat, kann sich auch zwei Bier am Tresen holen und vorn an den Altrhein sitzen. Am Ufer gegenüber ist die 'Rheinlust' zu sehen, derzeit allein, alt und müd, wie vorher unter Schwanau-Ottenheim beschrieben.

Gleichsam als Beilage bieten solche Plätze ja auch immer wieder einen Blick auf den aktuellen Stand des politisch vielbeschworenen Zusammenwachsens der Regionen. Ich kann jedenfalls nicht erkennen, daß sich Kommunikation, Nähe oder Ablehnung seit dem inflationären Anschwellen der Politikerreden wesentlich geändert hätten. Auch im 'Aux Bords du Rhin' hockt, trinkt und redet man wie gehabt, man freut und wundert sich über die zum Glück noch immer etwas anderen Nachbarn. Gleich, ob ein Sonderbeauftragter nun von „transnationaler Identität im Eurodistrikt" predigt oder nicht. Gleich, ob Städte wie Kehl und Straßburg in operettenhaftes Gezänk verfallen, wegen Planungskleinigkeiten anläßlich der Gartenschau 2004. Gleich, ob die Flughäfen von Straßburg-Entzheim und Baden-Baden/Söllingen hinter der netten Eurokulisse Kämpfe um jeden Billigflieger austra-

Binationale Budgetverdopplung

gen. Nur bei der transnationalen Budgetverdopplung der Mimram-Fußgängerbrücke (von geplanten 11 auf 21 Millionen Euro!) zeigen sich die Europrofis wie gewohnt generös. Ohnehin sind die Straßburger Parlamentarier all denen, die hier am Rhein zusammensitzen, ziemlich fern. Die meisten Themen werden hier ohne Denkhilfe von oben gelöst. So könnte sich die transnationale Identität im Eurodistrikt eines Tages noch ganz anders entwickeln, als die politischen Wanderprediger sich dies vorstellen. Der kluge Lord Dahrendorf hat es neulich etwas vornehmer gesagt: „Das Problem der EU liegt in der Lücke zwischen Sonntagsreden und Alltagstaten."

Auf kurzem Weg abzuschließen wäre die große Runde durchs Ried mit dem Grenzübertritt nach Nonnenweier, viel schöner aber die Passage direkt am Rhein lang auf der D 20 weiter nach Süden. Von **Rhinau** aus bringt einen die Fähre dann angemessen langsam nach Kappel, Niemandsland und Froschschenkel hinter uns lassend.

Förellen gebacken á 100g **2,35 €**

Saure Fische **4,90 €**

Förellenfilet
mit **Sahnemeerrettich** **5,40 €**

Wurstbrot **1,50 €**

Speisekarte beim 'Fischerstechen' in Ichenheim

Tisch und Bett und mehr

- **Rheinhausen**, *S'Dirlis Fischerstube*. Paella, Spieß, Backfisch mit
gutem Kartoffelsalat, andere Fischkombis ebenfalls in freier Interpretation, mitunter auch selbstgefangene Rheinkrebse ('s hett, solang 's
hett). Ambiente und Stimmung im freundlich und aufmerksam
frauengeführten Kleinrestaurant sind heiter wie die Sommerterrasse.
Ein kleines Vergnügen, geöffnet nur: Do bis Sa, 17 bis 23 Uhr. Reservierung tut not: Tel. 07643-933 07 08. **Preise**: günstig-mittel.

- **Schwanau-Wittenweier**: *Gasthof zur Krone*. Auf den ersten Blick
etwas schmucklos wirkende, im Verlauf aber grundsolide Land-
gaststätte. Einfaches, ungekünsteltes Speisenangebot, stimmige Atmosphäre. Handgekochter Mittagstisch von 12 bis 13.30 Uhr, belieb-
ter Familientisch am Sonntagmittag (im Herbst Wildsauessen), jeden Do ab 18 Uhr populäre Backfischbonanza wie im Text näher ausgeführt (keine Reservierung möglich). Für Gesellschaften Backfische
nach Voranmeldung auch an anderen Wochentagen. **Preise**: sehr
günstig.
  In der Krone gibt es zudem ordentliche, preiswerte und beliebte
Gästezimmer, zu denen es nur wenig Alternativen in der Umgebung
gibt: EZ ab 21 Euro, DZ 42 auch 3-Bett- und 4-Bett-Zimmer. Falls
belegt, können die freundlichen Wirtsleute weitere Unterkünfte ver-
mitteln. 77963 Schwanau-Wittenweier, Hauptstraße 1, Tel. 07824-
25 32, Fax: 785. RT: Di, von 14 bis 16 Uhr geschl.

Flußkrebse und mehr, Dirlis Fischerstube, Rheinhausen

- **Schwanau-Nonnenweier**: *Hofladen Frenk*. Breit und überwiegend gut sortierter Hofladen. Spezialität: Rohmilch Riedkäse, gutes Bauernbrot aus dem Holzbackofen. Fleisch und frisches Geflügel. Mi 14 bis 18 Uhr, Fr 14 bis 18 Uhr, Sa 8 bis 12 Uhr. Ottenheimer Str. 21, Tel. 07824-28 58, www.frenks-lindenhof.de.

- **Schwanau-Ottenheim**: *Hofladen Reitterhof*. Der 100 ha große Reitterhof vermarktet eigene Produkte und ein Naturkostsortiment über einen professionell geführten Hofladen: Eigenes Rindfleisch aus dem konventionell geführten Betriebsteil, aus eigener Bio-Haltung oder Bio-Anbau: Schweinefleisch und frisches Geflügel, Obst und Gemüse. Nach Sortiment und Qualität einer der interessantesten Hoflädlen in der Region. Ladenzeiten: Di 9-12 Uhr, Mi 15-18 Uhr, Fr 15-18 Uhr, Sa 9-14 Uhr. Unterdorfstr. 13, Tel. 07824-2272, www.reitterhof.de

- **Neuried-Ichenheim**: *Anglerheim*. Naherholung bei Backfisch und Wagner Bier. Mi und Fr ab 15 Uhr, Sa ab 13 Uhr, Sonn- und Feiertage ab 10 Uhr. Tel. 07807-33 03. An einem Wochenende im August im Gewässer beim Anglerheim das lokales Brauchtum beim 'Fischerstechen'. **Preise**: günstig.

- **Neuried-Ichenheim**: *Pleuler* (Inh. Schlißke), großes Sortiment an Angelbedarf, Jagdwaffen, jagdliche Bekleidung und weitere einschlägig bekannte Hilfsmittel (Ballistol). Hauptstraße 41, Tel. 07807-2183.

- **Neuried-Ichenheim:** *Metzgerei Decker*. Gute Wurst, Lyonerweckle, dito Dosenlyoner! Hauptstraße 59, Tel. 07807-522.

- **Neuried-Dundenheim:** *Schwert*. Landstraßengasthof mit Originaleinrichtung aus der Zeit von Rehrücken Diana (Samttapeten und passende Topfpflanzen, spiegelblank gewienerter Boden, Herrentoilette mit Rinne). Auch Karte, Stimmung und Angebot unterscheiden sich deutlich vom Üblichen (einzelne schöne Flaschenweine). Für entsprechend disponierte Gäste als Zeitreise oder als Nische, Voranmeldung erweitert die Möglichkeiten, kleinere Gesellschaften und Extras werden nach Absprache arrangiert, Wild im Herbst. Ansonsten gilt eine kleinere Standardkarte mit Traditionsgerichten, im Herbst etwa: „Halbe Wildente mit Kastanien, Karotten und Rosenkohl, Butterkartoffeln." Dundenheimer Str. 1, Tel. 07807-807. Geöffnet: Mi bis Sa ab 18 Uhr, So 12 bis 14.30 und ab 18 Uhr. **Preise**: mittel.

- **Neuried-Schutterzell:** *Schutterzeller Mühle*, Flammkuchen und Vesper unter altem Fachwerk, Freiterrasse nahe der Schutter, Landleben pur, frische Landbutter. Tel. 07808-401. Geöffnet: Mi bis Sa ab 14 Uhr, So ab 10.30 Uhr. **Preise**: günstig

- **Neuried-Altenheim:** *Ratsstüble*, zu Recht beliebtes und gutbürgerliches Gasthaus mit zwei Gesichtern, vorne der historische Teil, hinten der funktionale. Gewirtet wird hinten. Konventionelle Karte, in der gastronomisch nicht sehr verwöhnten Region um Neuried einer der wenigen sicheren Plätze. Kleine Gartenterrasse. Empfehlenswerte Gästezimmer. Kirchgasse 38, Tel. 07807-928 60, Fax: 92 86 50. RT: So, sonst geöffnet ab 17.30 Uhr. **Preise**: mittel

- **Neuried-Altenheim:** *Krone*. Beliebte, vielbesuchte Flammkuchenadresse. Dieser kommt wie gebacken, krachdünn und heiß aus dem Holzofen (Flammkuchen à gogo) und wird gleichsam en passant serviert. Stattlich-traditioneller Gasthof mit schönem Innenhof. Kehler Straße 63, Tel. 07807-21 53. Geöffnet nur: Mi und Fr ab 18 Uhr, So ab 17 Uhr. **Preise**: günstig-mittel.

- **Neuried-Altenheim:** *Bäckerei Marzluf*, bekannt und geschätzt wegen der guten Demeter-Brote und anderer Handbackwaren. Großriedgasse 24, Tel. 07807-790.

- **Neuried-Altenheim:** *Metzgerei Grim,* noch so eine aufrechte Landmetzgerei fürs Lyonerweckle, aber auch für Größeres. Kirchstraße 2, Tel. 07807-2239.

- **Kehl-Kittersburg:** *Kittersburger Mühle*, Vesper- und Ausflugsgasthof an der Schutter, im Hofgelände großer Biergarten mit rusti-

Fast eine Strandkneipe - La Regate, F-Plobsheim

kalem Schank- und Grilltresen im Freien. Tel. 07854-1255. Im Sommer kein Ruhetag, ab Oktober: Mo geschl. **Preise**: günstig

- **Plobsheim (F):** *La Regate*, 'Strandkneipe' neben dem Yachthafen, am aufgestauten Plan d'Eau de Plobsheim (Zufahrt von der D 468 südl. Plobsheim aus beschildert, mit dem Rad auch von der neuen Rheinbrücke aus direkt am Rhein entlang möglich). Im Sommer kein Ruhetag, am Wochenende Pic-nic-Rummel, abends mitunter Dance und Musike, sonst zum einfachen Verweilen am Wasser. Tel. 0033-338-898 70 41. Im Winter geschlossen. **Preise**: günstig-mittel.

- **Erstein (F):** *Auberge du Ried*, stimmige, wenngleich etwas betagte Provinzeinkehr am durchaus reizvollen Rathausplatz. Günstiger Tagesteller, Stammgäste, praktisch und unproblematisch. **Preise**: günstig-mittel.

- **Gerstheim** (F-Ile du Rhin): *Au Bord du Rhin*, originelle bis reelle Landschänke im Niemandsland zwischen altem und neuem Rhein. Ambiente kernig, Speisen ebenso. Tel. 0033-388-98 36 12, RT: Mi. **Preise**: mittel.

****

Schnacken: „Warm und feuchtlich ist der Ortenau", schrieb Goethe ins Tagebuch, als er seinen Schwager, den Oberamtmann Schlosser in Emmendingen besuchte. Warm und feuchtlich mögen es die

Schnacken im Sommer. Seit die Brutgebiete großflächig gespritzt werden, ist die Plage zwar nicht mehr so arg wie früher, mit Einbruch der Dämmerung kann es aber an den Baggerseen und in den Auwäldern trotzdem zu formierten Mückenangriffen kommen. Entweder Mückenschutz mitnehmen oder das Feld räumen. Draußenabende nach Sonnenuntergang in den Rheinwäldern sind für Empfindliche jedenfalls riskant (früher waren sie ganz unmöglich).

Literatur: *Naturschutzgebiet Taubergießen* (Hrsg.: Staatl. Naturschutzverwaltung Baden-Württemberg). Informative Broschüre mit allen wichtigen naturkundlichen Informationen zum Taubergießen, schöne Farbfotos, mit Übersichts-Karte 1:25.000, 56 Seiten, 3,60 Euro. Im regionalen Buchhandel und in der Info-Stelle 'Zollhaus Taubergießen' an der Rheinfähre Kappel-Rhinau.

Karte: Für Touren im rheinnahen Ried ist eine gute Karte noch unverzichtbarer als sonst, gerade wegen der vielen reizvollen Badegewässer, der oft versteckten Zuwege dorthin, aber auch wegen der Radwege in den Rheinauen und im Ried (wie hier beschrieben). Am besten geeignet: Wanderkarte 1:50.000 vom Landesvermessungsamt (Mitarbeit Schwarzwaldverein) Blatt 4, Offenburg/Hornberg.

Gästezimmer/Unterkünfte zu diesem Kapitel vgl. unter: Schwanau-Wittenweier, *Krone*, Neuried-Altenheim, *Ratsstüble*. **Sehr empfohlen**: Rebstock in Kehl, vgl. unter 'Straßburg'.

Ruhige Ausgangspunkte für Touren: Neben den bekannten Zugangstellen im Naturschutzgebiet Taubergießen, empfehlen sich die folgenden, ruhigen Ausgangspunkte für Exkursion (und Bad) von Süd nach Nord: Schwanau-Wittenweier (Parkplatz am Altrhein). Nonnenweier (die Landstraße 100 führt vor zum Rhein), Neuried-Ichenheim (Parkplatz am Anglerheim/Blattsee, sowie vorne direkt am Rhein), Neuried-Altenheim (Parkplätze am Badesee 'Fohlenweide' und weiter vorne am Rhein, von dort auch Zugang zum lohnenden Rheinaueweg).

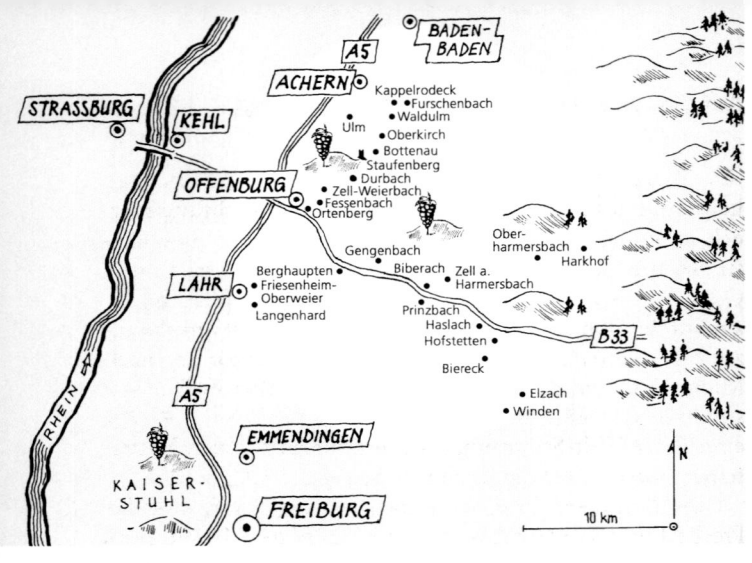

Ortenau am Wein lang

Auf schmalen Straßen durch die Ortenau. Aus dem Kinzigtal über die Weindörfer bei Offenburg rauf zum Schloß Staufenberg. Zwischen Steillagen, Waldrändern und Obstwiesen pendeln, Vesperstuben anlaufen, unter Fachwerk einkehren.

Die Runde durch die höhere Ortenau beginnt weder in der Ortenau, noch im Wein, was ausnahmsweise mal der künstlerischen Freiheit geschuldet ist. Und dem überlegenen Landschaftseindruck, der sich bietet, wenn man aus dem Elztal auf einer erst krummen und dann überraschend steilen Nebenstraße rübermacht ins Kinzigtal, rauskommend in **Hofstetten** bei Haslach. Die nostalgische Paßfahrt über eine aus dem Hauptverkehr geratene Paßstraße führt über Biereck und bietet zudem gleich zwei gastronomische Haltepunkte: Auf der alten Paßhöhe *Biereck* ein stattlicher Ausflugsgasthof, unten in Hofstetten wartet mit den *Drei Schneeballen* eines der selten Exemplare reeller Landgasthof.

142

Auf die krumme Tour - vom Elztal ins Kinzigtal

Schon kurz vor **Elzach** könnte man links abzweigen in Richtung Biederbach und Muckenloch, das nicht ohne Grund so heißt. In Finsterbach (Name dito) dann ab in Richtung **Biereck**, einem einsam gelegen Höhengasthof an der alten Paßstraße, die früher rüber nach Haslach im Kinzigtal führte. Oder man bleibt noch ein paar Kilometer über Elzach hinaus auf der Bundesstraße 294, die nun den Hauptverkehr anzieht und über Prechtal und die Paßhöhe **Heidburg** nach Mühlenbach ins Kinzigtal führt. Nachdem also die Bundesstraße den Verkehr bindet, ist oben auf der Biereck wieder eine Ferne-Welt-Stimmung, die gut zur entrückten Mittelschwarzwälder Waldlandschaft paßt.

Der Hauptverkehr zieht derweil durch Elzach und das Prechtal und wie so oft in den großen West-Ost-Tälern des Mittelschwarzwaldes passen die alten, engen Ortsdurchfahrten nicht mehr zum Verkehr von heute. Die Folge ist ein ziemliches Geschiebe überall dort, wo es noch keine Umfahrungen gibt, wie etwa in Winden oder Elzach. Zwangsläufig gibt es auch Gelegenheit, mit anzusehen, wie aus einer *Hirschen-Post* ein *Mykonos* geworden ist, das dann bei der nächsten Tour schon wieder blinde Scheiben hat. Der Schwanen hat sich derweil in eine Pizzeria verwandelt. Vor dem nächsten Ortsschild das deutschlandweit übliche Dazwischenland: Grünschnittdeponie, Baumarkt, Fliesenmarkt, gerne auch mal eine Mehrzweckhalle, Uwe's Treff oder was in der Art.

In Winden ist Stau, in Oberwinden demnächst 'Sektparty', im Herbst gehört, wie mittlerweile überall im geeinten Deutschland, der Kürbisverkauf zu den augenfälligsten Bemühungen zur Verschönerung der Hausfronten. Gibt es eigentlich noch etwas anderes als die flächendeckende Halloween-Nachäfferei? Herr und Frau Mustermann haben es doch sonst nicht so sehr mit amerikanischem Brauchtum. Das Kürbiswachstum mal ausgenommen, es sieht nicht mehr so sehr nach Dynamik und Aufbruch aus in der Provinz. Auch was den Straßenbau angeht, zeigen gerade diese geplagten Täler, daß der Südwesten längst am Rand der Republik liegt.

Nicht nur, aber auch im Elztal ist es wohl noch etwas zu früh, im Falle einer ganz gewöhnlichen, kleinstädtischen Ortsdurchfahrt über 'broken Windows' und den Folgen zu reden. Die Dinge entwickeln sich aber in die Richtung. Mit Billigkneipen, Ramschläden, Leerständen und den bundesweit präsenten Discounter-Filialen in ehemals geschätzten Lagen. Während in den Speckgürteln die properen Einfamilienhäuser und Drittwagen stehen, geht der Funktionsverlust in den ehemaligen Handwerker- und Kleinindustriezentren in die nächste Runde. Munter vorangetrieben von Stadträten, die in der Mehrzahl kaum mehr in der Innenstadt wohnen, diese aber nach ihren Vorstellungen verpflastern, behübschen und verkehrsberuhigen. So langsam bekommt die Gemütlichkeit auch in der hinterbadischen Provinz einen ziemlich garstigen Anstrich. Andererseits, was heißt schon so langsam. Am 5. September 1922 erschien im 'Daily Star' von Toronto die Reisereportage eines gewissen Herrn Hemingway, der im Rößle zu Oberprechtal gegessen hatte, unter dem Titel: „German Inn-Keepers Rough Dealing with 'Auslanders'". Hemingway bekam zwar durchaus ordentlich zu essen, das war's dann aber auch. Seine Unterkunftsanfrage wurde vom Wirt, der sich die „Zwiebelsuppe aus dem Bart sog", harsch abgewiesen: „Ihr könnt hier überhaupt keine Zimmer bekommen, heute nicht und morgen nicht und nie, ihr Ausländer…" Verständlich, daß das Rößle auch Jahrzehnte danach nicht mit seinem berühmten Gast werben möchte. Quartier bekommt man heute ohne Probleme. Im Oberprechtal ist übrigens auch die aus Funk und Fernsehen bekannte Schwarzwaldfamilie Jäckle zu Haus. Ihr Domizil steht gleich oberhalb der Durchgangsstraße, Rauhputzfassade, ein Schild verspricht Übernachtung/Frühstück für 20 Euro pro Person.

Gasthaus Rössle am Biereck

Endlich ins Grüne

Rüber ins Kinzigtal: Zum *Gasthof Rössle/Biereck* führt auch eine romantische, praktisch verkehrsfreie Waldfahrtstraße. Die zweigt von der B 294 (Elzach-Haslach) direkt an der Paßhöhe **Heidburg** (520 m) ab und führt über den Schloßhof und unterhalb der ehemaligen Heidburg hindurch, zur alten Paßstraße zwischen Elztal und Kinzigtal. Die Waldpassage auf schmaler, aber gut geteerter Straße führt durch dichten, nicht allzu alten Nadelwald, der immer wieder von Lichtungen unterbrochen wird. Mehrfach wird der 'Hansjakobweg' gestreift, der von Hausach heraufkommt. Nach dreieinhalb Kilometern ist die alte Direktverbindung zwischen Haslach und Elzach erreicht, der *Gasthof Rössle* oben an der Biereck (598 m) wartet nun nicht mehr in seiner alten Funktion als Pferde- und Umspannstation, sondern in einer zeitgenössischen, eher als Ausflugs-, Wochenend- oder auch Bikerziel (ähnlich wie die 'Drei Schneeballen' in Hofstetten, die wir nachher besuchen). Geblieben ist die herrliche, nun ruhige Lage zwischen Hochwald und weitem Taleinschnitt mit offenem Weideland, das nach Norden zum Kinzigtal hin abfällt, also eher ein Sommer- als ein Winterziel, besonders wegen der großen Freiterrasse. Warme Standards in der Bratwurst- und Schnitzelklasse, breites Vesperangebot; Gästezimmer. Außenrum Platz und Luft zum Durchatmen.

Kinzigtalabwärts

Runter ins Kinzigtal nach Hofstetten und Haslach führt nun eine ziemlich sagenhafte Waldstraße, am Ende nach Hofstetten 'geech' abwärts und damit zum Bremsentest bestens geeignet. Aber schon vorher nicht nur auf dem Rad, sondern auch im Cabrio ein Genuß, wobei die wenigen jungen Frauen, die einem hier an einem Wochentag begegnen, eher mit Landrover als mit offenem Verdeck unterwegs sind.

Nur ein paar verstreute Höfe teilen sich die weiten Hochflächen am Tochtermannsberg, auf dem Asphalt halten sich die Spuren vom Holzschleifen ziemlich lange und die alten, moosüberzogenen Sandsteinquader am Straßenrand passen bestens ins Bild. Schließlich sind wir hier im Kernland des Hansjakob-Schwarzwaldes. *Heinrich Hansjakob* aus Haslach im Kinzigtal (1837 - 1916) war, typisch 19. Jahrhundert, alles in einem: Erst Lehrer (Waldshut und Donaueschingen), dann Pfarrer (Priesterseminar in St. Peter; Stadtpfarrer u.a. in St. Martin in Freiburg, 1884-1913), später Reisereporter und Volksstückschreiber, aber auch Politiker, Abgeordneter und Volksheld, Förderer einer der ersten Winzergenossenschaften (als Priester in Hagnau am Bodensee), zwischendurch Mahner, Aufwiegler und wohl noch einiges mehr, also Menschenfreund und Seelsorger im Wortsinne. Seine zeitkritisch-moralischen Schriften, darunter über 70 Bücher u.v.a.: 'Verlassene Wege' und 'Letzte Fahrten' (1902), 'Sommerfahrten' (1904) und 'Alpenrosen mit Dornen' (1906) erzählen von langen Kutschentouren durch die Lande, die bis Bayern und in die Schweiz führten, also nicht ganz Humboldt, aber immerhin. Nach seiner bewegten Zeit und Jahren in Freiburg verbrachte Hansjakob seine letzten Jahren wieder im Heimatort Haslach, wo auch seine Eltern begraben sind. Hansjakob wurde 1916 in einer eigenen Grabkapelle in Hofstetten bestattet.

Nicht nur zur Forellensafari - Drei Schneeballen, Hofstetten

Natürlich aß, saß und verweilte Hansjakob auch in den *Drei Schneeballen* in Hofstetten (ein Dreibänder von ihm heißt 'Schneeballen') und es zog ihn auch in den Ferien hierher. In der guten Stube hängt sein Portrait gegenüber vom Eingang. Auch sonst ist das Haus ganz Tradition und von drinnen so ansehnlich wie von draußen, und damit schon mal die Ausnahme unter all den neudeutsch vermöbelten Landhausschlössern in der Umgebung. Gewirtet wird seit 500 Jahren, im Familienbesitz von Anfang an. Und bis heute ist Seniorwirt schier allgegenwärtig, verschmitzt lächelnd, mit den Drei Schneeballen auf eine Art und Weise verwachsen, die es heute nicht mehr so oft gibt. Sein Mittagessen wird am Stammtisch genommen, er grüßt und verabschiedet zwischendurch, lebt mit allem und allen. Auch unter den Gästen viel Stammpublikum, in breiter Aufstellung von der Vereinsjugend bis zu den älteren Herrschaften auf Forellensafari. So auch die Karte, die das Spektrum bürgerlicher Wünsche abdeckt. Die Forellen werden im alten, bachwassergespeisten Milchhäusle gehalten und nacheinander als Duett serviert; sonst alles vom Vesper über Wild bis Steak in einer auf Anhieb behaglichen, traditionellen, aber nicht überladenen Kachelofen- und Ge-

weihstube (Senior ist Jäger). Freiterrasse, komfortable Gästezimmer und Appartements.

Hansjakobs vielfältiges Wirken hat in Hofstetten offensichtlich manchen Bürger zu Wohltaten gestimmt. Die Dorfkirche gleich neben den Drei Schneeballen verdankt einige
ihrer Bleiglasfenster bürgerlichem Engagement. Ein ehemaliger Bürgermeister, der Ratsschreiber und die Wirtsleute
Neumaier sind jeweils zusammen mit ihren Frauen als Spen-
der festgehalten.

Im Tal des Hofstetter Bachs wird das **Kinzigtal** bei **Haslach**
erreicht. Ja, was soll man schreiben über eines der großen
West-Ost-Täler im Mittelschwarzwald, in dem das alte Gewer-
be der Holzflößerei längst vom Verkehrsfluß auf der B 33
abgelöst wurde. Die Kinzig gilt als Hauptfluß der Ortenau,
im Bildband wird das Tal gar zur „Seele der Ortenau". Gleich
wie, schon die alte Römerstraße durchs Tal verband Straßburg und Rottweil. Vom Kloster Gengenbach (gegr. im 8. Jh.)
ausgehend wurden dann Haupt- und Seitentäler besiedelt, bis
Gengenbach (Reichsstädtchen bis 1801) reichen die Rebhänge und mit der historischen Altstadt und den barocken Fachwerkbauten ist Gengenbach bis heute ein Ziel, wobei das Etikett vom 'Rothenburg am Oberrhein' etwas zwiespältig ist.
Was die Reisegruppendichte angeht, kann es die Heimatstadt
Victor von Scheffels und Wolfgang Schäubles nicht mit Rothenburg aufnehmen, was ja kein Fehler sein muß. Wer das
sehenswerte Altstadtensemble durchs alte Stadttor betrit und
in Richtung der stattlichen Rathausfassade geht, wird allerdings schon auf dieser Kurzpassage mehrfach irritiert.

Nur eine Szene aus einem deutschen, historischen Stadtkern im Sommer 2003: Zur Linken, gleich nach dem Stadttor erblicken wir die schmucke historische Fassade vom Gast-
haus-Metzgerei Engel. Davor laden stapelbare, dunkelblaue
Plastikstühle zum Verweilen auf dem alten Pflaster ein, an
erster Position auf der aushängenden Karte: Putengerichte.
Pute in einem deutschen Metzgereigasthaus. Wer behauptet
eigentlich, die deutsche Handwerksordnung sei schützens-
wert? Ein paar Häuser weiter, in der nicht minder schmucken

Volksbank ohne Sparkassenarchitektur - in Gengenbach

'Sonne' wird das Putenschnitzel als Seniorenteller verab-
reicht, 'Wildcremesuppe Hubertus' und andere Memorials
aus der Forellenhofzeit gibt es dort auch. Ja, was wäre die
Wellnessbewegung ohne die Pute. Man müßte allen Puten-
liebhabern mal ein Wellnesswochenende auf einer Putenfarm
spendieren, eventmäßig animiert mit Stallrundgang und so,
der Brechreiz dürfte garantiert sein.

Zur Ehrenrettung des Stadtbildes tragen in Gengenbach
allerdings zwei Institutionen bei, die mit ihrer leider Begriff
gewordenen 'Sparkassenarchitektur' sonst eher gegenteilig
auffallen. Sparkasse und Volksbank residieren - unter Verzicht
auf jedes demonstrative Blendwerk - hinter ansehnlich, historischer Fassade.

Das Eiscafé Michelangelo leistet sich und seinen Gästen
statt Kunststoffpresslingen immerhin Aluminiumstühle im
Bistrostil. Die passen zwar nicht unbedingt nach Gengenbach, aber immerhin, der Wille ist da. Gibt es in Deutschland
eigentlich keine ansehnlichen Holzstühle mehr?

Kinzig-Geschichten

Bis zu einem halben Kilometer lang waren die Holzflöße, die auf der Kinzig rheinwärts gesteuert wurden: Bauholz aus dem mittleren Schwarzwald für die rasch wachsenden Städte am Niederrhein. Als Oblast trugen die zusammengebundenen Stämme auch Erze, Harz und Holzkohle. Geflößt wurde bis Holland und fast bis zum Beginn des 20. Jh., mit dem Bau von Rheintal- und Kinzigtalbahn hatte die Flößerei dann ein Ende. An der Einmündung von Nebenflüssen gelegen, entwickelten sich Schiltach und Wolfach zu Zentren der Kinzigflößerei. Die Flößer sind auf zeitgenössischen Darstellungen als kräftige Burschen zu sehen, verwegener dreinschauend als die mittels Straßenverkehrsordnung domestizierten Fahrer der Langholztransporter von heute.

Längst fließt die Kinzig begradigt und eingedämmt, und die Fahrt auf der Bundesstraße talauswärts macht keine Freude. Zu viel Kolonnenverkehr und Kolonnenarchitektur, Tankcenter und Kleinindustrie, dazu das gemischte Doppel von Verbandskläranlage und Modellflugplatz.

Im Bildband 'Die Ortenau' (G. Braun, Karlsruhe) gibt es eine alte Aufnahme. Sie zeigt das Kinzigufer bei Ortenberg. Im Vordergrund steht eine Frau am Waschtisch, daneben im seichten Wasser zwei verzinkte Waschzuber und badende Kinder. Auf der Wiese liegt die Wäsche zum Trocknen aus. Im Hintergrund führt eine Brücke mit Holzgeländer über die Kinzig, die von einem VW-Käfer mit offenem Stoffschiebedach überquert wird. Das Bild muß demnach gegen Ende der 50er Jahre entstanden sein. An das Bild muß ich bei der Fahrt auf der tückisch ausgebauten B33 denken, speziell beim Passieren der Warntafel, die den aktuellen Opferstand dokumentiert: Im Herbst 2003 waren es 35 Tote.

Ruhigere Gefilde

Möglicher Abzweig in verkehrsärmeres Land zum Beispiel ab Zell am Harmersbach, weiter dann bis Oberharmersbach und Riersbach. Aber auch hier war früher nicht alles besser. Frühe Fotografien zeigen die Höhenzüge nahezu entwaldet, der

Nicht nur 'Hahn und Henne' - Fabrikverkauf Zeller Keramikfabrik

Raubbau führte zwangsläufig zu Hochwasserschäden. Schon 1896 konstatierte die Lokalzeitung, was bis heute gilt: „wo jedes Wässerlein sorgfältig schnellstmöglich in die Niederung befördert wird". Weil jedes Wässerlein schnellstmöglich in die Ebene befördert wird, soll der Rhein nun wieder in die Breite befördert werden (mehr zum aktuellen Stand der Dinge und Polder unter 'Burkheim').

Direkt an der Durchgangsstraße von **Zell am Harmersbach** liegt die *Zeller Keramikfabrik*, ein gestreckter, schmuckloser Fabrikbau. Zeller Keramik (seit 1794) ist heute mit dem ebenso bekannten wie grundnetten 'Hahn und Henne'-Motiv in allerlei Landhausstuben präsent. Es gibt im großen Ausstellungs- und Fabrikverkaufsraum aber auch weniger putzige Motive zu sehen. Bis hin zu reinweißer Alltagskeramik (diese unter dem Label: Blanc, Zeller Fayencerie), außerdem werden preiswerte Rohlinge angeboten, zum selbst Bemalen und Glasieren. Freunde des Netten müssen sich zudem nicht auf das Motiv 'Hahn und Henne' festlegen, es gibt auch neuere Produktlinien wie 'Fleur de Provence' und 'Bella Toskana'. Solange keine Busgesellschaft einkehrt, für einschlägig Interessierte durchaus einen Abstecher wert. Im weiteren Talgang zwischen Unterharmersbach und Oberharmersbach bieten sich, besonders was die freie östliche Talseite angeht, immer wieder Abzweige von der Landstraße 94 an - offenes Wiesen- und Streuobstland, letzte Zündappfahrer. Sonnige Waldränder zum Streunen.

Einen Abstecher wert ist auch die Wandergaststätte *Harkhof*, noch weiter hinten und schon ziemlich hoch über dem Tal. Zu erreichen über **Oberharmersbach** und **Riersbach** (dort Wegweiser an der Autowerkstatt). Zuletzt eine etwas mühsame, aber keinesfalls reizlose Bergfahrt über fünf Kilometer Schmalspurstraße (bucklig, aber geteert). Wegen der Fuchs- und Has'-Lage auf 700 Meter über dem Meer, wegen kernig, rustikalem Vesperangebot und ebensolcher Stimmung ein Urtyp in der Klasse solide Bergvesperstube. Das Speisenangebot ist zwar recht klein, alle Wurst aber tatsächlich hausgemacht wie das gute Holzofenbrot. Die (erst unlängst renovierte) deftig mit Holz ausgeschlagene Stube vermittelt dazu das nötige Nestgefühl. Wer auf großer Tour ist, findet Zimmer und Matratzenlager (der Harkhof liegt am Westweg und am Fernwanderweg Ostsee-Alpen). Aber nicht nur Fernwanderer, auch für eine Schleife nach dem Vesper bieten die einsamen Wälder rundum genug Auslauf und die Weiden um den Hof ein paar warme Liegeplätze im Sommer (im Winter beliebte Schlittenpisten). Alles zusammen eine kompakte Bergfahrt.

Weiter im Kinzigtal bis Offenburg

Bei Verzicht auf den lohnenden Abstecher ins Tal des Harmersbaches, wäre **Gengenbach** der nächste Haltepunkt. Wer auf die eigentlich obligatorische Innenstadt- und Fachwerktour im Städtle verzichten kann, findet zwei gastronomische Alternativen auf der anderen Seite der Kinzig: zunächst das *Kreuz* im langgezogenen Tal von **Prinzbach,** bei Biberach. Eine bewährte Traditionsadresse, volksnah, leistungsfähig und sympathisch unprätentiös, vom Vesper über die Forelle bis zur Sonntagmittageinkehr, die im mittleren Kinzigtal an so einem Platz noch regelrecht begangen wird (Braten, Misch-

Ausflügler vor dem Kreuz in Prinzbach

gemüse und Kroketten!). Innen wurde das Haus im verschärften Landhausstil renoviert, ein neuer Kachelofen sorgt für neorustikale Gemütlichkeit. Wandermöglichkeiten gleich vom Haus weg, zunächst über Obst- und Wiesenland, später viel im Wald. Eine ruhige entspannte Gegend, ohne großen Freizeitdruck.

Ein paar Kilometer weiter talabwärts in **Berghaupten** (Höhe Gengenbach), ebenfalls auf der anderen Seite der Kinzig eine Einkehr mit gehoben bürgerlichem Angebot. Am *Hirsch* wurde im Laufe der Jahre sichtbar wieder und wieder angebaut, verbessert, verblendet, getäfelt und geplättelt. Auch innen zeigt sich das Haus erstaunlich vielseitig, von der guten, in gedrosseltem Landhauschic aufgemachten Stube bis zum Konfirmationsessen im klimatisierten Saal gibt es Räumlichkeiten für allerlei Ansprüche. Auch hinten raus fällt die Intensivnutzung der Liegenschaft ins Auge, viel mehr umbauter Raum dürfte auf dem Grund kaum unterzubringen sein. Als Restaurant (mit Michelin *Bib*-Symbol) müht sich der Hirsch um eine gepflegte Landgasthofküche. Vom Sauerbraten über die Entenbrust bis zum Saisonmenu wird geboten, was in dieser Klasse erwartbar ist. Aufmerksame Bedienung,

„Pralinen machen nicht dick, sie formen." Discher, Offenburg

eine sichere Einkehr, wenn es um mittelschichtgemäße Kulinarik geht. Moderne Gästezimmer. Der Ortsname 'Berghaupten' erinnert im übrigen an den einzigen Standort des Steinkohleabbaus in Baden, gefördert wurde bis nach dem Ersten Weltkrieg.

Offenburg - Maya Trüffel und Schwarzwaldkaffee

Am Ausgang des Kinzigtals **Offenburg** (alter Journalistenspott: 'Burdapest'), das Zentrum der Ortenau steht hier und heute aber ausnahmsweise nicht im Focus des Interesses. Allenfalls ein paar süße Fakten zu den überraschend speziellen Einkaufsmöglichkeiten in der weitgehend autofreien Innenstadt: Zentral und prominent im historischen Salzhaus, mitten in der Fußgängerzone der *Chocolatier Discher*. Nach Sortiment, Präsentation und Qualität sicher 'der' Chocolatier im deutschen Südwesten. Dabei konzentriert sich das Sortiment, allein 60 Sorten Pralinen, von der zibärtlegefüllten Schokobohne über klassische Trüffel, bis zum mit Chili getunten 'Maya Trüffel', ausschließlich auf Schokolade und verfeinerte Schokoladenderivate. Als Basis der dunklen Pralinen dient Schweizer Couvertüre mit dem vergleichsweise moderaten Kakaoanteil von 66 Prozent, der jedoch für besonders zarten Schmelz und komfortables Mundgefühl sorgt. Ein höherer Kakaoanteil schmeckt dagegen oft „nur noch staubig auf dem Gaumen", weiß Ute Dahmen, die den Betrieb zusammen mit ihrem Vater Hans Discher führt. Dank der frischen, kundennahen Produktion kann bei den mit Obstbränden gefüllten Schokobohnen auch auf jene innere Hohlraumversiegelung mit Zuckerkruste verzichtet werden, die bei Industrieprodukten aus Gründen von Haltbarkeit und Dichte üblich ist. Discher ist demnach kein kunterbunter Süßwarenladen, sondern eine seriöse Quelle für ernsthaft Bedürftige. Dafür spricht allein schon der betörende Duft, der einen in dieser begehbaren Pralinenschachtel wie gefangen hält. Aber keine Panik, dem Hause Discher verdanken wir eine beruhigende Einsicht: „Pralinen machen nicht dick, sie formen." Sie formen und sie schmecken verdammt gut, ich kenne keine zweite Adresse im Südwesten, die solche Qualität bietet.

Ebenfalls in der Fußgängerzone, nur etwas versteckter in der Spitalstraße gelegen, die kleine Kaffeerösterei *Schwarzwald-Kaffee:* Diverse Hausmischungen, darunter auch eine, die speziell auf die modernen Espresso-Vollautomaten abgestimmt wurde, sowie zehn Sorten sortenreiner Kaffee werden in kleinen Mengen und sehr schonend, also vor allem langsam geröstet. Der Ofen hierzu steht direkt im Laden, ein Röstvorgang dauert ca. 20 Minuten und nicht, wie in Großröstereien üblich, fünf Minuten. Der langsame und gleichmäßige Röstprozeß senkt den Säure- und Koffeingehalt und verhindert ein Verbrennen der aromatragenden Kaffeeöle. Langsames Rösten bei niederen Temperaturen entspricht somit dem italienischen Umgang mit der Kaffeebohne, wo es noch eine Kundschaft für die handwerkliche (und damit auch magenschonende) Tradition der Rösterei gibt.

In Deutschland, wo bis heute wenige Großanbieter den Markt bestimmen und immer neue Preiskämpfe austragen, wird nach dem Diktat ökonomischer Prozeßoptimierung geröstet. Das heißt in erster Linie schnell und mit hoher Tem-

Schonende Röstung, mehr Genuß. Schwarzwaldkaffee, Offenburg

peratur. Auf die Schnelle gerösteter Kaffee ist natürlich billiger produziert, er hat allerdings eine höhere Restfeuchte, mehr Säure und Koffein. Aber das ist dort kein Argument, wo die Tradition nicht dem Aroma und der Bekömmlichkeit, sondern dem Einsparen von ein paar Cent auf's Kilo Kaffee gilt.

Mit Schwarzwald-Kaffee gibt es also auch in Offenburg eine schöne Gelegenheit zur Optimierung einer Leidenschaft. Zu Philippe Sutys Rösterei in der Spitalstraße gehört eine kleine Schankstube, in der die verschiedenen Sorten und Zubereitungen probiert werden können. Nostalgische Dekoration, Sitzmöglichkeit drinnen und draußen. Netter Mensch, angenehme Stimmung und das beste: Der Qualitätsunterschied zum Industriekaffee fällt auch zuhause sofort auf - Crema dichter, Aroma intensiver, Kaffee bekömmlicher - seit ich den Laden kenne, kommt nichts anderes mehr in den Siebträger.

Im Focus

Nochmal zurück zum *Focus*. Anläßlich leidvoller Erfahrungen im heißen Sommer 2003 hat Helmut Markwort im Editorial des Focus völlig zu recht reklamiert, daß ein Rotwein nicht mit Zimmertemperatur zu servieren sei. Zimmertemperatur bedeutet im Oberrheinischen Sommer eben auch mal 30 Grad und mehr. Ein Wirt, der Rotweine bei solchen 'Raumtemperaturen' auf der Theke stehen hat, meint es nicht gut mit seinen Gästen (abgesehen davon, daß 'chambriert' 16 bis allenfalls 18 Grad Celsius bedeutet).

Ein anderer Gegenstand volkspädagogischer Belehrung, dessen sich die Großpresse mal annehmen könnte, wäre der Plastikstuhl im öffentlichen Raum. Der Plastikstuhl als „brutalstmögliche Antwort auf die Notwendigkeit des Sitzens", wie Renate Just einmal in einem ihrer hervorragenden Rumtreibbücher über die Münchner Regionen geschrieben hat (*Krumme Touren I und II*, Kunstmann Verlag). Die Anzahl der Plastikstühle im öffentlichen Raum zeigt ja viel deutlicher als mancher bemühte Leitartikel den aktuellen Stand der ästhetisch-moralischen Verlumpung einer Region. Ähnliche Indikatoren: Die Zahl von Kaugummiflecken auf einem Quadratmeter Innenstadt-Fußgängerzone, die Anzahl spontan ausspuckender Passanten an der Gesamtpopulation, sowie Heranwachsende, die wie lahme Greifvögel auf der Rückenlehne von Straßenbänken hocken. In der Regel genügt es aber, den Anteil der Plastikstühle an der Gesamtzahl sichtbarer Stühle zu ermitteln. In Deutschland sprechen Werte unter 25 Prozent für eine intakte Sozialstruktur, für Achtung der Bürger vor sich und ihrer Stadt. Ab 50 Prozent kippen die Dinge, Städte mit einem Plastikstuhlanteil von über 75 Prozent haben ein Problem. Den aktuellen Wert für Offenburg mag jeder selbst ermitteln, die Lage ist ernst, aber nicht hoffnungslos. Für die am Ästhetischen stets interessierte Verlegerfamilie böte sich hier jedenfalls ein weites Feld. Ein Mäzen, der die erste plastikstuhlfreie Fußgängerzone Deutschlands ermöglicht, hätte viel für seine Heimat getan. Aber die Reduzierung des Plastikstuhlanteils läßt sich eben auf keiner Bambi-Gala feiern.

Was den weiteren Verlauf betrifft, wäre auf Höhe von Offenburg zu entscheiden, ob die schräge Tour durch die Ortenau auf einem eher kurzen Weg über **Friesenheim-Oberweier** oder **Lahr-Langenhardt** gastronomisch gerundet wird. Die andere Möglichkeit: über die fachwerksatten Weindörfer hinter Offenburg durch, um bei Durbach endgültig in die Burgen- und Steillagen-Ortenau zu gelangen, wie sie von Heimatkalendern und Weinetiketten bekannt ist. Zunächst der kurze Weg nach Friesenheim und Oberweier:

Von Offenburg nach Lahr

Rosenfreunde könnten schon in **Friesenheim** schwach werden. Am Ortsrand parallel zur Bahnhofstraße kultiviert *Walter Bähr* auf gut acht Hektar Schnittrosen. Die Anlage mit ihren im Sommer halboffenen Folienhäusern ist - von Schuttern kommend - gut zu sehen. Schon vor 45 Jahren bekam Bährs Rosenleidenschaft professionelle Züge und bis heute bietet er Rosen aller Längen, Farben und Düfte, tagesfrisch vom Feld. Eine wundervolle Alternative zur giftimprägnierten, häufig auch deodorierten Flugware aus Kolumbien, wie sie von Tankstellen oder im zugigen Eingangsbereich der Kaufhäuser verhökert wird - mit so einem Produkt kann man eigentlich nur beleidigen.

Bähr vermarktet seine Rosen in der Menge über Blumenhandlungen, die direkt bei ihm abholen, aber auch Privatkunden werden im Umschlagplatz an der Hauptstraße 1 versorgt (Hauptstraße/an der Kreuzung mit der B 3, von Mai bis November, zu Ladenzeiten bis ca. 17.30 Uhr. Ansonsten gibt es die Pracht noch auf dem Freiburger Wochenmarkt, wo Bähr mit eigenem Stand präsent ist.

In lang gezogener Straßendorfbesiedlung führt die Hauptstraße von Friesenheim rauf nach **Oberweier.** Dort gehört der *Mühlenhof* nach Lage und Anblick in die Kategorie jener leistungsfähigen Gasthöfe, die sich in etwa parallel zum Bruttosozialprodukt entwickelt haben. Schon früher zur Zeit des Aufschwungs war hier ein gesetztes Ziel für die familiäre Sonntagmittageinkehr, in den 90er Jahren muß es dann noch-

Properer Landgasthof, Mühlenhof in Friesenheim-Oberweier

mal einen gewaltigen Schub gegeben haben, was schon am
selbstbewußt säulengeschmückten Eingang zu sehen ist.
Auch drinnen zeigt sich hier, daß sich die Provinz, was Lebensqualität und Genußnähe angeht, längst emanzipiert hat.
An einem normalen Sonntagmittag sieht man jedenfalls genug zufriedene Gäste und ein Sommerabend auf der Terrasse wäre ein passender Anschluß auf einer langen Tour durch
die Ortenau. Die Selbstverständlichkeit und Routine, mit der
hier bürgerliche Standards geboten werden, ist die Stärke des
Mühlenhofs. Was der eingewachsenen Terrasse an Blick fehlt,
wird durch diese Tugenden mehr als ausgeglichen. Ein leistungsfähiger Landgasthof, der mit seinen Preisen auf dem
Boden bleibt, Zuverlässigkeit geht vor Eleganz, breites Weinangebot, munterer und auffallend gastfreundlicher Service.
Dazu komfortable Zimmer, falls es auf der abendwarmen
Terrasse später werden sollte.

Sauerkraut im Katjuscha-Laden

Oft wirkt sich der Weltengang besonders schnell in der Provinz aus und da hat es das Schicksal mit **Lahr** nicht nur gut
gemeint. Lange Jahre profitierte die ehemalige Kreisstadt vom

CREDITCALL

Круглосуточно, 24 счастливых часа!
Никаких скрытых доплат!

Россия	до 64 мин.	ДМ 0,39
Москва	до 131 мин.	ДМ 0,19
Казахстан	до 49 мин.	ДМ 0,51
Украина	до 65 мин.	ДМ 0,38
Армения	до 42 мин.	ДМ 0,59
Азербайджан	до 42 мин.	ДМ 0,59
	а также :	
Эстония	до 64 мин.	ДМ 0,39
Грузия	до 42 мин.	ДМ 0,59
Израиль	до 64 мин.	ДМ 0,39
Киргизия	до 28 мин.	ДМ 0,89

Fernweh - Telefontarife von Lahr nach Osteuropa

kanadischen Militärflugplatz, für den schon seit einem Jahrzehnt nach einer zivilen Folgenutzung gesucht wird. Ähnlich, aber noch drastischer als in Bremgarten im Markgräflerland zeigt sich hier, wie mühsam die Konversion solcher Flächen geworden ist. Derzeit wirbt ein Plakat an der A 5 für das Areal „with one of the strongest runaways in europe". Für einen Teil der ehemaligen Militärunterkünfte wurde bald nach Abzug der Streitkräfte eine neue Verwendung gefunden. Sie dienen seither Spätaussiedlern zur Unterkunft, die Konzentration in einem geschlossenen Viertel führte zu erwartbaren Folgeproblemen, an denen die Stadt bis heute leidet. Eines der sprichwörtlichen Gespräche mit dem Mann auf der Straße genügt, um zu erfahren, wo der Schuh drückt. Die Lokalpolitik wattiert das Thema mit den üblichen Floskeln. Ja, unser aller „mühsame Integrationsprozesse".

Dabei war Lahr - noch vor Offenburg - der erste Ortenauer Industriestandort. Leinenweberei, Schnupftabak, später die Feinschnitt- und Kräftigzigarettenfabrikation, auch Weinhandel und Verpackungsproduktion sorgten für die vergleichsweise frühe Entwicklung der Stadt zu einem Handelsmittelpunkt im Oberrheintal. Gründerzeitlich ausgefalle-

Fernblick - von der Eiche, Lahr-Langenhard

ne Fabrikantenvillen neben dem großzügig angelegten Stadt-
park und in den sonnigen Hanglagen darüber erinnern an die
Blüte der Stadt. Schon zur Mitte des 19. Jh. sorgte der Bau
der Rheintaleisenbahn, deren Trasse westlich außerhalb der
Stadt verläuft, in Offenburg dagegen das Zentrum erreicht,
für ersten Bedeutungsverlust. So hat Lahr heute dieselben
Probleme, wie sie -zig andere dieser kleinen, strukturschwä-
chelnden Mittelzentren haben, deren etwas fleckig geworde-
ne Innenstädte kurz nach Ladenschluß savannenhafte Züge
annehmen, durchstreift von Heranwachsenden in legerer
Turnbekleidung. Und eine klitzekleine Spätfolge der großen
Entspannung ist eben auch, daß es Lahrer 'Katjuscha-Laden'-
Sauerkrautkonserven wie zu Hause gibt, natürlich auch Tele-
phonkarten für den Rückruf nach Moldawien und die üblichen nationalen Devotionalien (in Büchsen), die ein wenig
Halt geben. Also gerade so, wie es wir Deutsche auch in Ri-
mini schätzen. Somit zeigt Lahr, Europa ist noch lange nicht
fertig, aber schon etwas.

Von weiter oben, zum Beispiel vom sonnigen **Langenhard**
aus, sieht vieles ganz anders aus. Schon die Auffahrt stimmt
entsprechend ein, entweder von Sulz, oder vom östlichen

Stadrand von Lahr aus dem Schuttertal über eine reizvolle Waldpassage (Abzweig von der B 415 bei den Herzkliniken). Oben sanft geneigtes Weideland zum Durchatmen, viel Platz und ein paar Einzelhöfe. Wer von Lahr aus herauffährt, erreicht zunächst den Hof von *Markus Bühler* (unmittelbar rechts der Straße). Im kleinen Hofladen ein überraschend großes Sortiment an Wurst (vollkonserviert in Dosen, aber auch im Darm - dann teils geräuchert). Dazu Schinken und Speck, Honig und Marmelade, Apfelsaft und Apfelwein, sowie an drei Tagen in der Woche das frisch gebackene Bauernbrot - ein Beispiel leistungsfähiger Selbstvermarktung.

Im weiteren Straßenverlauf wird mit der *Eiche* (und nur mit dieser) eine Gaststätte erreicht, die eine der schönsten Westterrassen der Region bietet. Knapp 400 Meter über dem Meer, also gut 200 Meter über dem Rheintal, wartet eine solide Ausflugsgaststätte in Panoramalage, deren Freisitz für sich spricht. Akropolisblick nach Westen, die Plätze an der geschützten Hauswand erlauben langes Verweilen ohne Abendkühle, bei Hitze bieten sich die Tische im Kastanienschatten an. Dazu bemerkenswert gute Vesper aus eigener Schlachtung mit gutem Holzofenbrot. Anständige warme Gerichte, vom kleinen Panierten bis zum Wildschweinragout. Ab Oktober mittwochs Schlachtplatte. Nach langer Tour, aber auch zum Ausklang eines träge vergeigten Sommertages gibt es kaum einen besseren Platz zum westwärts Träumen als die Eiche auf dem Langenhard.

Weinland zwischen Kinzigtal und Renchtal

Ab Offenburg weiter hinten rum: Am Eingang des Kinzigtals markiert *Schloß Ortenberg* (gleichnamiges Weingut) den Beginn einer Strecke, die mit sämtlichen Zutaten der Weinstraßenromantik gespickt ist. Auch wer im Kaiserstuhl, im Markgräflerland oder sonstwo mitten im Wein lebt, sollte sich von hier aus mal durch die Vorberge über Durbach und Burg Staufenberg bis nach Oberkirch hangeln. Dichter gepackt, burgengekrönter, steiler und fachwerksatter ist badisches Weinland nicht zu bekommen. Die in solchen Regionen unvermeidlichen Nebenwirkungen, weinselige Folklore und gastronomische Übergriffe halten sich in vergleichsweise erträglichen Grenzen, kulinarische Höhepunkte freilich auch.

Als Ausgangspunkt dient **Ortenberg** bei Offenburg. Das weithin sichtbare Schloß (Jugendherberge!) über dem Ort geht vermutlich auf eine Zähringergründung zurück, die heutige Anlage in markanter Bestlage über den Rebhängen wurde im englischen Stil mit gotisierenden Formen von Friedrich Jakob Eisenlohr geschaffen. Dehio, das Handbuch deutscher Kunstdenkmale, bemerkt zum Aspekt knapp: „Interessantes Beispiel der Neugotik, etwas trocken."

Von Ortenberg führt die Kreisstraße über *Käfersberg* nach *Fessenbach*, also recht dicht am Ostrand Offenburgs entlang. Das Landschaftsbild ist hier aber keinesfalls vorstädtisch, vielmehr ländlich-bukolisch, immer noch. „Seitlich schmiegten sich die Weindörfer in die Falten der Vorberge." Schreibt Otto Flake 1955 in 'Schloß Ortenau'. Flake (1880 -1963) wird als bedeutender Schriftseller gerade wiederentdeckt, seine Werke vereinen in einem sentimental lakonischen Ton feinen Landschaftsblick und soziale Panoramen, soeben ist bei Manesse sein Roman 'Hortense oder die Rückkehr nach Baden-Baden' neu erschienen. Große Literatur und ein inspirierender Begleiter auf Touren in der Region (vgl. auch Baden-Baden, Lichtentaler-Allee).

Noch heute „schmiegen" sich die Weindörfer, es drängt sich aber auch hier das eine oder andere Neubaugebiet zwischen die Falten des ortenauer Weinlandes. Viel dichter und satter kann ein Weindorf (oder ist es ein Schlummerort, egal), viel dichter kann ein Gemeinwesen jedenfalls nicht zwischen die Reben gepackt werden als *Zell-Weierbach*.

Weinstraßengastronomie und Daueranästhesie

Die gastronomische Situation entspricht allerdings nicht überall der Gunstlage. Im freundlichen **Fessenbach** war die *Linde* bis vor kurzem noch eines dieser übriggebliebenen Treff- und Dorfgasthäuser mit sozialem Schmelz. Ganz früher sogar noch eines dieser Universalgasthäuser, in denen sich die Wirtin in Personalunion auch um die Poststelle kümmerte, was an Tagen der Rentenauszahlung natürlich zu beachtlichem Betrieb führte. Mit Cego-Stammtisch vor dem Kachelofen und wenn's draußen warm wurde, kamen die Tische auf den gekiesten Vorplatz. Nun hängt eine neue Karte im Kästle vor der Tür, es gibt unter vielem anderem auch Toast Hawaii, im Gärtle weiße Plastikstühle und Waschbetonplatten.

Die Differenz zwischen Herrgottslage und irdischer Ausgestaltung derselben kommt einem auf Touren in besonders reicher oder ansehnlicher Landschaft ja öfter in den Sinn. Dieser angeschraubte und einfach so hingestellte Baumarktramsch, der längst bis in die hintersten Winkel ehemals strenggläubiger Täler hineindringt. Die damit korrespondierende Daueranästhesie durch öffentlich-rechtlich alimentierte Spaßvögel, vom fröhlichen Weinberg, über die Pfännletour bis zur AOK-Pfundstour. Heimatfeschtle mit 'Original Gengenbacher Flammkuchen' aus den Regalen der Metro. Breitärschige Hocks, mit denen Vereine ihre abwaschbaren Clubheime und Spritztouren finanzieren. Der Haltungsverlust innerhalb von zwanzig, dreißig Jahren, die schnauzbärtige Hopplakultur, das flächendeckend verdigerecht zugerichtete MTB- und Wellnessland. Das sind auch im europaweiten Vergleich einzigartige Leistungen, die uns niemand so schnell nachmacht. Wäre interessant zu erfahren, was die Herren Pfarrer Hebel und Hansjakob heute predigen würden.

Mit ihrer geradezu idealtypischen Fachwerk- und Geranienfassade gehört die *Sonne* in **Zell-Weierbach** gleichsam zum Inventar der Weinstraßengastronomie. Nach einer Revision im neoromantischen Stil wirken die Innenräume übersichtlich, hell und freundlich, freilich nicht mehr so traditionell wie die Fassade vermuten läßt, die eingewachsene Gartenterrasse auf Verbundstein liegt etwas im Abseits, gegenüber der Parkplätze. Die betont mehrheitsfähig angelegte Karte bietet jedem etwas, vom Vesper über den vegetarischen Teller mit Maisbratling bis zur eigenen Fischterrine, dazu kommt ein umfangreiches Angebot an Klassikern, das zu den Stärken im Haus zählt: Sulz, Leberle, in Rotwein eingelegter

Fachwerk satt - Sonne in Zell-Weierbach

Stallhase, eingemachtes Kalbfleisch. Desweiteren komfortable Gästezimmer und zentralidyllische Lage im Herzen des Ortenauer Weinlandes.

Die nächste gastronomische Station, ebenfalls mit dezidiert romantischer Weinstraßenanmutung, ist die *Blume* in **Rammersweier.** Außen Fachwerk, innen eine hergerichtete Stube mit Charme; der auf Terrassenstufen angelegte, eingewachsene Garten wirkt ansprechend, es kommt etabliertes Publikum aus den 'Schöner Wohnen'-Vierteln des Umlands. Die Karte mit Abteilungen wie 'Lust auf Vorspeisen', aus 'Fischer's Netz' und 'Fleischeslust' hält Manches bereit, das dem weiten Feld zwischen regional und mediterran zuzuordnen wäre. Saisonnähe ist auf den ersten Blick nicht zu erkennen, 'Bärlauchspaghettini mit gebratenem Gampas' (sic) stehen wie der 'warme Spargelsalat' noch im September auf der Karte. Ich habe den Platz unentschieden verlassen.

Moselverdächtige Steillagen

Über **Durbach** thront der schier komplett rebengesäumte **Staufenberg** und Durbach ist ganz Wein. *Laible*- und *Männle*land könnte man nach den beiden renommierten Weingü-

Vesperterrasse in Horstlage - Schloß Staufenberg bei Durbach

tern auch sagen, die praktischerweise am Ortseingang und Ausgang unübersehbar plaziert sind. Obenauf, im Schloß Staufenberg dann das Domizil der Weingüter des *Markgrafen von Baden*. Wobei 'oben' nur topografisch, qualitativ aber wertfrei gemeint ist. Im ansonsten stark von Winzergenossenschaften (Kappelrodeck, Waldulm etc.) und weniger von Einzelgütern geprägten Ortenauer Weinland, fällt eine Konzentration so potenter Privatgüter dennoch gleich ins Auge. Auch die teils extremen Geländeformen mit fast schon moselverdächtigen Steillagen um die 50 % sind eine Eigenart der Region, die zwischen Durbach, Burg Staufenberg und Bottenau besonders deutlich hervortritt.

Anders als im sanftwelligen Markgräflerland oder im kommunalintern sogenannten 'Heckenland' des Breisgaus gehört der Weinbau auf Extremlagen hier zum prägenden Landschaftsbild. Hänge bis über 50 % Neigung können eben noch mit Spezialtraktoren im sogenannten 'Direktzug' bearbeitet werden, das heißt, die Arbeiten im Weinberg erfolgen direkt mit dem Schlepper, an den die entsprechenden Anbaugeräte zur Bodenbearbeitung oder zum Spritzen montiert sind. Darüber können die Rebzeilen nicht mehr befahren werden, es kann dann nur noch im Seilzugverfahren gearbeitet werden (oder aus der Luft gespritzt, wie an der Mosel).

Eine Alternative zu so aufwendigen Bearbeitungsmethoden ist das Anlegen von Querterrassen, die horizontal befahren werden können. Die Terrassierung ändert das Landschaftsbild allerdings grundlegend, was auch am Staufenberg zu sehen ist. Zu einer grundlegenden Änderung des Ortsbildes von Durbach hat das heftige Tieferlegen und Einbetonieren des Ortsbaches geführt. Die Maßnahmen erfolgten offensichtlich im beliebten Stil des beherzt zupackenden Tiefbaus, wie er zu Zeiten voller Gemeindekassen und üppig sprudelnder Landesmittel auch in Durbach üblich war. Es wäre interessant zu erfahren, wie sich die verantwortlichen Leute heute für so etwas rechtfertigen.

Nördlich von Durbach führt die schmale und steile, aber überaus reizvolle Kreisstraße 5369 über Heimbach und die kleine Paßhöhe bei der Kapelle (vgl. unten 'Hummelswälder Hof') rüber nach **Bottenau**. Gleich nach dem Ortsausgang von Heimbach dann linker Hand die Auffahrt zum **Schloß Staufenberg**, sie führt kurz aber heftig durch die Reben. Das Schloß wurde seit 1832 mehrmals renoviert und erweitert. In seiner ausgesetzten Adlerhorstlage wäre das Anwesen allein schon aus panoramischen Gründen einen Besuch wert. Blick über Schwarzwald und Rheintal, wenn 'Wetter is', wie der Rheinländer sagt, auch bis zum Straßburger Münster.

Die zum Schloßgut gehörende *Weinstube* macht den kurzen Abstecher hinauf noch lohnender. Natürlich ist hier, an einem so exponierten Ausflugsziel keine lauschige Stimmung zu erwarten, Selbstbedienung und folienverschweißte Vesperkarte dämpfen entsprechende Erwartungen. Aber immerhin, man bekommt Flammkuchen oder ein Vesper mit frischem Bauerbrot, dazu eine große Auswahl der Gutsweine zu sehr anständigen Preisen. Flaschenkühler und menschenwürdige Weingläser sind ebenfalls vorhanden, was in solchen Lagen ja auch im Genießerländle Baden alles andere als selbstverständlich ist. Wenn das Wetter paßt und kein Geschwader fideler Rebländer aufkreuzt, durchaus ein Platz zum Verweilen, zumindest mittelfristig.

Sonnig und winterwarm, Rebhänge bei Durbach

Nach dem besagten kurzen, aber steilen Anstieg erreicht
die Kreisstraße von Durbach nach Bottenau die Paßhöhe bei
einer frei gelegenen Kapelle - die Reben wachsen einem in
diesem Abschnitt schon fast ins Auto. Oben bei der Kapelle
(Parkplatz, Hinweisschild 'Hummelswälder Hof') dann der
ideale Ausgangspunkt (!) für Touren durch die Weinberge, deren geometrische Struktur in der Draufsicht von hier oben
besonders deutlich wird. Der überlegene Haltepunkt wird an
Wochenenden viel besucht, parkende Autos verteilen sich
dann weit in die Wirtschaftswege hinein. Wunderschön auch
an einem sonnigen Wintertag, hier durch die warmen Steillagen zu ziehen. Gerade in der kalten Jahreszeit ist der gefühl-
te Temperaturunterschied zwischen kaltem Tal und warmer
Weinberglage ja enorm. Oft kann man hier noch (oder schon
wieder) im Hemd gehen, wenn in der Ebene noch alles ge-
froren ist. In Kombination mit der Einkehr in einer der nahen Fachwerkstuben ein seelenwärmendes Programm.

Zum *Hummelswälder Hof* wäre meinerseits zu sagen, daß
man ja immer wieder solche Hinweise bekommt, versteckt
und weit hinten, da läge so eine urige Wirtschaft. Ganz einfach, aber stimmig und erst noch gut. Skepsis, die mit den

Eher zur Grundversorgung

Jahren immer größer geworden ist und Neugier halten sich dann immer die Waage. Ja und dann fährt man halt mal hin, an so einem strahlenden Herbsttag mit Malkastenfarben, sichtbarem Atem und Vogesenblick, erläuft sich ordentlich Hunger und zieht tapfer durch bis zur Einkehr. Hinten am Waldrand, in idyllischer Lage über den Reben der Hummelswälder Hof, früher mal sicher ein schönes, altes Haus, nun mit neueren An-, Um- und Zubauten etwas verquer verbunden. Drinnen Einfachstgemütlichkeit, es ist gut voll (mit Gästen und Rauch), die Bedienung sichtbar am Anschlag, das Betriebssystem wirkt instabil, die Gäste in deutscher Demut wartend und rauchend. Nach einer Stunde dann was Warmes, der Teller war sehr voll, sonst rundum Durchschnitt. Also wieder nichts mit dem unschuldigen 'ganz-weit-hinten-Geheimtipp', den es ja sowieso nicht mehr gibt. Hunger heißt in Deutschland ja auch Kohldampf, und hier habe ich einmal mehr verstanden, warum. Sicher ein schöner Platz, aber nur zur Grundversorgung.

Zapfbatterie in der Ölmühle Walz, Oberkirch

Einkaufen in Oberkirch

Nach **Oberkirch** weiter auf der Kreisstraße zunächst zügig abwärts, dann im Tal des Weidenbachs über Bottenau nach **Oberkirch** rein. Die Renchtalmetropole leidet bis heute unter dem heftigen Durchgangsverkehr, der sich auf dem Weg zur Schwarzwaldhochstraße und noch Schlimmerem durch das eigentlich ansprechende Städtle schiebt und staut. Zwei außergewöhnliche Einkaufsplätze lohnen aber die Mühe der Passage. Die *Ölmühle Walz* liegt zudem noch einigermaßen rasch und unproblematisch anzufahren, gleich am westlichen Ortseingang. Hinten rauscht der Bach, vorne der Verkehr und zwischendrin die Mühle mit ihrem exzeptionellen Ölsortiment von gut einem Dutzend Sorten, die größtenteils direkt vor Ort und nach alter Handwerkstradition gewonnen werden.

So langsam haben es ja einige schreibende Kollegen mitbekommen, daß Haushalt und Gastronomie hierzulande bei der Auswahl des Motorenöls mehr Sorgfalt zeigen als bei der von Speiseöl. Vor gut zehn Jahren hab ich den nun üblichen Aldi-Olivenöl/Aral-Motorenöl-Preisvergleich bemüht und in den allermeisten Fällen fällt er bis heute zugunsten des Motorenöls aus. Deshalb einmal mehr der Appell: Speiseöl ist mehr als ein kulinarischer Hilfsstoff, es ist ein Indikator für die Ernsthaftigkeit, mit der jemand in der Küche zu Werke geht. Mit den unraffinierten, schonend bei niederer Temperatur gewonnenen Speiseölen der Ölmühle Walz lassen sich besonders in der kalten Küche feine Akzente setzen, die längst vergessen sind. Ein handwerklich gepresstes Öl birgt einen natürlichen Auszug und damit all jene wertvollen Inhaltsstoffe, die eigentlich für den Nachwuchs der Pflanze sorgen sollten.

Zur Ölgewinnung wird die Saat zunächst in einem Kollergang von Sandsteinen zermalmt, so aufgeschlossen wird das Mahlgut in einem Kessel milde erwärmt und dann in Stempelpressen unter Druck gesetzt. Im Laden der Ölmühle erhält man auch den 'Ölratgeber', eine kostenlose Broschüre, die über die Eigenschaften und Verwendungsmöglichkeiten der verschieden Öle informiert. Neben dem Öl gibt es im freundlich geführten Mühlenladen ein erweitertes Reform- und Naturkostsortiment.

Eine zweite Einkaufstelle in Oberkirch ist ganz anderer Natur: Die *Confiserie Gmeiner* liegt direkt an der Durchgangsstraße in der Ortsmitte. Als ich mal nach dem Weg fragte, antwortete eine Einheimische: „Ah, Sie wolle zum Kleistücklesbeck." Kleine Stückchen sind im Land der Kuchenintensivmast offensichtlich immer noch ein Manko, für Qualitätsbewußte allerdings erst mal ein gutes Zeichen. Ich will nicht mit dem üblichen Lamento zum Niedergang des Bäckerhandwerks und (leider auch) der Konditorenzunft langweilen, aber seltsam ist es ja schon, was für einen aufgepumpten Mist sich der Kunde mittlerweile vorsetzen läßt, um sich dann wieder im 'Bauch-Beine-Po'-Workout zu kasteien. So ungefähr seit es Laugencroissants gibt, geht es mit Deutschland abwärts. Bei näherem Hinsehen passen die Details ja ganz gut zusammen. Im örtlichen Buchhandel liegen ganz vorne an der Kasse: Der Cartoonband 'Pisa Alarm' von Uli Stein. Gleich daneben: 'Das große Autokennzeichenbuch'.

Dafür glänzt am Eingang der *Confiserie Gmeiner* ein sorgfältig poliertes Metallschild 'Relais Dessert International'. Nun denn, eine Fundgrube ist das Haus allemal. Natürlich im süßen Bereich, u.a. mit dem sehr ansehnlichen Tortenangebot, auch auf einen Kaffee, wobei die Innenausstattung zeigt, daß wir uns hier im Mittelschwarzwald befinden, weniger im Relais International. Aber auch das Kleingebäck und diverse andere Spezereien gefallen, allein wegen der mäuslekleinen, mit aromatischem Schinken gefüllten Hörnchen lohnt sich der Weg. Kurz aufgewärmt sind die Dinger von Apéro bis Weingelage eine schier unschlagbare Zugabe. Man muß nur aufpassen, daß auf dem Weg nicht alles weg geht.

Fachwerkstube an der Badischen Weinstraße

Von Oberkirch führt die Weinstraße als Landesstraße 86a weiter am Saum zwischen Wald und Reben bis Kappelrodeck. Schon kurz davor der Weinort Kappelrodeck-**Waldulm**. Gleich in der ersten markanten Kurve, etwas zurückversetzt und markant überm Fautenbach, der oft gelobte Landgasthof *Rebstock*. In einer an Fachwerk wahrlich nicht armen Gegend wirkt die Fassade des Traditionshauses dennoch wie ein Aushängeschild, viel malerischer geht's eigentlich nimmer. Von außen nicht, aber auch innen nicht - und hier ist der Rebstock mit seiner gediegenen, bestens angehangenen Holzgemütlichkeit wirklich eine Ausnahme. Wo andernorts hinter alter Fassade eine mehr oder auch minder geglückte Hohlraumveredlung wartet, empfängt einen hier gehüteter Altbestand (besonders im Kernbereich um die Theke). Wer sich in so einer Stube nicht wohlfühlt, muß wirklich zum Psychiater. Das Speisenangebot paßt gut zum Haus, handwerklich sorgfältig und ländlich, besserbürgerlich, eher mit Butter und Sahne geerdet und mit einem Hang zur dunkel reduzierten Sauce. Es gibt schön viel Wild und eine angemessene Weinkarte. Allenfalls bei ihrer Freude am dekorativen Aufwand, der mit allerlei Blütenblättern und Stengelein mitunter ins Schnuckelige reicht, übertreibt es die Küche auch mal. Ansonsten eine gesetzte Adresse in der Fachwerk- und Ka-

Innen und außen erfreulich, Rebstock in Kappelrodeck-Waldulm

chelofen-Klasse. Beruhigend viel einheimisches Publikum sorgt für Bodenhaftung bei Service und Preis.

Die Landesstraße 86 a vom Renchtal bei Oberkirch ins Achertal bei Kappelrodeck firmiert zwar noch immer unter *Badische Weinstraße*, aber zwischen den beiden Tälern und auch drumrum drängt sich das für die Ortenau der Vorberge so typische kleinteilige Obstland immer näher heran. Zum flachen Rheintal hin Halbstammanlagen und Intensivplantagen, an den Hängen zum Schwarzwald hoch auch noch extensive, also nicht intensiv genutzte Streuobstwiesen.

Von den etwa 22.000 noch tätigen landwirtschaftlichen Kleinbrennern Deutschlands arbeiten 15.000 in Baden und davon wiederum 7.000 im Ortenaukreis, der - nur nebenbei - der größte Flächenkreis in Baden-Württemberg ist. Die Zahl der Brenner ist, wie anderswo im Agrarsektor, rückläufig, der Hang zum Convenienceleben paßt eben nicht zum eigenbrödlerischen und zeitaufwendigen Handwerk der Brennerei. Das sogenannte 'Abfindungs-' oder auch 'Kleinbrennrecht', das als altes Privileg auf vielen Landwirtschaftsbetrieben liegt, erlaubt die Erzeugung von jährlich 300 Liter reinem Alkohol, also gut 600 Liter Obstbrand, der selbst vermarktet werden

173

kann. Den nicht vermarktbaren Alkohol der Kleinbrenner kauft die staatliche Monopolverwaltung zu einem (nicht sonderlich hohen) Garantiepreis auf. Die Kleinbrennerei ist damit mehr als pittoreske Folklore im ländlichen Raum. Ohne die Verwertungsmöglichkeit über das (an den Hof) gebundene kleine Brennrecht wäre auch die Erhaltung der alten Streuobstbestände noch unrentabler, als dies ohnehin schon der Fall ist (auch hieran dreht Brüssel mit formalen Gleichstellungsargumenten, derzeit sorgt noch eine Sonderregelung für Ruhe). Allerdings wird natürlich nicht nur Obst aus den ästhetisch und ökologisch bedeutenden Streuobstwiesen gebrannt; auch Kleinerzeuger setzen mehr und mehr auf die leichter zu bewirtschaftende Plantagenkultur, sogar verehrte und höchstpreisige Lokalmythen wie das 'Zibärtle' (ursprünglich 'wilde Pflaumen') werden mittlerweile in Plantagen gezogen.

Mit seiner Umfahrung hat **Kappelrodeck,** worauf andere Talorte im mittleren Schwarzwald noch warten müssen. So wäre auch eine kleine Pause im alten Ortskern denkbar, zumal die *Bäckerei Orlemann* ein ausgezeichnetes Holzofenbrot bietet. Die Tafel an der Hauswand preist in blumigen Worten die Vorzüge des Produktes, es wird aber nicht zuviel versprochen. Es gibt Holzofenbrot in wirklich erstklassiger Profiqualität, wie sie nur selten bei Wochenendbäckern auf Bauermärkten zu finden ist, auch andere Brotsorten deutlich über Durchschnitt.

Eine weitere bemerkeswerte Brot-Adresse wäre in **Achern** erreicht. Die *Vollkornbäckerei Wüst* gehört zu den leistungsfähigsten ihrer Art, sie beliefert zahlreiche Ökoläden in der Region bis runter ins Markgräflerland und zwar nicht mit krümeligem Körnlesbrot (gebackenes Vogelfutter), wie es in der Sandalenszene ja noch immer weit verbreitet ist, sondern mit richtig gutem Vollkornbrot. Darunter auch ein reines Roggenbrot mit Natursauerteig, das den Namen verdient. Es ist ja weit gekommen, daß man auf gute Bäckereien gesondert hinweisen muß, hier wäre aber eine Adresse, die wirklich zur Lösung einer Notlage beiträgt.

Vesper und mehr, im Schmälzle-Hof, Ottenhöfen-Furschenbach

Am östlichen Ortsende von Kappelrodeck finden Umfahrung (L 87) und Ortsdurchfahrt wieder zusammen. Gleich darauf, im kleinen Ottenhöfener Ortsteil **Furschenbach,** am neu renovierten Gasthaus *Rebstock* (Eröffnung noch 2003, aber nicht mehr rechtzeitig für eine Visite meinerseits), direkt vor dem Rebstock also, führt eine Straße hoch in Richtung 'Am Bach'. Das Nebensträßle erschließt das bald steile, aber stets freundlich nach Süden exponierte Obstland am Bach. Ein paar Höfe liegen verstreut in den Hangfalten, besonders im Frühjahr oder an einem warmen Spätsommertag, wenn die Herbstzeitlosen schon in den Wiesen stehen, eine schöne Bergpartie nur wenig abseits der großen Pisten.

Mühlenland um Kappelrodeck und Ottenhöfen

Bereits wenige Meter nach der Abzweigung beim Rebstock linker Hand der *Schmälzle-Hof.* „Mühlenstube und Restaurant" steht auf der Visitenkarte, „täglich frische Forellen aus eigener Zucht" steht auf einem Schild, das an der weiß-schwarzen Fassade hängt, deren Holzfachwerk schon im 17. Jh. aufgestellt wurde. Die hell freundlichen Gasträume im vergleichsweise gemäßigten Landhausstil kamen erst viel später hinzu, „rustikale Eleganz" verspricht der Hausprospekt. Mit den Jahren, wohl auch mit der Rückkehr des Sohns an den häuslichen Herd, hat der Schmälzlehof neben seiner alten Basis, dem bodenständigen Vesperangebot (aus eigener Produktion, auch Most) die Karte nochmals bis ins Gehobene erweitert. Ein bewirteter Innenhof, neue solide massivholzmöblierte Zimmer und die familiär gastfreundliche Stimmung im Haus sprechen für diese Einkehr, die nur ein paar Ecken abseits einer vielbefahrenen Schwarzwald-Route eine bodenständige Rückzugsmöglichkeit bietet.

Die mögliche Bergfahrt über den Schmälzle-Hof hinaus, zu den wenigen höhergelegenen Höfen 'Am Bach', bietet eher landschaftliche als gastronomische Höhepunkte. Eine weiter oben potentiell mögliche Einkehr in der Benz-Mühle (wir sind im 'Mühlenland' um Ottenhöfen) wird an dieser Stelle nicht weiter expliziert. Erwähnt sei nur der betonierte Niedergang, auf dem die Gäste zu dem etwas sehr neckisch dekorierten Anwesen finden. Rundum aber Schwarzwälder Tal- und Mühlenland wie vom Kalenderblatt. Kein größerer Wanderparkplatz, ein Gelände für selbstgestrickte Touren.

Zwischen Renchtal und Achertal

Ein dichtes Netz aus Kreisstraßen und asphaltierten Landwirtschaftswegen erschließt das Obst- und Plantagenland in der auslaufenden Vorbergzone zwischen Rench und Acher, zwischen Schwarzwaldhöhe und Bundesstraße 3. Letzte Hochstammwiesen, linealgrad angelegte Kulturen und Beerenspaliere im munteren Wechsel. Mittendrin das kleine Mösbach, das sich gleich „Kirschendorf" nennt. Was genauso für die anderen Dörfer gelten könnte. So ist allein schon die Fahrt nach **Ulm** (bei Renchen) eine Freude, gleich von wo man kommt.

Etwa auf der schmalen Kreisstraße 5304 von Stadelhofen nach Ulm: freundliche Gartenlandschaft aus Obst und Wiesen, mal Landschaftspark, mal fast Parklandschaft. Zur Obstblüte fast unwirklich üppig, im Herbst ein Farbrausch, gar-

Schwarzschattende Kastanien - in Bauhöfers Biergarten, Renchen-Ulm

niert mit gefälligen Kurvenradien und tief hängenden Zweigen voller Äpfel, Birnen und Pflaumen. Jedenfalls eine feine Einstimmung auf einen der schönsten Biergärten in der Region, welcher in Ulm mit *Bauhöfer's Bräustüb'l* erreicht wäre. Zugleich ein stimmiger Abschluß einer Tour durch die Ortenau.

Was die Braugasthausdichte angeht, ist die Weinregion Südbaden ja eher Entwicklungsland. Trotzdem gilt auch hier die alte Faustregel, nach der ein Bier in Sichtweite des Brauereischornsteins noch immer am besten schmeckt. Dennoch sind Jever und Warstein überall und Rothaus kommt neuerdings auch ganz schön rum. Vermutlich, weil das Bierbrauen zu den unverzichtbaren Aufgaben eines schlanken Staates zählt. Der sinnvolle Dreierpack von regionaler Brauerei, direkt angeschlossener Braugaststube und stilecht rundgekiestem Wirtsgarten bleibt im Südwesten jedenfalls die Ausnahme.

Dabei ist die Trennung zwischen Brauhaus und Zapfstelle für gehobene Bierkultur riskant. „Nach dem Reinheitsgebot gebraut, am Zapfhahn versaut" – auf diese ebenso knappe wie treffende Formel läßt sich manche Erfahrung in der Ga-

177

„Schlank im Trunk"

stronomie bringen, deren Stärke nicht darin liegt, die drei Größen Temperatur, Förderdruck und Durchflußmenge in ein bekömmliches Verhältnis zu bringen. Ganz zu schweigen von Tropfbiertölpeln und Verzapfern der Mär vom Sieben-Minuten-Pils. Es gibt wohl kaum ein anderes Getränk, bei dem auf soviel Sorgfalt während der Herstellung soviel Nachlässigkeit beim Ausschank folgt. Allein schon deshalb müsste das solide geführte Brauereigasthaus zu den vornehmen Pflichten jeder Regionalbrauerei zählen. Wie es darum im Südwesten steht, mag jeder selbst entscheiden. Das kleine Brauhaus Bauhöfer in Ulm wird somit zur Ausnahme.

Wie die meisten Heilsversprechen lebt auch der Biergarten von der Befreiung von Zeit. Als Hilfsmittel dient Baumschatten, der nur Lichtflecke der Außenwelt auf Kies und Metalltische fallen läßt. „Schwarzschattende Kastanie, mein windgeregtes Sommerzelt, reimte Conrad Ferdinand Meyer dazu. Der Volksmund sieht's derber: „Ist das Bier im Manne, ist der Verstand in der Kanne."

Gleich wie, lässige Weitläufigkeit bei gleichzeitiger Geschlossenheit der Anlage befördert unaufdringlich die Andacht der Besucher. Auch drinnen, in der 1929 erbauten und nach einem Brand unlängst gemäßigt renovierten Stube, sorgen altes Eichenparkett, dunkle Holzvertäfelung und Bleiglasfenster für ein Raumgefühl, wie es auch Kirchenbaumeister zur Steigerung der Erbauung erzeugt haben. Die Entscheidung für eines der allesamt gelungenen Biere fällt nicht leicht; neben Export, sowie Pils hell und kellertrüb gibt es noch die Hausspezialität Maibock, vier Monate gereift, mit satten 7 % Alkohol. Zwar beschwichtigt die Hausmitteilung: „Schlank im Trunk bei einer angenehm betonten Hopfenbittere", dennoch handelt es sich hier um ein kräftiges Therapeutikum, mit dem man einem anstehenden Nachmittagsprogramm leise Adieu sagen kann.

Das Gästespektrum im Biergarten ist so verschieden wie der Wochenlauf: zu ruhigen Zeiten kommen Einzelgänger und beschäftigen sich eingehend mit dem Kreuzworträtsel der Bildzeitung. Andere verfeinern ihre Technik der Wespenabwehr mittels Bierdeckel bei gleichzeitiger Beibehaltung einer gelösten Grundstimmung. An schönen Wochenenden mutiert Bauhöfers Biergarten mehr zum Bienenkorb, exaltierte Hedonisten werden von der eher rustikalen Umgebung dennoch abgehalten. Zum beliebten Ziel wird Bauhöfers auch wegen der zum Schankbier passenden Küche, die solide und preiswürdig ist: Gelungene Standards, darunter die oft gelobten 'Fleischküchle mit Kartoffelsalat', die Ochsenbrust wird mit frisch geriebenem Meerrettich serviert (das 'Meerrettichdorf' Urloffen ist nah), außerdem Vesper und aktuelle Tagesgerichte. In der Summe ein Muster der Klasse robuste, badische Gastlichkeit. Wirt Eddi Baier garantiert als Jäger zudem Nachschub aus erster Hand und so glaubt man gerne einem seltenen Hinweis auf der Speisekarte: „Unser Wild wird vom Chef selbst zerlegt und zerwirkt." Nicht nur das Wild, auch der gemeine Alltag wird an so einem Platz zerlegt und zerwirkt. Denkt man an die preiswerten und vollkommen ausreichenden Übernachtungsmöglichkeiten im Haus, der ideale Platz, um eine lange Tour durch die Ortenau ebenso lang auslaufen zu lassen.

Adressen und Hinweise

-   **Hofstetten:** *Rössle-Biereck.* Stattliche Ausflugsgaststätte in Alleinlage bei der Biereck Paßhöhe (an der alten Paßstraße zwischen Elzach
und Hofstetten-Haslach), Freiterrasse, Gästezimmer. Tel. 07832-2214,
Fax: 969167. RT: Mo und Di. **Preise**: günstig

-   **Hofstetten:** *Drei Schneeballen.* Traditionsreicher Landgasthof in ansprechender Lage in einem Seitental, abseits des Durchgangsverkehrs
des Kinzigtals. Reell-bürgerliche Küche, preiswerter Mittagstisch, frische Forellen aus dem Bachwasser. Terrasse, komfortable Gästezimmer und rollstuhlgeeignete Appartements (teils im separaten
Gästehaus 'Auf der Rot'). Kegelbahn, Gesellschaftsräume. Zahlreiche Wander- und (Rad-)Tourenmöglichkeiten. Gut als Stützpunkt für
ein ruhiges Wochenende (oder mehr) geeignet. Tel. 07832-28 15
(Gästehaus 8011), Fax: 672 62. RT: Mo-nachmittag, Di. www.drei-
schneeballen.de. **Preise**: günstig-mittel

-   **Zell am Harmersbach**: Zeller Keramik. Werksverkauf (offiziell
2. Wahl), große Auswahl an Keramik, überwiegend im einschlägigen
Landhausstil (Hahn und Henne), aber auch ansehnliche reinweiße
Keramik und Rohlinge (ab 1 Euro!) zum Selbstbemalen. Einfache
Caféteria, die es an Idylle nicht mit den Motiven der Zeller Keramik
aufnehmen kann. Geführte Werksbesichtigung: Mi 14 Uhr: Werk-
verkauf: Mo bis Fr 9-17.30 Uhr, Sa 9-16 Uhr, von Mai bis Dezem-

ber auch an Sonn- und Feiertagen von 9.30-17 Uhr. Hauptstraße 2 (gut beschildert). Tel. 07835-7860. www.zeller-keramik.de

- **Oberharmersbach**: *Harkhof.* Gemütliche Vesperstube in Alleinlage am Westweg, gutes Angebot aus eigener Schlachtung und Produktion, eigenes Holzofenbrot. Preiswerte und ausreichende Einzel- und Doppelzimmer mit Etagendusche, ein Dreibettzimmer mit Dusche und WC, Matratzenlager, eine Ferienwohnung. 77784 Oberharmersbach, Hark 1 (in Riersbach rechts ab, beschildert, dann auf fünf Kilometer langer, teils recht steiler, aber gut befestigter Waldfahrstraße bis auf 700 m hoch). Tel. 07837-835, Fax: 92 92 35. www.harkhof.de. RT: Mo. **Preise**: günstig.

- **Biberach-Prinzbach**: *Kreuz.* Mit reichlich Holz neurustikal renovierter Landgasthof inmitten satter Wanderumgebung. Vesper mit ausgezeichnetem (!) Holzofenbrot. Preiswerte und zuverlässige Küche in der Forellen- und Krokettenklasse. Großzügige, neu angelegte Freiterrasse mit eigenem Schankabteil. Gleichermaßen beliebtes Wochenend- und Sonntagsziel für Familien und Wandersleut. Untertal 7. Tel. 07835-1303, Fax: 54 93 71. RT: Mo, warme Küche durchgehend von Mittag bis ca. 21.30 Uhr. **Preise**: günstig-mittel.

- **Berghaupten:** *Hirsch.* Gehobene Küche im hell renovierten Gasthof, rückwärtig 23 komfortable Gästezimmer in mittlerer Preisklasse. Touren- und Wandermöglichkeiten in den anschließenden, verkehrsarmen Seitentälern. 77791 Berghaupten, Dorfstraße 9, Tel. 07803-939 70, Fax: 93 97 49. RT: Mo und Di bis 17 Uhr. **Preise**: mittel-gehoben.

- **Offenburg**: *Chocolatier Discher.* Führendes Schokoladenspezialitätengeschäft der Region, ansprechende Präsentation, verlockendes Sortiment mit über 60 verschiedenen Pralinen- und Trüffelsorten, darunter Hausspezialitäten von der Zibärtle gefüllten Schokokugel bis hin zum mit Chili gepowerten 'Mayatrüffel'. Mo bis Fr 9.30-18 Uhr, Sa 9-13 Uhr. Hauptstraße 75, Tel. 0781-970 75 01. Sortimentsübersicht, Versand: www.discher-choco.com.

- **Offenburg:** *Schwarzwald Kaffee.* Nostalgisch-nett eingerichtete Kleinrösterei mit Ausschank und ein paar Tischen (drinnen und draußen). Nach Besitzerwechsel nun in den Händen vom ebenso sympathischen wie kundigen Philippe Suty. Spezielle Mischungen und fast ein dutzendmal sortenreiner Kaffee in herausragender Qualität. Einmal probieren und es führt kein Weg zurück zur Krönung! Spitalstr. 6, Tel. 0781-9194951. Geöffnet von 9.30 bis 18.30 Uhr, Sa bis 15 Uhr, RT: Mi und So. Auch Internetverkauf:

www.schwarzwald-kaffee.de oder: www.kaffee-roesterei.de

- **Friesenheim**: *Walter Bähr*. 'Schnittrosenspezialkulturen' steht auf dem Blumenpapier der Bährs, aber was für welche! Duftende Freilandrosen in bezaubernd vielen Varietäten und Farben frisch vom Feld, entweder direkt beim Erzeuger, aber auch täglich auf dem Freiburger Wochenmarkt. Hauptstr. 1 (Einfahrt gegenüber Gasthaus Ochsen), Tel. 07821-6556.

- **Friesenheim-Oberweier**: *Mühlenhof*. Landgasthof und Hotel im Landhausstil der späten 90er. Zuverlässige Küche, in der Bodenständigkeit vor Eleganz geht. Routinierter Service, schöne Weinauswahl. Großzügige und geschützte Sommerterrasse. Ruhige Gästezimmer mit zusammen 60 Betten. 77948 Friesenheim-Oberweier, Oberweierer Hauptstraße 33, Tel. 07821-6320, Fax: 63 21 53. RT: Di. www.landhotel-muehlenhof.de. **Preise**: mittel.

- **Lahr-Langenhard 20**: Schwarzwaldspezialitäten Markus *Bühler*. Kleiner Hofladen mit außergewöhnlich breitem Wurst-, Speck- und Schinkenspecksortiment. Andere Hofladenprodukte von Honig bis Apfelwein. Speck-, Zwiebel- und Rahmkuchen auf Bestellung. Frisches Bauernbrot: Do und Fr ab 8 Uhr, Sa ab 6 Uhr. Tel. 07821-7259.

- **Lahr-Langenhard**: *Zur Eiche*. Nach Leistungsfähigkeit und Lage eine der erfreulichen Ausflugsgasthöfe in der Region. Panoramablick, grandiose Westterrasse, Innenräume im 80er Jahre-Wirtschaftswunder-Gaststättenstil. Breites und reelles Angebot an Vesper- und warmen Gerichten (eigene Schlachtung, Holzofenbrot, gute Dosenwurst zum Mitnehmen). Ab Oktober jeden Mi- und Do-mittag Schlachtplatte. Routinierter Service, bei Betrieb dennoch mitunter etwas lange Wartezeiten, die angesichts der Lage zu verschmerzen sind. Leider keine Gästezimmer. Tel 07821-7493, RT: Di (von Nov. bis einschl. Febr. auch Mo). **Preise**: günstig-mittel.

- **Offenburg/Zell-Weierbach**: *Sonne*. Familiengeführter Traditionsgasthof in Romantiklage an der Badischen Weinstraße. Breites, gutbürgerlich, teils auch ambitioniertes Küchenangebot. Sieben komfortable Gästezimmer. 77654 Zell-Weierbach, Obertal 1, Tel. 0781-938 80, Fax: 93 88 99, www.gasthaus-zur-sonne.de. RT: Mi. **Preise**: mittel-gehoben.

- **Offenburg-Rammersweier**: *Blume*. Fachwerkhaus mit Gartenterrasse und gediegener Stube. Regionalmediterran, aber etwas asaisonal anmutende Küche von Bärlauch bis Carpaccio. Weinstraße 160, Tel. 0781-336 66, Fax: 44 06 03. RT: So-abend und Mo. **Preise**: gehoben.

- **Durbach/Schloß Staufenberg**: *Weinstube*. Vielbesuchtes Ausflugslokal mit Panoramaterrasse in grandioser Lage, einfache Gerichte. Nicht zuletzt wegen der breiten Weinauswahl trotz des tagestouristischen Umtriebs ein lohnendes Ziel (möglichst nicht sonntags bei Sonnenschein). Von Februar bis November tägl. geöffnet. Tel. 0781-966 41 65, www.markgraf-von-baden.de. **Preise**: günstig.

- **Bottenau**: *Hummelswälder Hof*. Potentiell reizvoll am Waldrand zwischen Durbach und Bottenau gelegen. Von der Paßhöhe (Kapelle) noch 500 Meter auf Waldfahrweg, Hinweisschilder. Vesper und warme Gerichte großzügig portioniert aber derb geteilert. Überdachte Freiterasse, plastikbestuhlt. Bei Durst und Heißhunger. Kein RT. Tel 07802-918 94. **Preise**: günstig.

- **Oberkirch**: *Ölmühle Walz*. Gut ein Dutzend Ölsorten, die meisten davon in der eigenen Mühle kalt gepresst. Informativer, 24-seitiger Ölratgeber kostenlos. Im Mühlenladen weitere Naturkost. Auch Ölversand. 77704 Oberkirch, Appenweiererstr. 56, Tel. 07802-2294, Fax: 501 83. Mo bis Fr 8.15-12.15 und 14-18 Uhr, Sa 8.15-12.15 Uhr.

- **Oberkirch**: *Confiserie Gmeiner*, Hauptstr. 38, Tel. 07802-2629, Fax: 5710, feine süße Stückle im Tagescafé an der Hauptdurchgangsstraße, Filialen in Offenburg und Baden-Baden (Café König), www.oberkirch.de/gmeiner

- **Kappelrodeck-Waldulm**: *Rebstock*. Altbekannter Traditionsgasthof mit Bilderbuch-Fachwerkfassade und außergewöhnlich behaglichen Stuben. Gehoben bürgerliche Küche, die handwerklich zuverlässig umgesetzt wird. (Für altgediente Gäste werden mitunter sogar Specials serviert: etwa Käsespätzle mit geschmelzten Zwiebeln und grünem Salat). Eingespielte Stimmung mit zuverlässigem Service, Gartenwirtschaft unter schattiger Laube, elf Gästezimmer. 77876 Kappelrodeck-Waldulm, Kutzendorf 1, Tel. 07842-9480, Fax: 948 20. www.rebstock-waldulm.de. RT: Mo. **Preise**: mittel-gehoben.

- **Kappelrodeck**: *Bäckerei Orlemann*. Gut gegangenes und lang haltbares Holzofenbrot mit schöner Kruste (Weizen/Roggenmischteig), auch die anderen Backwaren über dem heute leider üblichen Teigling-Durchschnitt. Hauptstr. 97, Tel. 07842-308 15. Hauptgeschäft in Sasbachwalden, Filialen außerdem in Achern, Kappel, Freistett, Lichtenau und Ottenhöfen.

- **Achern**: *Vollkornbäckerei Wüst*. Breites Sortiment erstklassiger Vollkornbrote, es gibt hier aber nicht nur dogmatisch Vollkorn, sondern u.v.a. auch ein gutes Dinkel-Baguette aus Auszugsmehl, sowie andere Spezialitäten. Von-Drais-Straße 26 (nordwestl. vom Bahnhof, im Industriegebiet), Tel. 07841-20 94 95. www.wuest-achern.de

- **Ottenhöfen-Furschenbach**: *Schmälzle-Hof.* Ländliches Anwesen mit Vesperstube und rustikalem Restaurant; großer Freisitz im Innenhof. Gepflegt familiärer Betrieb. Preiswerte Gästezimmer (Einzel- und Doppelzimmer, Etagendusche) im Altbau, acht komfortable Doppelzimmer im Neubau. 77883 Ottenhöfen-Furschenbach, Dorfstraße 12, Tel. 07842-603 85, Fax: 305 88. RT: Mo und Di bis 16 Uhr. **Preise**: günstig-mittel.

- **Ulm** (bei Renchen): *Bauhöfer's Braustüb'l.* Ein, nein 'das' Brauereigasthaus mit gutem Bier und exakt passender Küche. Ein gekiester, gut verschatteter Biergarten komplettiert das in Südbaden wohl einmalige Ensemble. Hinzu kommen noch die preiswerten Einzel- und Doppelzimmer, somit fast schon ein Reiseziel. 77871 Ulm, Tel. 07843-695, Fax: 970 17. Geöffnet ab 10 Uhr bis 'Feierabend', RT: Do. **Preise**: günstig-mittel.

Besonders lohnende Übernachtungsmöglichkeiten in: *Hofstetten* (Drei Schneeballen); *Oberharmersbach* (Harkhof); *Friesenheim-Oberweier* (Mühlenhof); *Waldulm* (Rebstock); *Ottenhöfen-Furschenbach* (Schmälzle-Hof); *Ulm* (Bauhöfer's); Details vgl. jeweils dort.

Besondere Wanderausgangspunkte: Paßhöhe am *Biereck* (zw. Elzach und Haslach). *Hofstetten* bei Haslach. *Prinzbachtal* bei Biberach im Kinzigtal. *Harkhof* bei Oberharmersbach. *Berghaupten* bei Gengenbach. Paßhöhe am *Hummelswald*, an der K 5369 zwischen Durbach und Bottenau. *Am Bach* bei Furschenbach, zwischen Kappelrodeck und Ottenhöfen.

Karten: Wanderkarten 1:50.000 vom Landesvermessungsamt (Mitarbeit Schwarzwaldverein); Blatt 4, Offenburg/Hornberg und Blatt 2, Baden-Baden/Hornisgrinde.

Rosengarten auf dem Beutig

Baden-Baden

Baden-Baden, die handliche Wundertüte, gefüllt mit Dingen, die es woanders nicht direkt vor der Haustür gibt. Blaue Stunde im Grand-Hotel, Alleen mit Geschichte, Rosengärten mit Aussicht, Bars mit Potential. Ein Naherholungsgebiet.

Rein äußerlich betrachtet, besteht Baden-Baden überwiegend aus Vorurteilen. Alte Villen und neue Russen, Sommerhauptstadt, Rennwoche. Welke Haut mit reichlich Goldauflage, Stehgeiger im Pavillon. Hanglage und Millionäre, degrassierte Ente auf altem Hotelsilber, Rucolaküche in zugigen Bistros. Und jetzt zu den Dingen, die sind: Wenig Maßschneider und so viele Boutiquen. Aber nach wie vor praktiziert der famose Maßschuhmacher *Himer* in der Stadt, die zudem über auffallend viele Orthopädieschuhmacher verfügt. Bei Rot-Weiss, einem der ältesten Tennisclubs Deutschlands (gegr. 1881) standen schon 'Rigatoni mit Lachs' und 'Salatteller mit Hühnerbruststreifen' auf der Tageskarte, was eher 2. Bezirksliga ist. Stargast der 'Großen Woche 2003' war Karel Gott. Das eine oder andere Blumenbeet auf der Lichtentaler Allee wirkt

Bodenlange Tischdecken und poliertes Silber, Brenners Park Hotel

plötzlich auch recht pflegeleicht bepflanzt. Andererseits geht es mit dem Festspielhaus bergauf, die Frieder-Burda-Stiftung sorgt nun neben der Kunsthalle für ein Museum von Rang (Eröffnung Mitte 2004). Die gasgespeisten Kandelaber vor dem Casino werden mit Einbruch der Dämmerung nach wie vor manuell gezündet, vom nahen Baden Airport Söllingen gibt es Direktflüge nach Russland. Zu all dem sind auf der Lichtentaler Allee immer noch Damen zu sehen, die mit Sicherheit nicht Engelen-Kefer oder Mönig-Raane heißen. Man muß sich wohl keine Sorgen machen, die Alte schafft das schon. Eine Stadt hat ja katzenähnlich viele Leben und auf der AOK-Schiene ist Baden-Baden ohnehin nie gefahren. Wie hat Lotti Huber mal gesagt: „Die Zitrone hat noch viel Saft."

Ankommen und Reinschauen

Eine Runde durch die Gemeinde könnte auch in Baden-Baden nach einer alten Reiseregel begonnen werden: Einfach mal ins erste Haus am Platz und ein wenig schauen. Schon im Foyer von *Brenners Park Hotel* gibt es mitunter Szenen mit hohem Unterhaltungswert. Eigentlich kommt oder geht immer jemand, der auch in Funk oder Fernsehen kommt oder geht. Und wenn Herr Karasek eincheckt, begrüßt er die Damen an der Rezeption mit den Worten. „Ja, Karasek."

Nur Schauen und Schweigen bei Tee und Gebäck geht aber auch. Brenners empfiehlt sich hierzu besonders wegen seiner rückseitigen Terrasse zur *Lichtentaler Allee* hin. Ein paar weit gestellte Tische auf gekiestem Halbrund im Park, wehende Pianoklänge, Vogelstimmen. In den polierten Silberkännchen spiegeln sich die bodenlangen Tischdecken. Die jungen Herren im Service bewegen sich ohne Hast und sie wirken frisch, als hätten sie ein Abonnement im hauseigenen Schönheitssalon, der natürlich Brenners Spa heißt. Neben Bali-Treatment (60 Minuten zu 130 Euro) oder Jet-Lag Behandlung (62 Euro) wird dort auch Damen geholfen, falls Fingernagelfarbe und Stimmungslage auseinanderdriften (Lackwechsel 10 Euro).

Im Vergleich dazu scheint eine Portion Darjeeling zu fünf Euro ausgesprochen demokratisch kalkuliert, obwohl die Zubereitung mittels Brühbeuteln nicht unbedingt der traditionellen Teezeremonie eines Grand-Hotels entspricht. Angesichts der Gesamtstimmung wirkt eine solche Anmerkung freilich kleinlich. Schließlich stellt sich die Zeitferne, die alte Alleen und große Hotels gleichermaßen auszeichnet, hier besonders zuverlässig ein. Die reifere Gesellschaft nimmt ihren Nachmittagstee allerdings nur selten unter freiem Himmel, lieber trifft man sich im staubfreien *Wintergarten*, der fast ein wenig viktorianisch anmutet. Außerdem wäre da noch die große *Kaminhalle*, mit reichlich Schleiflack, Brokat und natürlich der Mann am Klavier, dessen Spiel sich weiter hinten zwischen Polstergarnituren und *Oleanderbar* verliert.

Funkfernsprecher tröten hier selten, Erreichbarkeit ist etwas für Angestellte. Coco Chanels fatale Erkenntnis, daß eine Zwanzigjährige oft die Figur, aber selten das Geld für ihre Modelle hat, während Vierzigjährige leider mit der Umkehrung dieser Problematik zu kämpfen haben, wird hier von jungen Wesen widerlegt, die kyrillische Speisekarten studieren und sich offensichtlich beizeiten um Partner kümmern, die solche Tücken der Biografie kompensieren können. In der

Bénazet Pavillon an der Lichtentaler Allee

Kaminhalle wird ohnehin viel gelesen. Eine Dame mit Kaschmirplaid über dem Knie sitzt da wie eine Dame und sie wirkt wie jemand, der ein Hotel wie einen Roman lesen kann. Vielleicht hat sie mehr von der Welt gesehen als der Autor ihrer Lektüre. Sie hält ihr Buch wie einen großen Keks.

„Da drüben geht ein Dichter"

Vom Teegarten im Park reicht der Blick über die Oos zur Lichtentaler Allee. „Chausseen legen Kriegsherren an, Alleen reiche Nichtstuer." Im unbedingt lesenswerten *Parkführer Baden-Baden* wird die 2300 Meter lange Lichtentaler Allee in einem Essay von Klaus Fischer als prominent besetzte Weltbühne präsentiert: „Da drüben geht ein Dichter", hieß es früher am Ufer des Oosbachs. Aber nicht nur - der Basler Frühpensionär Nietzsche führte seine Migräne auf der Allee spazieren, Ibn Saud kam als „frommer und gütiger" Rheumatiker. Chronist Fischer erinnert sich noch an Paolo Conte als Gentleman in Tweed, an einen auch hier ideologisierenden Rudi Dutschke „von Kumpels flankiert" und an Herrn Mobutu. „Das Unheil Zaires schwingt seine Häuptlingskeule wie

Lichtentaler Allee

einst Hermann Göring den Reichsmarschallstab und verhandelt mit Finanzberatern."

Auch ohne Finanzberater garantiert die Promenade auf der Lichtentaler Allee eine ertragreiche Zeit mit vielfältigen Ablenkungen: Diese warten schon am Beginn der Allee, etwa mit der *Kunsthalle*, in Zukunft aber auch mit dem großartigen, neuen Museumsbau der *Sammlung Frieder Burda.* (Details zum neuen Museum Frieder Burda, vgl. im Adressenteil). Danach führt die Lichtentaler Allee bis rauf zum *Kloster Lichtental* (Unterkunft im *Gästehaus* des Klosters auf Anfrage). Die Flanierstraße gehört mit ihrem bis zu 200 Jahre alten Baumbestand zu den bedeutenden Landschaftsparks in Deutschland. Und die Parkpflege zeigt, ebenso wie die sorgfältig angelegten Baumscheiben um die Bäume, daß die Stadt weiß, was sie an ihrer Allee hat.

Allein in Schleifen durch Alleen gehen - wenig ist belebender, als an einem satten Herbsttag hier zu wandeln. Nicht nur wegen des zauberhaften Lichtflimmerns in den mächtigen Kronen der alten Sommereichen, Hängebuchen, Linden und Tulpenbäume. Wenn es stimmt, daß Kleidung Kommunikation ohne Worte ist, erfährt man auf der Lichtentaler Allee

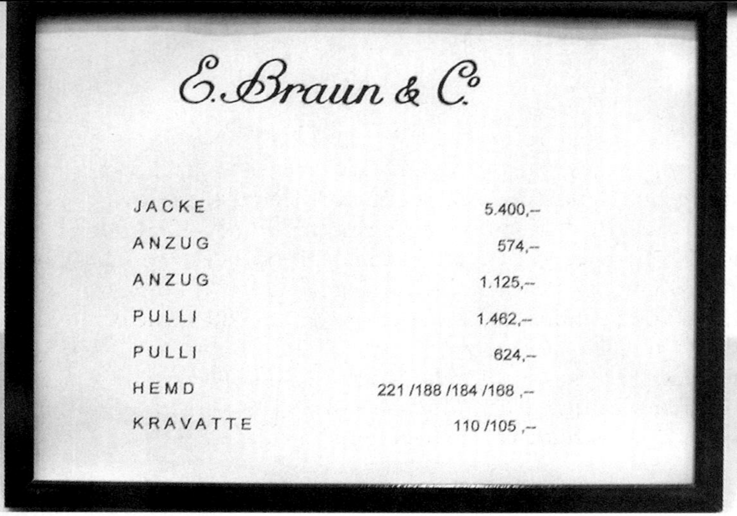

E. Braun & Cº

JACKE	5.400,–
ANZUG	574,–
ANZUG	1.125,–
PULLI	1.462,–
PULLI	624,–
HEMD	221 /188 /184 /168 ,–
KRAVATTE	110 /105 ,–

Alle Preise in Euro

einiges, wobei mancher Dialog bereits mit dem ersten Blick endet - wer spricht mit Männersocken in Sandalen? Aber die Spannweite ist beachtlich, sie reicht von der Selbstaufgabe durch Freizeitparkkleidung bis zum unbedingten Stilwillen.

Für einschlägig Vorbelastete gibt es ohnehin kaum ein besseres Terrain als die Lichtentaler Allee, um ein Paar neue Schuhe zu wagen. Die Bänke stehen jedenfalls in richtigem Abstand. Passende Lektüre: Die soeben im Manesse Verlag erschienene Neuausgabe von Otto Flakes großem Roman, 'Hortense oder die Rückkehr nach Baden-Baden." Tucholsky nannte Flake, der lange vergessen war und nun wieder entdeckt wird: „unseren bedeutendsten Essayisten neben Heinrich Mann." Der in Colmar aufgewachsene Flake lebte ab 1928 in Baden-Baden, in fünfter, unglücklich verlaufender Ehe. Seine 'Hortense' erschien zuerst 1933. Der Roman handelt von einer Adligen, die im 19 Jh. ein ebenso elegantes wie pikantes Wanderleben an zentralen Orten der Weltgeschichte absolvierte, in Baden-Baden geht die nicht mehr ganz junge Hortense ihre letzte Ehe ein. Für Flake das Motiv, um ein breit angelegtes Panorama der weltläufigen, europäischen Gesellschaft zu zeichnen, bevor diese vom Nationalismus erdrückt wurde.

Apropos Welttheater und Finanzberater. Dem Umstand, daß sich die Dinge mitunter ganz anders entwickeln, verdankt ein Laden in der Fußgängerzone seine Existenz. In der *Uhren-* und *Schmuckbörse* können Kunden Einzelstücke schätzen lassen, derer sie überdrüssig geworden sind. Die Teile werden dann für 15 Euro pro Exponat mit einer detaillierten Beschreibung im Schaufenster präsentiert. Das Sortiment reicht von der fünfstellig taxierten Herrenuhr von Vacheron Constantin bis zur goldenen Taschenuhr für Charmeure alten Stils. Das Schaufenster zeigt sich demnach so vielfältig bestückt wie Lichtentaler Allee und Brenners Park Hotel. Was keine Überraschung ist, letztlich rundet sich alles.

Schauen und Konsumieren

Was weitere Einkäufe angeht, so gibt es auch in Baden-Baden die übliche Cluster- oder Haufenbildung in angebotsähnlichen Quartieren. In der Fußgängerzone, speziell downtown um den Jesuitenplatz das Erwartbare, so viele Filialen wie überall und so viele Plastiktüten wie überall. Ken Blixen schreibt im 'Großstadtdschungel': „Die Benutzung der Metro schien mir erst wieder ermöglicht, als ich meine Sämischhandschuhe in der Reitjacke fand." Die Benutzung einer Stadt scheint mittlerweile noch durch einige Dinge mehr erschwert. Nicht nur durch radelnde Neonwürste und erwachsene Männer, die der Jugend das Vorrecht auf schlechten Geschmack streitig machen. Damen, die zum Einkaufen eine leger anliegende Tunnelzugbluse aus dem letzten Atemkurs tragen, sind auch kein Augentrost. Dennoch drohen solche Gefahren in Baden-Baden vergleichsweise selten. Einfache Faustregel für Ortsunkundige: wer etwas Besonderes sucht, sollte sich nicht in die tieferliegenden Viertel abdrängen lassen, sondern auch topographisch auf der Höhe bleiben. Vom zentralen *Leopoldsplatz* führt die *Sophienstraße* rauf zu den Bädern und gleich zu Beginn steht man vor Läden, in denen eine freundliche Directrice de Magasin unter hohen Decken vor aufgeräumten Regalen auf Besucher wartet. Für gute Kunden hält man hier auch einen Regenschirm bereit, falls es mal

unerwartet zu schauern beginnt. Im Falle überfallartiger Kauf-
lust hilft einem eventuell die Einsicht des Schriftstellers Hen-
ry David Thoreau: „Vorsicht vor allen Unternehmungen, für
die man neue Kleider braucht." Wenn es nicht um neue Kleider, sondern mehr um die Komplettierung von Lücken geht,
liefert die Sophienstraße aber allerlei Anregungen in den
höheren Preisklassen. Von *Braun & Co* über *Hermès* und ein
paar noblen Läden mehr.

Ansonsten kommt es zwischen Leopoldsplatz und den sei-
nerzeit noch vom Hochleistungspleitier Schneider errichte-
ten Augusta-Arcaden an der unteren Lichtentaler Straße zu
einer bemerkenswerten Ansammlung von Mode und ver-
wandten Bereichen, wobei die aktuell präsentierte Mischung
wie üblich von den Launen der Kundschaft und dem finan-
ziellen Durchhaltevermögen der Anbieter geprägt ist. Hier zu
Beginn des Fußgängerbereichs auch das legendäre *Café König*,
nach einer Schwächephase seit 2003 unter neuer Leitung und
nun mit spürbarem Elan geführt, erfreulich hochklassiges
Confiserieangebot. Reste des ehemals gepolsterten Kaffee-
hauscharmes hielten sich trotz der Renovierung. Die Spannweite der Gäste ist noch immer beachtlich, dazu gehören
auch die in Baden-Baden üblichen Retroszenen am Rande
der Klischees. Nach wie vor sind Piccolo trinkende Damen
mit Hut zu sehen - und nur wenige mit Handschuh. Wie bei
vielen Ikonen der eleganten Welt korrespondiert der
Schwung des Schriftzugs nicht immer mit dem der Kundschaft. Aber so geht es einem ja oft in Baden-Baden, es gibt
wenige Städte, an denen Klasse und Karikatur so nah beieinander liegen. Man bekommt hier einen Terminkalender in
Straußenleder und fast gegenüber einen von Tschibo.

Auch in den nostalgischen Kurhaus-Kolonnaden, erbaut
1866, hat sich bis heute noch etwas von jenem patiniert wirkenden Ladenmix gehalten, der trefflich mit Kurschatten und
Kurorchester harmoniert. Schuhe in Seniorenweiten, Seiden-
tücher in gedeckten Tönen, praktische Damenhüte, die nicht
weiter auffallen. Eine Kastanienallee spendet gnädig Schatten, dazwischen ein paar Stühle für Kaffee und Konfekt. Der
Schokoladenduft in der altbekannten Confiserie *Rumpelmayer*

In den Kurhaus-Kolonnaden

ist jedoch so unwiderstehlich wie das Sortiment (unschlagbarer Teekuchen, gute Trüffel, durchweg frische Ware; produziert wird gleich nebenan im Kurhaus). Somit mehr als eine Alternative zum belgischen Renommierchocolatier *Goodiva* mit seiner etwas herzlos wirkenden Globalfiliale am Leopoldsplatz.

Einkehren und Loungen

Die übliche Innenstadt-, Bistro- und Laufsteggastronomie bietet - was an solchen Orten ja nicht weiter überrascht - wenig mehr als Notlösungen. Holpriger Service an wackligen Tischen zu herzhaften Preisen. Ich hatte neulich ein längeres Gespräch mit einem altgedienten Zentrumsgastronomen, der meine Vorurteile freiweg bestätigte. Vermutlich macht man sich einfach zuviel Illusionen, was Qualität in Lauflagen angeht. Andererseits kann es doch nicht so schwer sein, eine ordentliche Nudel mit einer handgekochten Sauce und einen menschenwürdigen Salat anständig auf den Tisch zu bringen, das geht anderswo doch auch. Aber egal. Baden-Baden besucht man ja nicht in erster Linie aus kulinarischen Gründen. Es ist noch immer die perlende, mitunter auch etwas abgestandene Mischung, die schon vor gut hundertfünfzig Jahren den Glanz der Stadt begründet hat. Leute und Typen, Parks und Alleen, Sitzplätze unter alten Blutbuchen, stille Winkel an einer der alten Gußeisenbrücken über den Oosbach, das Licht der 1.800 (!) historischen Laternen an einem Herbstabend, ein Teil davon wird - wie die vor dem Casino- immer noch mit Gas befeuert.

Und immer wieder, großer Auftritt neben ziemlich kleinem Gedeck. Wer sich ein wenig im Milieu der forciert auftretenden neuen Mitte umtun möchte und die dort üblichen Rituale zumindest studienhalber schätzt, findet in der *Villa Medici* am Augustaplatz reichlich Anschauung. Die Multifunktions-Lokalität mit (Zitat): „Restaurant, Bar, SushiRoom, CigarrenCabinet, InternetLounge, WinterGarden, ParkTerrace", um nur einen Teil der Möglichkeiten dort zu nennen, der tolle Laden also, gehört dem als L'tur-Erfinder und Medienunternehmer bekannt gewordenen Karlheinz Kögel. Ein Tausendsassa, der Baden-Baden unter vielem anderen auch mit einem Medienpreis beglückt hat, zu dem sich viele Genossen einfinden, die ehemals links unten eingestiegen sind und nun irgendwo etwas weiter rechts oben angekommen sind. Bundeskanzler kommen und gehen, und manche wohnen in Reihenhäusern.

Es sei dahingestellt, ob das namensgebende florentinische Patriziergeschlecht mit der Dekoration der Villa im paneuropäischen Imponierstil des späten 20. Jh. einverstanden wäre. Aber es ist ja immer interessant zu sehen, wie sich die taffen Durchmarschierer ihre weite Welt so einrichten. Eine gastronomische Welt, die unter der Woche auch mal gerne von mittelbadischen Tiefbauunternehmern mit neuer Begleitung besucht wird. Gleich wie und mit wem, die Villa der vielen Möglichkeiten ist ein reich dekorierter Platz, um sich in der Kunst der teilnehmenden Beobachtung zu üben.

Bürgerlich-gediegener geht es ein paar Häuser weiter oben im *Badener Weinkeller* zu. Das im alten Wortsinne gemütliche Lokal im Keller einer Privatbank (mit aparter Sommerterrasse) gehört zu den (nicht gerade zahlreichen) Optionen, wenn es um eine passable Küche ohne Aufgeregtheiten geht.

Tiefe Sessel und frische Presse - Bar in der Trinkhalle

Die Dame des Hauses ist eine Dame und sie ist präsent, auf dem Herd blubbert es aus großen Töpfen, der Kartoffelsalat glänzt. Alte Schule ohne Ermüdungserscheinungen.

Vor oder nach dem Essen steht der Gang zur Bar. Aber wo ist die Bar guten Stils geblieben, eine Bar, die Diskretion, Eleganz und Schutz bietet? Vielleicht noch ein paar abgewetzte Clubsessel, die nach alter Regel gefertigt wurden: je größer, je schwerer, je dunkler – desto besser. Ein Möbelstück, von dem es im Herrenbrevier von F. W. Koebner heißt, daß alle Tages Last und Mühe von dem abfällt, „der vertrauensvoll zwischen seine daunengepolsterten Arme fällt".

Eine der wenigen akzeptablen Möglichkeiten zum Loungen, oder gepflegten Entspannen, wie man früher gesagt hätte, bietet die *Bar in der Trinkhalle*. Gleich zu welcher Stunde, hier erwartet einen keines dieser nervös, zickigen Etablissements, in denen Souveränität mit Attitüde verwechselt wird. Wie alle Bars lebt der anregende Platz am Kopfende der imposanten Weinbrenner-Trinkhalle von der Gunst der Stunde und von der Mischung des Publikums, aber ganz daneben liegt man hier selten. Die beiden klassischen Dienstleistungen einer Bar, Diskretion und Protektion mögen hier nicht

Rosenneuheitengarten Beutig

unbedingt im Vordergrund stehen, dafür wäre eventuell die konservative Oleander-Bar im Brenners vorzuziehen. Aber die langen Betriebszeiten sprechen ebenso wie das lässig, eingesessene Ambiente, die frische Tagespresse und das breite Angebot für die Trinkhalle. Hinzu kommen Gelassenheit und ein paar immerhin tiefe (wenn auch nicht dunkle) Sessel zum Ablegen des Alltags. Von dort kann man auch sehen, wie die gusseisernen Gaslaternen vor dem Casino mit einer langen Lunte angezündet werden. Auch so ein Platz, der einem Novemberabend seinen Schrecken nimmt.

Einerlei, ob Medici, Trinkhalle oder Oleanderbar, Baden-Baden ist einer der wenigen Plätze im Südwesten, um einen langen Abend am oder nahe beim Tresen zu verbringen.

Blühen und Welken

Bei Tageslicht sind es nicht die Bars und Tresen, die einer Kurstadt Glanz geben, sondern die Parks und Gärten. Auch hier hat Baden-Baden einiges zu bieten und vielleicht ist es ja gerade die Kombination von beidem, die einen anderen Seinszustand befördert und zu einem kurzweiligen Aufenthalt beiträgt. Herausragend die bereits erwähnte Lichtentaler

Allee mit den dazugehörenden oder wegbegleitenden Anlagen, darunter die Gönneranlage mit mehr als 300 Rosensorten und weiter rauf in Richtung Lichtental der Dahliengarten mit dem Bénaztpavillon, benannt nach einem großen Gönner der Stadt, aus der Familie der Casinobetreiber.

Etwas außerhalb auf dem Beutig, zwischen letzten Stadtvillen und Rebland im Süden liegt der *Rosenneuheitengarten Beutig*. Die Anlage am Südostabhang des Fremersbergs entstand anlässlich der Landesgartenschau 1981, weil die Gönneranlage unten an der Lichtentaler Allee nicht mehr genug Platz bot, um die alljährlichen Rosenprämierungen abzuhalten. Seither findet hier jedes Jahr Ende Juni eine weltweit beachtete Präsentation und Prämierung von Rosenneuheiten statt. Sieger und Plazierte (nicht nur die aktuellen, sondern auch die vergangener Jahre) sind auf dem Beutig gepflanzt und können während der gesamten Blütephase von Mai bis Oktober besichtigt werden. Eine einzigartige Sammlung in erhabener Lage, für Rosenliebhaber und Gartenfreunde eine Pflichtstation.

Auf der anderen Seite der Stadt und nicht weniger imposant, liegt der *Stadtfriedhof* von Baden-Baden: am Hang, auf halber Höhenlage über der Stadt, zwischen Staufenbergstraße und Friedhofstraße. Die großzügige, parkähnlich terrassierte Anlage steht wie mancher Name auf dem Grabstein für die Bedeutung der alten Sommerresidenz (Gräber der Schriftsteller Otto Flake, Reinhold Schneider und Werner Bergengruen). Dabei hat der wunderbar eingewachsene und reich bepflanzte Südwesthang mit seinen alleenartig bepflanzten Hauptwegen nichts Schweres oder Morbides. Abendsonne und weiter Blick ins Tal, wenig Besucher.

Baden, Dümpeln, Schlafen

Baden-Baden ohne Baden. Nicht ganz, am genußvollsten ist das Römisch-Irische Bad im alten, 1877 eingeweihten *Friedrichsbad*. Die durch und durch historische, aber bestens unterhaltene Anstalt entspricht so ziemlich dem Gegenteil dessen, was in den letzten Jahrzehnten als Spaß- oder Erlebnisbad von Ereignismanagern aus dem Boden gestampft wurde.

In Weinberglage, Pension-Gasthaus Jägersteig, Bühl-Kappelwindeck

Das Friedrichsbad ist ein Sanatorium im Wortsinne, eine Heilstätte zum Schwitzen und Dümpeln in saalhohen Räumen, die reich mit Fayencemotiven geschmückt sind - somit exakt das Gegenteil von jenen sprudelnden Eierkochern, die heute als Whirlpool gepriesen werden. Auch zur benachbarten Caracalla-Therme verhält sich das Friedrichsbad wie ein Park zu einem Freizeitpark. Alte Armaturen, schöne Motivkacheln und Gäste, die ihre hibbelige SWR 3-Phase hinter sich haben. Aber man hat ja die Wahl, zumindest solange das Schmuckstück noch unterhalten wird. Besonders angenehm, daß der Gast hier an sieben Tagen in der Woche, quasi ansatzlos von der Autobahn weg einlaufen, sich freimachen und abtauchen kann. Warme Ruhetücher und Seife werden gestellt, mehr braucht man nicht. Nur Zeit.

Abschließend zum Übernachten: Es ist nicht so einfach, abseits der bekannten und in der Regel selbstbewußt kalkulierenden Häuser eine originelle Bleibe für ein, zwei Nächte zu finden. Mancher Leser wird deshalb an einen Tagesausflug denken, fürs erste sicher kein schlechter Kompromiß. Für müde Glieder nach einem Römisch-Irischen Bad, oder führerscheinschonend nach ausgiebigem Barbesuch, möchte ich zumindest ein paar Hinweise geben:

Zwei vernünftige Mittelkassehotels (unter gleicher Leitung) in zentraler, nicht lauter Lage der Innenstadt findet man in der Merkurstraße. Praktisch alle wichtigen Adressen können von hier aus zu Fuß erreicht werden. Somit eine Lösung, die den Geldbeutel ebenso wie die Nerven schont. Zunächst das *Hotel Etol*, wenig höher in der Merkurstraße das *Hotel Merkur*. Beide Häuser verbinden ausreichender Komfort mit zentraler Lage.

Wer ein Faible für nostalgisch betagte Herbergen hat, könnte es im *Hotel Tanneck* versuchen. Die Inneneinrichtung entspricht zwar nicht mehr in vollem Umfang dem äußeren Aspekt der Villa. Das noch zentral und sehr ruhig über dem Stadtzentrum gelegene Haus bietet aber geräumige Zimmer mit den notwendigen Einrichtungen, von sehr preiswert (Einzel ohne Dusche) bis moderat, darunter auch kostengünstige Dreierzimmer (mit Dusche) und vor allem ein paar geräumige Doppelzimmer unterm Dach, manche davon mit geschützten Holzveranden, die zur freien Luftkur einladen, ideal auch zur Mittagsruhe, wenn vom Kurpark die Konzertklänge heraufwehen. Zwei Schwestern kümmern sich um das Anwesen in dem ihnen eigenen Stil, der bis auf weiteres auch dafür sorgen dürfte, daß das Kleinod noch ein paar Jahre so erhalten bleibt. Baden-Baden wie zur Forellenhofzeit.

Baden-Baden besuchen und im nahen Rebland um Varnhalt oder Neuweier unterkommen, gehört zu den üblichen Lösungen. Ich habe mit der routiniert bis drapiert gebotenen Weinstuben-, Weinstraßen- und Rebenromantik im näheren Umland meine Probleme. Wer schon ins Rebland rausfährt, sollte vielleicht noch ein paar Kilometer bis Bühl drauflegen: Einzig nach Lage und Panoramablick der *Jägersteig* oberhalb von Bühl-Kappelwindeck: in freier Aussichtslage mitten in den Rebhängen zwischen Bühl und Burg Windeck. Das Ausflugslokal bietet Blick auf Rheintal und Vogesen, eine große Sonnenterrasse, freundliche Räume, ruhige Zimmer. Der richtige Standort, wenn es um etwas Baden-Baden und viel Frischluft geht - wobei die Dosierung beider Komponenten eine persönliche Angelegenheit ist.

Liveshow zum Mythos Baden-Baden

Reinschauen - Einkehren - Unterkommen

- *Brenners Park Hotel.* Erstes Haus am Platz mit eleganten Räumlichkeiten, die für Externe interessant sind: *Wintergarten* geöffnet tägl. 12-23 Uhr, *Oleander Bar* 18.30-2 Uhr, *Kaminhalle* (tägliche Teestunde) 10-24 Uhr. 76530 Baden-Baden, Schillerstraße 4-6, Tel. 07221-9000. Informationen über Brenners Spa: 900-500, im Preis reduzierte Wochenendarrangements für zwei Personen. www.brenners.com

- Zwei redliche Dreisternehotels (unter gleicher Leitung) in der zentralen, aber nicht sehr lauten Merkurstraße: *Hotel Etol*, Merkurstr. 7, Tel. 07221-3604 0, Fax: 36 04 44, www.hoteletol.de. *Hotel Merkur*, Merkurstraße 8, Tel. 07221-3030, Fax: 30 33 33. www.hotel-merkur.com. **Preise**: mittel, das Etol ist im Preis etwas günstiger.

- *Hotel (garni) Tanneck.* Betagte Villa in erhöhter, ruhiger und zentraler Lage zwischen Kurpark und Zentrum. Nostaglischer Hotel(garni)-Betrieb, nicht ohne Reiz für entsprechend eingestellte Gäste, schöne Balkonzimmer mit geschützten Holzveranden in den oberen Stockwerken. Die Einzel-, Zweier- und Dreierzimmer. Werderstraße 14, Tel. 07221-23035, Fax 383 27. www.hotel-tanneck.com. **Preise**: günstig-mittel.

- *Kloster Lichtenthal*, in den Gästehäusern der Cisterzienserinnen-Abtei Lichtenthal (die Schwestern schreiben Lichtenthal mit *h*) finden Gruppen, aber auch Einzelreisende Unterkunft, sofern sie sich mit den Usancen einer Klosterherberge arrangieren können. Ruhig, durchaus komfortabel und preiswert (mit und ohne schlicht-reeller Gemeinschaftsverpflegung aus der Klosterküche). Schriftliche oder telefonische Anfragen an Sr. M. Hedwigis, Hauptstraße 40, 76534 Baden-Baden, Tel. 07221-5 04 91-19.

- *Café König*. Das Traditions-Kaffeehaus in Baden-Baden, nun unter Leitung der angesehenen Confiserie Gmeiner (Oberkirch und Offen-burg) mit neuem Schwung geführt. Publikum changierend, Angebot hochklassig (u.v.a. Afternoon Tea mit Scones, Club-Sandwich und Petit Four zum Festpreis; breites Teeangebot, echte Trinkschokolade, auch kleine Mittagsgerichte). Zudem eine Liveshow zum Mythos Baden-Baden. Unter hoher Decke versammelt - Galane und Laufkundschaft. Lichtentaler Straße 12. Tel. 07221-23573. Kein Ruhetag.

- *Villa Medici*. Der rote Guide-Michelin befindet: „Fin de siècle-Ar-chitektur mit modernem Ambiente." So kann man das auch sehen. Oder so: Versuch des 'Medienunternehmers' Karlheinz Kögel, die alte Pracht Baden-Badens mit neuem Geld wiederaufleben zu lassen. Gäste und Interieur sind jedenfalls zur teilnehmenden Beobachtung freigegeben. Baden-Baden, Augustaplatz 8, Tel. 07221-20 06, www.medici.de. Warme Küche bis Mitternacht. Von 18 bis 1 Uhr, Fr und Sa bis 2 Uhr, RT: Mo.

- *Badener Weinkeller*. Gut-bürgerliche Küche von 'Mutters Kartoffel-suppe' bis 'Hähnchen mit Kartoffelsalat'. Persönlich-traditionell, aber nicht verstaubt - Empfang durch die Dame des Hauses, mit Sommer-terrasse. Baden-Baden, Maria Viktoria Str. 2, Tel. 07221-27 11 88. Von 17 bis 24 Uhr, RT: Sonn- u. Feiertage, Mo. **Preise**: mittel.

- *Bar in der Trinkhalle* (beim Casino), gemäßigt-schicke und in der Regel sehr gut verträgliche Café-Bar-Lounge bei der historischen, ohnehin sehenswerten Weinbrenner-Trinkhalle. Mit Freiterrasse, langer Bar, ein paar tiefen Sesseln und internationaler Presse. Klei-ne Speisen, Suppen, Snacks. Ansonsten sehr geeignet vom ersten Kaf-fee bis zur letzten Auster. Kaiserallee 3, Tel. 07221-30 29 05. Tägl. von 10 bis 2 Uhr, Fr und Sa bei Bedarf auch länger.

- *Festspielhaus Baden-Baden*, Kartenverkauf: 07221-301 31 01. www.festspielhaus.de

- Museum der *Sammlung Frieder Burda* (derzeit im Bau, unmittel-bar neben der Kunsthalle, Architekt ist der New Yorker Richard Maier, Bauherr: Frieder-Burda-Stiftung; Frieder Burda, geb. 1936 in Gengenbach, lebt in Baden-Baden, Eröffnung vorauss. im Sommer/ Herbst 2004). Das Museum wird, ausgehend vom deutschen Expressionismus, einen Bogen der deutschen Malerei der letzten hundert Jahre zeigen und damit zu den wesentlichen Attraktionen Baden-Badens zählen (u.v.a. Werke von Max Beckmann, August Macke, Ernst Ludwig Kirchner). Ein Kaffee im neu gestalteten gemeinsamen Eingangsbereich mit der Kunsthalle ist geplant. Weitere Infos unter www.sammlung-frieder-burda.de

- *Römisch-Irisches Bad* im historischen **Friedrichsbad,** Römerplatz 1 (unmittelbar neben, aber **nicht** im Gebäude der neudeutsch-spaß-orientierten Caracalla-Thermen). Das schönste Römisch-Irische Bad am Oberrhein. Ein Genußbrunnen. Auskunft und Öffnungszeiten zu allen Bädern: Tel. 07221-27 59 40. www.caracalla.de

Einkaufen: *Uhren- und Schmuckbörse*, Baden-Baden, Lichtentaler Straße 16, Tel. 07221-27 14 91. Übliche Ladenzeiten, Mi ab 13 Uhr geschl., www.badenschmuck.de

- Die Geschäfte in den *Kurhaus-Kolonnaden* sind zwischen Ostern und Oktober Sa bis 18 Uhr, und So von 11 bis 18 Uhr geöffnet. Kurkonzert tägl. (außer Mo) 16 bis 17 Uhr.

- *Himer Maßschuhe*, die Werkstatt befindet sich im Hof beim Hotel Etol. Merkurstraße 7, Tel. 07221-711 84.

- *Confiserie Rumpelmayer*, Kurgarten 9 (Kurhaus Kolonnaden).

Rosenneuheitengarten auf dem Beutig. Wundervolles Sortiment in ebensolcher Lage, Prämierung der Rosenneuheiten jedes Jahr an einem Wochenende Ende Juni. Die Gärten sind tagsüber geöffnet, Eintritt frei. Moltkestraße (vom Kurhaus über den Beutigweg in gut 10 min zu Fuß (Zufahrt über Fremersbergstraße, zunächst Richtung SWR, dann auf der Höhe scharf rechts).

Parkführer Baden-Baden, von Bernd Weigel, mit einem Essay von Klaus Fischer, herausgegeben von der Stadtverwaltung Baden-Baden, Gartenamt, 2001, erhältlich im Buchhandel in Baden-Baden.

***

- **Bühl-Kappelwindeck**: Pension-Restaurant-Café *Jägersteig.* Ausflugslokal in Spitzenlage über dem Rheintal, 13 freundliche und vergleichsweise preiswerte Einzel- und Doppelzimmer, einzelne davon mit Balkon und Fernsicht nach Westen. Zahlreiche Tourenmöglichkeiten zu Fuß oder per Rad direkt vom Haus weg (nach Baden-Baden sind es ca. 15 Kilometer). Im Rebland um Baden-Baden nach Lage und Stimmung recht einmalig. 77815 Bühl-Kappelwindeck, Kappelwindecker Str. 95a, Tel. 07223-985 90, Fax: 98 59 98. RT (Restaurant und Café): Do. www.jaegersteig.de. **Preise**: mittel.

Straßburg

Straßburg ohne Stress, ohne Besichtigungs- und Kulturdruck. Weder Fachwerkorgien, noch Winstub-Gruften, einfach in weiten Schleifen durch die Innenstadt. Einkaufen, einkehren. Wenn's grad paßt, übernacht bleiben.

Unter den großen Städten am Oberrhein ist Straßburg die vitalste. Durch Colmar fährt ein Touristenbähnle, durch Straßburg fährt auch eines, aber auch eine Straßenbahn. Und was für eine, flott und schnittig im TGV-Stil. Also nicht so historisch wie die grüne Tram von Basel und nicht so demonstrativ gutmenschenhaft wie in Freiburg, wo mit jedem neuen Gleiskilometer ein fundamentaler Beitrag zur Schließung des Ozonloch geleistet wird. In Straßburg fährt die Straßenbahn ohne ideologischen Überbau. Die Stadt hat schon was von der Gelassenheit großer Städte. Da können sich die Touristen (es sind viele und sie sind immerdar) noch so durch die Fachwerkviertel schieben, Straßburg bleibt davon vergleichsweise unbeeindruckt, was vermutlich an einer Art langjährigem Ehepaareffekt liegt. Der andere ist einfach da und so schont man sich im Rahmen der Möglichkeiten.

Sicher wäre die eine oder andere Winstub ohne Japaner und Sauerkrautgourmets vermutlich schon längst zu, was kein Verlust wäre. Ähnliches gilt für die unzähligen Afro-Trommel-Leder-Folklore-Einwegmodeläden, die wie der gemeine Wegerich aus allen Ritzen sprießen, an denen Fremde vorüberziehen. Wahrscheinlich gäbe es ohne all die Fachwerk- und Gassenidylle auch keine 'Dieterle-Gastronomie' rund um den Münsterplatz, wo ein findiger Deutscher das Elsass genau so inszeniert hat, wie man sich das Elsass in Wermelskirchen vorstellt. Eine Nostalgieshow mit durchgehend warmer Küche.

Ohne Europarat, dem angeschlossenen Hofstaat und beigeordneten Günstlingen wäre vermutlich auch das eine oder andere Spesen- und Sternelokal obsolet. Aber der EU-Wanderzirkus trifft sich derzeit immerhin noch viermal im Monat in Straßburg und man darf vermuten, daß auch ein einziger monatlicher Konvent der Räte genügen würde, um die beachtliche paneuropäische Infrastruktur Straßburgs aufrechtzuerhalten. Andererseits sind es natürlich auch diese Gaukler und Profiteure, die für eine Weltsättigung der Stadt sorgen, die einzig ist am Oberrhein. Allenfalls Basel kann da mithalten, aber ganz anders, auf Basler Art, zurückhaltend bis zum Exzeß. Aber das nur am Rande.

Auch im Kern verfügt Straßburg über Einrichtungen, die für den Befund Großstadt sprechen. Nur eines fehlt: ein großer, repräsentativer Platz, der zur Bedeutung der Stadt paßt. Was der zentralen Place Kleber durch die auch in Frankreich übliche Zwangsverhübschung angetan wurde, spricht für sich - und die anderen Plätze sind klein und im besten Fall nett. Also nicht lange nach der Größe des Raumes suchen, die Stadt hat anderes zu bieten. So fahren zum Einkaufen viele Menschen nach Straßburg rein und nicht aus der Stadt raus. Selbst im touristensatten Carré d'Or, also im Fachwerklabyrinth ums Münster, gibt es in der Rue de Orfèvres mit *Frick-Lutz* eine Metzgerei, die diesen Namen verdient. Der Zustand und das Sortiment einer Innenstadtmetzgerei und von ein paar anderen Instituten sagt mehr über das soziale Gefüge einer Stadt als zehn kluge Studien. Eigentlich ist

Straßburg, Feinkost im Carré d'Or beim Münster

Frick-Lutz keine Metzgerei, sondern eine Fundgrube für Qualitätsfanatiker, zugleich Anklage gegen alle Supermarkttheken und Grobfinger. Allein, wie die Einkäufe dort verpackt, verschnürt und verknotet werden, lohnt den Kauf eines Bresse-Huhnes. Ein paar Häuser weiter die Fromagerie von Cyrille und Christelle *Lorho*, ein grade mal garagengroßer Verkaufsraum, aber eine Welt für sich. Käse bis unter die Decke, auf klimatisierten Regalen im klimatisierten Laden. Eine Chocolaterie hat es auch noch in der schmalen Orfèvre-Gass', gleich daneben einen Krawattenladen sowie andere Exemplare der aussterbenden Spezies Herrenausstatter. Und überhaupt eine Angebotsbreite, die von der uniformen Filialisierung deutscher Großstädte noch weit entfernt ist.

Um's Eck in der Rue du Chaudron mit *Le Clou* und *Chez Yvonne* noch gleich zwei Ikonen der Weinstubengastronomie, allerdings glauben nur Optimisten, daß ausgerechnet hier, im Zentrum des touristischen Umtriebs, das ach so unschuldige Stüble wartet. Auch Romantikgastronomie ist ein hartes Geschäft. Aber gut, wer nicht auf 'Schiefele', rauchgebeiztes Holz und Riesling im grünstieligen Glas verzichten mag. Mein Stueble liegt ohnehin woanders, es heißt *Saint Marc*,

Die hochfeine Fischkajüte, La Cambuse

hat keine karierten Tischdecken, kein Holz und fast kahle Wände, aber viel Herz. Summe:

- Eine Fahrt nach Straßburg lohnt allein wegen der guten, überraschend vielfältigen **Einkaufsmöglichkeiten**. Selbst im ärgsten Dunstkreis der Münstertürme, auf den rundgelaufenen Pflastergassen im Carré d'Or, haben sich seriöse Fachgeschäfte gehalten. Nur ein paar Schritte weiter Spezialsortimente zur Auffrischung besonderer Bestände, sei es nun weißes Porzellan, ein Kaschmir-Twinset oder ein Label-Klassiker. Details im Adressenteil.

- Einkaufen macht hungrig. Eine Fahrt nach Straßburg lohnt sich - trotz der touristischen Dauerbelagerung - auch wegen der **Gastronomie**. Sogar in Straßburg, das mit seinen teuren Renommierhäusern einerseits und den Weinstuben und Fachwerksfallen andererseits sicher kein leichtes Pflaster ist. Aber die Weinstubenromantik ist ja nur die eine Seite, wer die Kuschelecken mag, kann es dort versuchen. Adressen, die nach Jahrzehnten unter Volllast unverbraucht daherkommen, sind rar, aber es gibt sie. Oft entscheiden aber auch hier die Tagesform und die Stimmung der Gäste am Nebentisch. Zwischen Luxusklasse und Holzbankcharme gibt es zudem

Solide Mittelklasse im Zentrum, Hotel Gutenberg

gute Adressen ohne Elsässer Schmäh. Brasserien, Meeres-früchte-Tankstellen, ganz normale Trinkstuben mit Herz und - ausgerechnet im Hochromantiktrakt La Petite France - mit *La Cambuse* ein seit Jahren bewährtes, nach wie vor taufrisch aufkochendes Fischlokal. Allein deshalb würde eine Fahrt an die Ill lohnen. Details ebenfalls im Adressenteil.

- Einkaufen *und* Einkehren macht zufrieden und eventuell müde. Mit dem charmanten, womöglich noch preiswerten Hotel ist das so eine Sache. Ich kenne jedenfalls keines, das bedingungslos zu empfehlen wäre. Wer viel Geld für eine mittelmäßige Unterkunft, oder sehr viel Geld für ein eben gutes Hotel ausgeben möchte (in dem man dann neben ei-ner munteren Reisegruppe frühstückt), kann sich an die üb-lichen Michelin-Adressen halten (hier besonders: *Hotel Beau-cour*, Lage aber nicht ruhig) - wenn die Europaräte mit Hof-staat tagen, herrscht ohnehin Zimmermangel. Wer noch fah-ren kann, findet gleich hinter der Grenze in Kehl, im *Rebstock* eine überlegene Alternative. Wer mitten in der Stadt bleiben möchte und mit ganz ordentlicher Zweisterne-Mittelklasse zufrieden ist, findet im *Hotel Gutenberg* eine Adresse, die bei sozialverträglichem Preis eigentlich alles bietet, was für eine

Nacht gebraucht wird. Bett, Dach und Dusche, von einigen Zimmern der oberen Stockwerke sogar noch einen Traumblick auf Gassen und Münster. Die französischen Handlungsreisenden und Kleingewerbler, die hier gerne unterkommen, sehen das vermutlich auch so. Nach Lage ähnlich günstig, in Komfort und Preis etwas höher, da direkt in der Fußgängerzone auch etwas ruhiger: *Hotel Rohan*, gleich um die Ecke vom gleichnamigen Palais, ebenfalls nur Minuten vom Münsterplatz.

Sonst noch was zum Thema Straßburg. Kein Museum, keine Galerie? Bloß kein schlechtes Gewissen, Hochkultur besuchen wir das nächste Mal. Jens Jessen hat mir in frühen Jahren mal erzählt, er erfahre in den Auslagen eines Schuhgeschäftes mehr über das Leben in einer Stadt als in den Vitrinen der Museen. Der Mann ist mittlerweile Feuilletonchef der Zeit. Schwer zu sagen, ob trotz oder wegen dieser Einsicht.

Kehl und die Brück' nach Straßburg

Die meisten Leser werden via **Kehl** nach Straßburg kommen. Zu Kehl wäre unter anderem zu sagen, daß es sich um eine kleinere, recht muntere Grenzstadt handelt, deren Zentrum wie das einer kleineren Grenzstadt aussieht. Eine Agenturmeldung vom Sommer 2003 wirft ein kurzes Streiflicht auf weniger bekannte Ränder der Stadt: „In einer illegalen Pokerrunde von Türken aus Kehl und Straßburg gerieten in der Nacht zum Freitag zwei Spieler in Streit. Ein 31-jähriger, der schlichten wollte, erlitt dabei einen Bauchschuß aus einem Schießkugelschreiber. Der Schütze und ein weiterer Mann brachten ihn ins Krankenhaus, wo das Projektil entfernt wurde." Dachte immer, Schießkugelschreiber gibt es nur noch im Film.

In der Kinzigstraße, also auch etwas am Rande von Kehl, befindet sich die Fachhochschule für öffentliche Verwaltung. Der ästhetisch nicht weiter auffällige Zweckbau im Krankenkassenstil der frühen 80er Jahre gilt als eine Art Badischer Kaderschmiede zur Formung smarter Provinzbürgermeister,

Kämmerer und Hauptamtsleiter. Absolventen werden vom Volksmund mitunter auch als „Kehler" bezeichnet, was nicht immer so wertfrei zu sehen ist, wie es klingt. In einem den Verwaltungsaufgaben weniger gesonnenen Kreis der Bevölkerung ist auch zu hören, in Kehl würde man lernen „wie der Bürger verarscht wird".

Im Jahr 2004 findet in Kehl und Straßburg eine binationale Gartenschau als kofinanziertes Projekt statt (Eurodistrikt und so). Die Brachlandschaft um die Europabrücke wird aus diesem Anlaß endlich ab- und aufgeräumt, südlich davon wird es längs der beiden Rheinufer zu den üblichen Blumenrabatten, Promenaden und Erlebniszonen kommen, über deren höheren Sinn nicht hier und jetzt, sondern historisch entschieden wird.

Manches Landesgartenschaugelände hat sich mit den Jahren ja zu einer recht tristen Angelegenheit entwickelt, die in erster Linie der nichtseßhaften Bevölkerung zur Erbauung dient (was nicht nur um den Freiburger Seepark deutlich wird, auch in Weil am Rhein liegt über manchem Beet die Tristesse). Interessant wird es ja erst, wenn die Reden gehalten und das letzte Kassenhaus geschlossen sind.

Fachhochschulen und Binationale Kompetenzzentren

Aus Gründen der Völkerverständigung und anderer hehrer Ziele, welche die unmittelbaren Anlieger auf Kehler Seite allerdings weniger verstehen mochten, wurde uns Europäern im Rahmen der binationalen Gartenschau 2004 auch gleich eine Fußgängerbrücke über den Rhein verordnet. Es wächst nun also zusammen, was zumindest partiell gar nicht zusammenwachsen wollte. Die von einem der üblichen französischen 'Stararchitekten' gestaltete und nach ihm benannte Mimram-Brücke war zunächst mit 11 Millionen Euro projektiert. Schon diese Summe sorgte für heftiges Gezerre unter den beteiligten Parteien, Begünstigten und Betroffenen auf beiden Seiten des Rheins.

Nach Baubeginn zeigte nicht nur die politische, sondern auch die statische Konstruktion der Fußgängerbrücke einige

Schwächen, Nachbesserung war allein aus Stabilitätsgründen unvermeidlich. Aber Straßburg will sich nicht so recht an den Kosten beteiligen, was die Kehler Verwaltung weniger freut. Im Herbst 2003 kam ein überraschendes Argument vom Bürgermeister hinzu: abreißen sei mittlerweile genauso teuer wie weiterbauen. Weitere Akte zur Brückenposse dürften sicher sein. Ende 2003 lagen die erwarteten Kosten der Mimram-Brücke bei 21 Millionen Euro. Gleichzeitig erfahren wir, daß nun auch zwischen Weil und Huningue ein fußgängerverbindender Brückenschlag in Planung ist, Baukosten 4,9 Millionen Euro (geplant).

Unklar bleibt, ob die Kunst 'Wie mache ich 11 zu 21 Millionen Euro' auch in der Kehler Fachhochschule für öffentliche Verwaltung gelehrt wird. Ich wollte es lange nicht glauben, aber auch beim öffentlichen Hoch- und Tiefbau kommt mir immer öfter die Maxime des Historikers Edward Gibbon in den Sinn: "Man traue keinem erhabenen Motiv für eine Handlung, wenn sich auch ein niedrigeres finden lässt."

Noch mal Eurodistrikt: In Kehl werden die vier deutsch-französischen Beratungsstellen künftig in einem 'Binationalen Kompetenzzentrum' zusammenarbeiten. So kommen die für Grenzgänger zuständige Beratungsstelle 'Infobest', die für grenzüberschreitende Verbraucherfragen zuständige Stelle 'Euro-Info-Verbraucher', das für die Fortbildung der öffentlichen Verwaltung zuständige 'Euro-Institut' und das gemeinsame Sekretariat der Oberrheinkonferenz nun unter dem Dach der noblen Villa Rehfuß zusammen. Was wiederum 25 Mitarbeiter in Lohn und Brot bringen wird. Mir liegt an dieser Stelle daran, zu versichern, daß dieses grenzüberschreitende Werk mit keinem Cent aus Europäischen Kassen unterstützt wurde. Bevor einem vor lauter grenzüberschreitender Bürgerbeglückung schwindlig wird, sei an jenen Humor erinnert, den die Österreicher eigens für den Umgang mit der öffentlichen Verwaltung entwickelt haben. „Zum Abbau der Bürokratie fehlen uns einfach die nötigen Beamten."

Tisch und Bett und mehr

i *Office de Tourisme,* 17, Place de la Cathédrale, Tel. 0033-388 52 28 28, Fax: 0033-388-52 28 29, otsr@strasbourg.com, www.strasbourg.com. Büros am Bahnhof und an der Grenze/Europabrücke.

Einkehren: Viele der **Weinstubenklassiker** im Zentrum, speziell jene im 'Goldenen Viertel' bei der Kathedrale wirken auf mich oft überbesucht und überpreist. Beachte: Fast alle Weinstuben haben am Sonntag geschlossen.

- Schier unverwüstlich, auch was den herben Service betrifft: *Zum Strissel.* Mehr auf einen kalten Imbiß oder Sandwich als für warmen Essen. 5 Place Grande Boucherie (Altstadt, zwischen der Rabenbrücke (Pont du Corbeau) und Palais Rohan. RT: So und Mo. **Preise**: günstig-mittel.

- Ansonsten zentral im Carré d'Or, beide mit klassischem Interieur, urgemütlich, aber auch mit herzhaften Preisen: *Le Clou,* 3 rue du Chaudron, Tel. 0033-388-321167, wohnzimmerklein, zuverlässig, atmosphärisch, RT: Sonn- und Feiertage, Mi-mittag. Gleich ums Eck eine weitere Ikone der Weinstubenszene, *Chez Yvonne,* 10, Rue du Sanglier, Tel. 033-388328415, RT: So und Mo-mittag, zum Essen reservieren. **Preise**: gehoben.

- Siebecks Liebling: *La Coccinelle*; 22 Rue Sainte Madeleine (Krutenau), Tel. 0033-388-36 19 27. RT: Sa-mittag und So.

- Meine bevorzugte Weinstube liegt weder im 'Goldenen Viertel' der Altstadt, noch sieht sie innen aus wie eine typische Elsässer Weinstube. Das *Saint Marc Stuebel* ist auch kein sonstiges Stüble, es ist das ganz schlichte Lebens- und Wirtszimmer von Mme Marie Eve Cuccia, einer Dame mit Herz und Neigung für jene letzten Gäste, die auch ein spezielles Angebot schätzen können. Also keine karierten Decken, keine Sauerkrautplatten, sondern San Daniele Schinken, 'Charcuterie Italienne' und andere Referenzen an Italien (und ihren verstorbenen Mann), beim Wein neben wenigen Elsässern und Franzosen auch einen Primitivo della Puglia. Die Räume und die Stimmung sind seit Jahren unverändert wie die Karte. Darauf Legenden wie 'Salad Waldorf' und Filets, die ganz strikt serviert werden, mit pommes sautées oder einem grünen Salat. Die Preise sind so patiniert-gestrig wie das ganze System. Die Wände sind nur mit dem Nötigsten geschmückt, die Tische dito, auf dem Tresen liegt ein Stapel Schallplatten (richtig gelesen, Schallplatten), die Stimmung ist exklusiv im ursprünglichen Wortsinn, am besten an einem Wintertag, wenn die Scheiben beschlagen. 20, Rue St. Marc (versteckt, aber in Laufweite, am Rand der Altstadt, nahe Quai Finkwiller), Tel. 0033-388-36 45 42, RT: So, nur abends geöffnet. **Preise**: günstig-mittel.

- **Restaurants, Brasserien**: *La Cambuse* ist alles andere als ein Geheimtip. Das kleine, feine Fischrestaurant, das innen mit seinen gerade mal sechs, sieben Tischen wirklich wie eine Yachtkajüte aussieht, gehört mit der präzisen und seit Jahr und Tag zuverlässigen Fischküche dennoch zu den kulinarischen Ausnahmeadressen in der Stadt. Umso mehr, als es mitten in der belagerten Fachwerkidylle des 'La Petite France'-Viertels liegt. Wer hier bei seinem Stil bleibt, hat Charakter und der zeigt sich auch auf dem Teller. Seit jeher gibt es nur die kleine Karte mit vier, fünf Vorspeisen, ebensovielen Hauptgerichten, evtl. noch etwas Aktuelles nach Ansage. Ausschließlich Fischgerichte, diese aber so delikat, exakt gegart und von Elisabeth Lefèbvre mit asiatischer Hand zubereitet, wie nirgendwo in der Stadt. Keine schweren Sahnesaucen, keine Blätterteighäubchen, kein bemühter Dialog an und von, dafür frische Ware punktgenau zubereitet (u.a.: geangelter Wolfsbarsch, Dorade, Gambas, Schwertfisch, als Beilage asiatischer Duftreis). Inhabergeführt vom Ehepaar Lefèbvre, effektiv-speditiver Service ohne Oberkellneralüre, entspannte Stimmung, in der Mehrzahl gelernte Gäste. Rue des Dentelles (Altstadt, Petite France), Tel. 0033-388-22 10 22, RT: So und Mo. Abends Kü-

Frische Ware, punktgenau zubereitet - La Cambuse

che in der Regel bis nach 22 Uhr (aber unbedingt reservieren). **Preise**: gehoben.

- *La Mauresse*, eine unkomplizierte Tankstelle für Fisch- und Meeresfrüchte, zentral und praktisch. Das Angebot wird draußen auf dem Kühltresen präsentiert und ohne viel Klimbim zubereitet. Breite, unprätentiöse Auswahl vom Austern- und Crevettenplättle bis zum Hummer (wenn es denn sein muß, auch Choucroute mit Fisch), 7 Rue du Vieux Marché aux Poissons (Altstadt, nahe Pont du Corbeau, mit Freiterrasse), Tel. 0033-388-75 55 27, RT: Soabend, Mo. **Preise**: günstig bis mittel.

- *Brasserie Kirn*, nur ein Haus neben dem Gastrodenkmal *Au Crocodile* die volkstümliche, aber nicht primitive Variante für alle Tage. Die Marke *Jean Paul Kirn* steht (seit 1904) für kulinarisches Engagement in der Stadt (es gibt allein sieben Kirn-Traiteur-Filialen in Straßburg), die Brasserie in zentraler Lage der Altstadt bietet alle gewohnten Standards in gepflegtem, aber nicht artifiziellem Ambiente. Routiniert zuverlässiger Ablauf der Dinge. 6-8 rue de l'Outre, Tel. 0033-388-52 03 03, So-abend geschl. **Preise**: mittel.

- *Restaurant-Brasserie Le Pont des Vosges*. Lebhaft-elegante Brasserie am Rand der Altstadt, und damit schon außerhalb des Fachwerkrummels. Geboten wird eine handwerklich aufrichtige, also eher seltene Küche, die freilich selbstbewußt kalkuliert erscheint. Schon das Baguette liefert einen ersten Hinweis auf den Qualitätsbegriff im Haus. Auf der Standardkarte auch Vorspeisen, die als halbe Portion angeboten werden, etwa ein Presskopf von Lachs und Lotte, dazu Klassiker vom Lammcarré bis Entrecôte. Zudem wird eine wechselnde Tageskarte aufgelegt, etwa mit mariniertem Freilandgemüse aus der Normandie, Hase nach Großmutter Art oder ein Kalbsblankett, im schweren Gusseisengeschirr serviert und so zart, daß es mit dem Löffel zerteilt werden könnte. Dazu passen der souveräne Service und die gediegene Stimmung. Alles in allem sicher keine Revolution, aber kulinarisch reformiertes Elsass. Mittags Bürgertum und einige Gäste aus den Behörden in der Umgebung, abends Küche bis 24 Uhr, kleine Freiterrasse zur belebten Av. Vosges. 15, Quai Koch/Ecke Av. des Vosges (wenig nordöstl. der Altstadt), Tel. 0033-388-36 47 75, RT: So. **Preise**: gehoben.

Einkaufen: Straßburg lohnt auch als Einkaufsstadt. Bis heute überrascht eine Angebotsvielfalt mit spezialisierten Läden, gut sortierten Magazinen und seit Jahrzehnten etablierten Institutionen. Zwischen dem weltweit vertriebenen Livestyleschrott und dem ebenfalls weltweit vertriebenen Rangabzeichen von Hèrmes bis Prada (welche in Straßburg besonders umfangreich angeboten werden), findet man hier immer wieder das Besondere. Eine kleine Auswahl, um die Konsumlaune etwas anzustacheln, der Rest ergibt sich dann ja erfahrungsgemäß en passant. Zu beachten: Viele Läden haben Mo-vormittag geschlossen.

Die großen *internationalen Modelabels* liegen konzentriert im 'Carré d' Hèrmes' - also in und um die *Rue de la Mésange* (wenige Meter nordöstl. Place Kléber). Die Straßburger Hèrmes-Filiale mit dem größten Sortiment im Südwesten (bedeutend größer als etwa in Stuttgart, Basel oder Mulhouse): 2 Rue de Mésange. Tel. 0033-388-32 39 91.

Das **Carré d'Or** ('Goldenes Viertel', Fußgängergassen zwischen Münsterturm, Place Gutenberg und Place Kléber) bietet allein schon in der populären *Rue d'Orfèvre* eine Ballung interessanter Möglichkeiten zu Themen von Kulinarik bis (Herren-)Konfektion:

- *Frick-Lutz*, eine Metzgerei für die Sinne, die Fleischermeister stehen in Hemd und Krawatte hinter dem Tresen, die Auslagen sprechen für sich, nicht 20 Sorten Brühwurst, sondern von allem das Beste. Auch beim Geflügel (das Haus gehört zum Straßburger Traiteur-Imperium *Jean Paul Kirn*, vgl. auch unter Restaurants). 16, Rue de Orfèvre, Tel. 0033-388-32 60 60. Weitere Filialen: 5, Rue de Chaudro; 20 Rue d'Austerlitz; 3, Place de l'Ille-de-France, Straßburg-Meinau.

Meilleur Kougelhopf d'Alsace - Jean Claude Schmitt, Pont Ste. Madeleine

- *Naegel*, feine Patisserie, in der ohnehin feinen Gass' im Carré d'Or, alles hausgemacht, auch Pralinen, mit kleinem Café, 9, Rue de Orfèvres. Tel. 0033-388-32 82 86.

- *Fromager-Affineur Lorho,* kleiner Laden mit großem Sortiment. Präsentation und Auswahl erstklassig. Für Käseliebhaber ein Muß. 3, Rue de Orfèvres. Tel. 0033-388-32 71 20.

- *Eric Bompard*, Cachemire. Cashmere total - mit gut 20 Filialen gehört Bompard zu den namhaften Anbietern von klassisch modischen Cashmere-Strickwaren für Damen und Herren. In Frankreich ein Begriff, hierzulande bislang nur in Berlin, Düsseldorf, Hamburg und München vertreten. Überlegene Sortimentsbreite, wunderschöne - modische und klassische - Farben. Da es sich bei den Teilen nicht um Eintagsfliegen handelt, kann Fehlendes nachbestellt werden, vergleichsweise anständige Preise. Mo-vormittag geschl., sonst bis 19 Uhr. 22, Rue des Juifs (Altstadt). Tel. 0033-388-24 20 97. www.eric-bompard.fr

- In der *Rue des Juifs* (die im Nordosten, direkt hinter der Kathedrale beginnt) und in angrenzenden Straßen weitere Bekleidungs- und Modegeschäfte mit ausgesucht bis ausgefallenem Sortiment.

- *Les porcelaines*, 'Spécialisé en Porcelaines Blanches' steht über dem Laden und damit ist fast schon alles gesagt. Weißes Porzellan ohne Dekor in riesiger Auswahl zu sehr anständigen Preisen. 22, rue de la

Les porcelaines - Spezialist für weißes Porzellan

Division Leclerc (Altstadt, nahe Pont St. Nicolas), Tel. 0033-388-22 20 32.

Nostalgisch entspannen: Die *Bains Municipaux* sind ein Relikt aus der Gründerzeit öffentlicher Stadtbäder. Kein Spaßbad, eine Badeanstalt mit dicken Rohre, schweren Armaturen und viel Jugendstil. Dazu gehört ein Hallenbad wie ein Maschinenraum, mit Chlor-, statt Ölgeruch, trotzdem gut besucht. Origineller als das nicht so große Becken der *Grande Piscine* sind die Römischen Bäder - *Bains Romains* - im gleichen Gebäudekomplex, der nur von außen etwas abweisend wirkt. Leider sind die Öffnungszeiten der diversen Bäder, Saunen und Abteilungen kompliziert gestaffelt. Deshalb hier nur die Zeiten für die Bains Romains (es gibt noch eine Sauna und Wannenbäder): Mo 13-19 Uhr (Herren), Di 14-21 Uhr (gemischt), Mi 13-20 Uhr (Damen), Do 14-21 (Herren), Fr 9-12 und 14-20 Uhr (Damen), Sa 13-18 Uhr und So 8-13 Uhr (gemischt). Alle anderen Zeiten: Tel. 0033-388-25 17 58. 10, Boulevard de la Victoire (in Laufweite vom Zentrum, zwischen Campus und Altstadt).

Hotels: Wie schon im Text erläutert, keine leichte Übung, unter manch' anderen ist das *Hotel Gutenberg* sicher eine solide Wahl in der funktionalen, zentral gelegenen Zweistern-Mittelklasse. 42 Zimmer hinter historischer Fassade, viele Stammgäste, wenig Touristen, 31, Rue des Serruiers (zentral in der Altstadt gelegen), Tel. 0033-388-

Die Alternative in Kehl - Grieshabers Rebstock

32 17 15, Fax: 0033-388-75 76 67, www.hotel-gutenberg.com. **Preise**: mittel.

- Eine Preisklasse höher, etwas mehr geschmückt: *Des Rohan*, 36 Zimmer, zentralst in der Fußgängerzone, zwischen Palais Rohan und Kathedrale. 17, Rue Maroquin, Tel. 0033-388-32 85 11, Fax: 0033-388-75 65 37, www.hotel-rohan.com (auf der homepage werden immer wieder Sondertarife angeboten). **Preise**: mittel-gehoben.

- **Die Alternative in D-Kehl**: Für alle, die nicht direkt in Straßburg übernachten wollen, wäre Grieshabers *Rebstock* in Kehl zu beachten. Ein kräftig durchdesigntes Hotel mit 'Badischem Wirtshaus', wie es im Hausprospekt heißt. Nun denn, wenn alle badischen Wirtshäuser so sorgfältig und mit so viel persönlichem Engagement betrieben würden, dann müßte man sich keine Gedanken über unsere Gastronomie machen. In Kehl und um Kehl herum steht der Rebstock ziemlich allein auf weiter Flur: 48 Zimmer, luftig frische und positiv stimmende Räume, ebenso die Küche. Große Sommerterrasse, gediegen, unverkrampfte Atmosphäre. D-77694 Kehl, Hauptstraße 183, Tel. 07851-910 40, Fax: 785 68, www.rebstock-kehl.de. Hotel-RT (im Wirtshaus): So und Mo, sonst ab 17 Uhr, Küche bis 23 Uhr. **Preise**: gehoben.

Basel

Streifzüge zwischen Großstadt und Dalbe-Lädeli, zwischen weltoffen und kauzig. Diskrete Bars und ein Billard Club in der St. Alban Vorstadt. Eine Villa im Park, einer der schönsten Plätze der Schweiz, ebendort eine Lesegesellschaft mit Rheinblick.

In jenen Kreisen der Stadt, die zum sogenannten Basler Teig gehören, dürfte der neue Anstrich der Basler Tram (Mintgrün statt altem Fensterladengrün) keine Begeisterung ausgelöst haben. Wo auf spiegelblank polierten Messing-Türschildern allenfalls Initialen stehen, sind weichgespülte Pastellfarben ungewohnt. Dem alten Bürgerstand, dem 'Daig', der seit Jahrhunderten scharf denkt, analysiert und akkumuliert, müsste auch das verunglückte Tram-Häuschen im gediegenen Edelstahl-Pissoir-Style am Barfüsserplatz zu denken geben. Wenn das der alte Jakob Burckhardt noch gesehen hätte. Suspekte Entwicklungen, wie die Dauereuphorie um den neuerdings europäisch nicht mehr so erfolglosen Fußballclub FC Basel. Seit Jahren sind in der Stadt mehr rot-blaue Vereinsflaggen

des FC Basel als Schweizerflaggen zu sehen, ganz zu schweigen vom schwarzweißen Baslerstab.

Wer andererseits einmal des Abends durch die ruhigen Wohnstraßen im Nobelviertel Bruderholz spazieren ging und dort beobachten konnte, wie sich hinter weißen Vorhängen Paare an langen Marmortischen anschweigen, wer die Therapeutendichte und chronische Überintellektualität der Stadt kennt, wer weiß, daß es in Basel bald soviel Hanfläden wie Bäckereien geben dürfte, der ahnt natürlich auch, daß die Basler Fasnacht allein als emotionales Ventil längst nicht ausreicht. Zumal die Basler Fasnacht kein Ventil, sondern ein Exerzitium ist. Wie so vieles in einer Stadt, in der man sich auf französisch entschuldigt und auf baseldeutsch flucht.

'Natürlich' heißt auf Baseldeutsch 'nadyrlig', was man bereits in Zürich seltsam findet, in Lörrach aber noch einigermaßen versteht. Der verstorbene Basler Journalist und Humorist Hanns Christen (-sten) hatte einst für den Nebelspalter die Wahlbaslerin Finette Wanzenried erfunden, eine Person, die im Badischen als Adolfine Pfleiderer geboren wurde. Auch ohne Kenntnis aller Fettnäpfe, welche Frau Wanzenried in Basel betreten durfte, läßt sich sagen, daß Nicht-

Understatement gehört zum guten Ton

Basler aller Kantone und Länder, jede Form von Eingemein-
dungsbemühung oder Anwanzung vermeiden sollten, die
tonangebenden Kreise bleiben vergleichsweise verschlossen.
Es genügt jedenfalls nicht, mit der putzigen Münsterfähre
von Kleinbasel aus überzusetzen. Auch wenn sich Prominente, dekorativ auf dem schmalen Holznachen sitzend, gerne
vom Fernsehen ablichten lassen, wenn es um ein paar schnelle Bilder mit städtischem Lokalkolorit geht. Der gepuderte
Rabe bleibt nicht lange weiß. In einer Stadt, in der das Valium erfunden wurde, wird das Gekrabbel der Aufsteiger mit
einer gewissen Gelassenheit betrachtet.

Das schöne, historisch so reiche Basel am elegant geschwungenen Rheinknie fand über die Seidenbandweberei
und Färberei zur Chemie und weiter zur Pharmazie, zum
Diazepam (vulgo: Valium) und anderen Blockbustern, wie in
der Branche Präparate heißen, die weltweit für eine Milliarde Umsatz gut sind. Die Pipeline von Novartis und Roche ist
derzeit ordentlich gefüllt, Allergene, Viren und Verspannun-
gen werden weiter für einen selbstregenerativen Markt sorgen, was aber nur eines ist. Wenn man in Zürich vom Zins
lebt, dann - so heißt es jedenfalls in Basel - genügt am Rhein
immer noch der Zinseszins.

Rheinfähre gehört zum Inventar

So fanden bereits vor ein paar Jahren einige Damen der Gesellschaft zusammen, weil ihnen das Stadttheater nicht mehr so recht gefiel. Das Kränzchen kreißte und gebar kurzerhand eine millionenschwere Stiftung zur Behebung der Kalamitäten. Das bedeutende *Kunstmuseum* Basel ist die älteste, von einem städtischen Gemeinwesen getragene Sammlung der Welt. Privat finanzierte Sammlungen wie das *Museum Jean Tinguely* (am Rhein), vor allem aber die einzigartige Sammlung klassischer Moderne in der *Fondation Beyeler* (in Riehen) gehören zu den weltweit beachteten Museen.

Basel ist immer beides

Die Inbrunst, mit der sich Fastnachtssympathisanten die alljährlich verkauften Mitläufer-Plaketten (Blaggette!) ans Revers stecken, steht allerdings jener von ostwestfälischen Schützenvereinen in nichts nach. Die Attitüde, mit der manche Kunstpraktikanten in alternativen Sammelbecken wie etwa dem *Unternehmen Mitte* auftreten, ist nur noch rührend. Und die mitunter wie eine lästige Übung vollzogene Höflichkeit steht im krassen Gegensatz zur immer wieder behaupteten Schwei-

Was macht der Fremde in Basel - gucken und einkaufen

zer Lebensqualität. Wenn es nicht um glatten Service, sondern um die Nähe der Herzen geht, bietet mancher apulische
Alimentari mehr als der ganze Globus zusammen. Wobei
sich die große italienische Gemeinde Basels in der Regel erstaunlich schnell an den Nordschweizer Umgangston ge-
wöhnt. Aber egal, Basel ist immer beides. Downtown Freie
Straße treffen Herren in feinem Tuch auf Maronibräter. Am
lautesten in der Stadt ist das Quietschen der Straßenbahnen,
deren Nutzung (trotz neuer Pastellfarben) nicht schichtspe-
zifisch festzumachen ist. Auch sonst empfiehlt sich eine gewisse Zurückhaltung bei der Interpretation von Statussymbo-
len. Anders als in Deutschland läßt eine Fahrradklammer am
Hosenbein kaum Rückschlüsse zu, weder ideologisch noch fi-
nanziell.

Und was macht der Fremde in Basel. Das Gleiche wie in jeder anderen Großstadt auch. Gucken und einkaufen, einkehren und sich über die Preise aufregen. Zum besseren Ver-
ständnis mancher Usancen seien Deutsche, die in der Stadt
als Gastarbeiter und Konsumenten leidlich gerne gesehen
werden, an ein paar Zahlen erinnert. Die Wirtschaftsleistung
der Schweiz, mit sieben Millionen Einwohnern, entspricht in

etwa der von 30 Millionen Durchschnitts-EU-Einwohnern. Die Wirtschaftsleistung der Beschäftigten Basels würde also ohne weiteres jene einer virtuellen europäischen Durchschnitts-Millionenstadt übertreffen. Dies nur zur Relativierung einiger Preise und Sitten am Rhein: Hier ist kein Ökokuckuckucksheim. Die deutsche Mitte wird sich ohnehin daran gewöhnen müssen, manchen Konsum nur noch als Zaungast betrachten zu können, in Basel kann man diesbezüglich schon mal trainieren. Zudem gibt es einige Einrichtungen abseits der allgemeinen Konsumpiste, derentwegen man Basel nur beneiden kann. Vom unauffälligen *Billardclub* in der St. Alban Vorstadt über die ebenso unauffällige wie großartige *Lesegesellschaft* am Münsterplatz bis hin zum *Café Merian* im Botanischen Garten Brüglingen am Stadtrand. Zu schweigen von einzelnen Bars und Wirtsecken, die an einem Tresen bieten, was ansonsten nirgendwo am Oberrhein so diskret versammelt ist: Eleganz, Toleranz und Protektion in einem. Wer's nicht glauben mag, gönne sich mal ein, zwei Tage Basel am Stück, am besten mit viel Auslauf und Übernachtung (Anregungen im Adressenteil).

Kaufkraft hin oder her, auch zum *Thema Einkaufen* finden Sie im Adressenteil ein paar Hinweise, die natürlich weder flächendeckend, noch lexikalisch, oder sonstwie vollständig sein können, sondern (wie alles in diesem Buch) eine sehr persönliche Auswahl, ein Schlüssel, der einen Einstieg erleichtern kann.

Ähnliches gilt für die darauf folgenden *Einkehranregungen*. Wobei selbst unverbesserliche Optimisten - gerade in Basel - schnell erfahren, daß ein allgemein hohes Einkommensniveau nicht zwingend zur kulinarischen Entwicklung breiter Stände beiträgt. Das Thema gehört ja auch mal auf den Tisch: Die Schweizer Gastronomie lebt von ihrem Ruf, von ihrem historisch durchaus begründeten Ruf, aber was einem heute zu Höchstpreisen als gehobene Gastronomie geboten wird, ist oft nicht mehr als eine ziemlich freudlose, evangelische Mechanikerküche. Im besten Fall korrekt (rääächt), aber selten sinnlich. Hier ein Rübchen, dort ein Medaillon und alles im richtigen Winkel zueinander. Mit Genuß hat solche Schablonenküche wenig zu tun.

Im Grunde galt das reziproke Moment in der kulinarisch-ökonomischen Entwicklung schon für die späten Tage der Basler Gastronomielegende Stucki. Mir wurde dort jedenfalls nicht klar, worin die höhere Delikatesse der Darbietung bestand, von der retardierten Einrichtung ganz zu schweigen. Zumindest bei der Küche könnte es sich aber auch um eine besonders elaborierte Form der Basler Zurückhaltung gehandelt haben. Trotzdem fällt einem gerade in Basel eine Unterversorgung mit Authentischem auf, ein kulinarischer Mangel, wie er mittlerweile typisch ist für üppig versorgte Siedlungsplätze im protestantischen Teil des Abendlands. Wie anders wäre zu erklären, daß der chauffierte Rolls Royce eines bekannten stadtbekannten Basler Galeristen mitunter tief im Badischen anzutreffen ist. Die Herrschaften drin am rohen Holztisch hockend, über Schnitzel und Rösti, im Heimatland von Adolfine Pfleiderer.

Und ach, ihr promovierten Olivenölmeister und Baroloexperten, ihr Hobbytoskaner und Merlotwinzer, warum so wenig Selbstverständlichkeit und soviel zweifellos gute Fachmagazine, vor lauter Vinum und Merum wird einem ja bald schwindlig - aber essen und trinken kann man Papier bekanntlich nicht. Trotz aller Degustationen und Jahrgangshuberei bekommt man ja fast keinen sauberen, offen Roten mehr, vom chronisch säureschwachen helvetischen Weißen mal ganz zu schweigen, der läuft ja ohnehin außer Konkurrenz. Ein sauberer Tischwein hat auch was mit dem Leben zu tun.

Schlußbemerkung: auch eine **Übernachtung** in Basel ist natürlich nicht zum deutschen Jugendherbergstarif zu bekommen (es gibt aber eine Jugendherberge, allerdings fast zu Hotelpreisen). Aber nadyrlig wären da einige durchaus charmante Bleiben, in denen aus dem Besuch einer welthaltigen Stadt schon eine Reise in die Nähe werden könnte.

Rivieragefühl in Kleinbasel

Tisch und Bett und mehr

i *Basel Tourismus,* CH-4002 Basel, Aeschenvorstadt 36, Tel. 0041-61-268 68 68, Fax: 268 68 70, www.baseltourismus.ch

Hotels: *Hotel-Restaurant Krafft.* Mein Favorit in Basel, nicht nur wegen der einmaligen Lage (unbedingt eines der nur unwesentlich teureren Zimmer zur Rheinseite buchen), das Krafft ist kein seelenloser Luxuscontainer, sondern ein mit den Jahren gereiftes aufmerksam geführtes Hotel, einfach, klar und qualitativ. Mit historischem Restaurantsaal, Straßencafé zur Rheinseite, Garage. In moderater Preisklasse und zentraler Lage eine der besten Möglichkeiten. CH-4058 Basel, Rheingasse 12 (Kleinbasel, zentral und direkt am Rhein), Tel. 0041-61-690 91 30, Fax: 690 91 31. www.hotelkrafft.ch. **Preise**: gehoben.

Zahlreiche Einkehrmöglichkeiten aller Klassen und Stimmungen gleich ums Eck im quirligen **Kleinbasel**, z.B. in der Rheingasse. Dort: Nr. 3 Bar *Grenzwert* (ist so, wie sie heißt); Nr. 10 *Zum Schmalen Wurf*, multifunktionaler Gastro-Schlauch für fast alle Gelegenheiten, u.a. preiswerte Mittagsgerichte, Terrasse zum Rhein. Nr. 45 die Kleinbrauerei *Fischerstube* mit stadtbekanntem 'Ueli-Bier'.

- *Hotel Au Violon.* Vergleichsweise preisgünstige Unterkunft im unlängst umgebauten alten Untersuchungsgefängnis der Stadt, zentrale Lage, trotz der alten Baubestimmung eine freundliche, zentrale

Frühstück mit Rheinblick, Hotel Krafft

und ruhige Adresse mit 20 kleinen, aber einfach-gut ausgestatteten Zimmern. Mit Restaurant *Brasserie*, dieses von Di bis Sa 11.30 bis 24 Uhr. CH-4051 Basel, Im Lohnhof 4 (Altstadt/Zentrum), Tel. 0041-61-22 69 87 11, Fax: 269 87 12, www.au-violon.ch. **Preise**: mittel.

- *Hotel Balade*. Neues Hotel, bis unters Dach relativ heftig durch-gestylt, 24 schlicht-großzügige, freundliche Doppelzimmer. Modern-luftiges Restaurant, dito Bistrot, Bar, Enoteca. Günstige und zentra-le Lage, Innenstadt in Laufweite. Hotel-**Preise**: gehoben. CH-4058 Basel, Klingental 8 (Kleinbasel, nah am Rhein), Tel. 0041-61-699 19 00, Fax: 699 19 20. www.hotel-balade.ch

Gleich ums Eck: Die *Kaserne*, Musik, Kulturwerkstatt, Restaurant, Bar. Klybeckstr. 1, von 18 bis 24 Uhr, Mo geschlossen. www.musik-kaserne.ch

- *Jugendherberge Basel*. Neben Mehrbett-, auch Einzel- und Doppel-zimmer. CH-4052 Basel, St. Alban Kirchrain 10 (noch zentral, nahe St. Alban-Vorstadt), Tel. 0041-61-272 05 72, Fax: 272 08 33, www.youthhostel.ch/basel. Dito (aber weiter außerhalb): Basel back pack, CH-4053 Basel, Dornacherstraße 192, Tel. 0041-61-333 00 37, Fax: 333 00 39. www.baselbackpack.ch

Viele **Hotels** (auch *Krafft* und *Au Violon*) bieten bei Übernachtung gratis ein sog. 'Moblity-Ticket' zur kostenlosen Nutzung öffentlicher Verkehrsmittel. Fast alle Hotels haben zu Messezeiten erhöhte Preise.

Unlängst geliftete Gastro-Legende, Zum Isaak am Münsterplatz

Münsterplatz

Gerne unterschätzt: Der **Münsterplatz** als Platz, nicht allzu groß, aber architektonisch selten geschlossen und würdig dimensioniert, ohne CAD-Programm. Trotz der (noch) ungelösten Parkplatzfrage, ein historisches hochkarätiges Ensemble mit nahezu 100% kulturbelassenen Fassaden. Ohne Reklame, kein Souvenirramsch, nicht verpollert oder behübscht, nicht touristengängig möbliert. Einfach mal hinstehen, umschauen, das 360 Grad-Panorama speichern und dann an eines der europaweit grassierenden Stadtverschönerungsprogramme denken. Nicht verzweifeln.

- *Zum Isaak*. Die Gastro-Legende am Münsterplatz, nach einem Lifting 2002 nun ziemlich aufgeräumt und angesagt, mit korrespondierendem Publikum. Reichlich gedeckte Töne und aktuelle Brillenformen, man fühlt sich mitunter wie im Zeitgeist-Oberseminar. Tagsüber eher entspannter Café-Bistro-Betrieb mit schönen Tagesgerichten, Abend-Restaurant mit frischer, leichter, mitunter etwas bemühter Welt-Fusions-Küche. Münsterplatz 16, Tel. 0041-61-261 47 12, www.zum-isaak.ch. Di bis So von 9.30-24 Uhr. **Preise**: mittel-gehoben.

- *Rollerhof*. Die Restauration ist Teil des 'Museums der Kulturen', das gediegene Restaurant mit prächtigen Gasträumen leider etwas hüftsteif und teuer; interessanter das kleine, schlicht-geschmackvol-

Ohne Elke Heidenreich Getöse, Lesegesellschaft Basel

le Bistro (ganztags kleine Gerichte aus der Restaurantküche), sowie das Straßencafé zum Münsterplatz, einem der schönsten Plätze der Schweiz. Vor allem ohne Autos und Busse, deren Parkmöglichkeiten demnächst noch weiter eingeschränkt werden könnte. Münsterplatz 20, Tel. 0041-61-263 04 84, www.rollerhof.ch. Di bis Fr 9-24 Uhr, Sa 11-24 Uhr, Mo und So geschl. **Preise**: mittel-gehoben.

Sonst noch was? An der Rheinseite vom Münsterplatz, gleich hinter dem Kastanienhain und neben der Aussichtsplattform 'Pfalz', im ehrwürdigen Haus Nr. 8, noch so eine Institution, um die man Basel beneiden kann. Die *Lesegesellschaft* bietet (gegen bescheidenen Mitgliedsbeitrag von 150 SFR/Jahr) den Genuß halböffentlicher Lektüre in ebensolchen Räumlichkeiten. Ein diskreter Leseclub, nicht englisch, sondern ganz Basel (grandioser Rheinblick, knarzendes Eichenparkett, Raumtemperatur strikt 20 Grad, etwas derangierte Kunstledersessel, Verzehr von Speisen und Getränken nicht gestattet). Es liegen auf: Deutschsprachige und internationale Zeitungen, Journale und Magazine; außerdem Nachschlagewerke, eine Handbibliothek; Ausleihe, auch lit. Veranstaltungen). Die Stammleser (meist wenige), Stimmung und Räumlichkeiten entsprechen der Bedeutung des Lesens. Kein Elke-Heidenreich-Getöse, eher gelassene Nachdenklichkeit. Wenn irgendwo das Wort von der altehrwürdigen Einrichtung paßt, dann hier. Tel. 0041-61-2614349. Geöffnet an 365 Tagen im Jahr, nur für Mitglieder.

St. Alban Vorstadt

Nur ein paar Straßen südlich von Münsterplatz und Wettsteinbrücke, beginnt mit der 'Dalbe' ein reizvolles altbasler Bummelviertel am und über dem Rhein. Galerien, kleine Läden, Theater, Privatbanken, Altbauwohnungen und stattliche Kalksteinbrunnen in anregendem Wechsel. Zwar zentral gelegen, aber schon etwas außerhalb der innerstädtischen Passantenrennstrecken, entsprechende Stimmung, man kann hier auch mal eine halbe Stunde auf einer Bank am Rhein sitzen.

- Unauffällig in einem Kellergeschoß und nur am Leuchtschild zu erkennen, der *Billard Club Basel*. Die Clubräume stehen auch ernsthaft billardinteressierten Gästen und Passanten offen (diverse Arten Carambole, kein Pool und Snooker, keine Vorstadtproleten!). Ruhige, unaufgeregte Stimmung, manchmal hört man minutenlang nur das Klickern der Kugeln. Für ambitionierte Spieler eine der wichtigen Adressen in der Region. An den acht gepflegten Tischen (vier Matchtische, vier Halbmatch-Tische) stehen in der Regel Routiniers, nicht selten Könner, darunter manche aus Asien. Der Club (gegr. 1908, 90 Mitglieder) gehört zu den ältesten der Schweiz, er nimmt an Meisterschaften teil und freut sich über sportlich interessierte Mitspieler. Kleine Bar, Mo und Do wird für Trainierende nach dem Spiel auch ein kleines Abendessen serviert. St. Alban Vorstadt 10, Tel. 0041-61-272 31 77, Mo bis Fr 15-13 Uhr, Di 17-23 Uhr, Sa 14-20 Uhr.

- Wenig weiter gleich zwei Legenden der Traditionsgattung Quartiersbeiz, die sich - wohl auch wegen ihrer kuscheligen Lage und Neststimmung - mittlerweile zu hochpreisigen Gastronomieidyllen entwickelt haben. Somit für die meisten Leser vermutlich eher volkskundlich als kulinarisch interessant und - besonders abends - eher im Erbfall zu empfehlen. *St. Alban Eck* (St. Alban Vorstadt 60, Tel. 0041-61-271 03 20, www.st-alban-eck.ch, RT: Sa-mittag und So), in der Kernzone altbasler Bürgerlichkeit, Bio-Fleisch und Business Lunch, der von 11.30 bis 13.30 Uhr! in Stubenambiente gereicht wird, abends steigen Preise, nicht Atmosphäre. Wenig weiter, nun mit reformiertem Betriebssystem das *St. Alban Stüble* (St. Alban Vorstadt 74, Tel. 0041-61-272 54 15). Aus der alten 'urchigen' Quartiersbeiz ist 2002 ein Edelstüble mit Hochpreisangeboten geworden, diese pendeln zwischen Schweizer Klassik (Geschnetzeltes Zürcher Art, Lammwürfeli mit neuen Kartoffeln, SFR 45) und den üblichen mediterranen Adaptionen an Zitronenmelissejus. Mittags auch interessante Lunchangebote zu mäßig gedrosselten Preisen, RT: Sa-mittag und So; kleines, aber separates 'Cigare-Stüble' im ersten Stock.

- Zum Ausgang mit Abendeinkehr würde ich das **Gundeldinger Viertel** hinter dem Schweizer Bahnhof vorziehen, wo es einfach noch etwas normallebiger zugeht (vgl. unten). Zu meinen kleinen Lieblingsadressen in der St. Alban Vorstadt gehört - auch angesichts der Preise im Quartier - das kleine *Dalbe-Lädeli* (Haus zum Malefizen). Ein Tante-Emma-Laden der feineren Art, oder ein Sozialmuseum, oder eine Krämerladen-Rarität, wie sie wohl nur in Basels St. Alban Vorstadt überleben kann, die ja alles andere als eine Vorstadt ist. Gehen Sie einfach mal rein, vom subtil belegten Brötli und Laugenteilen (mit Bio-Forellenpaste!) bis zur frischen Tagespresse gibt es eigentlich alles, was der Mensch braucht, um hernach zwei, drei angenehme Stunden an der Riviera zu verbringen. Die beginnt gleich unten am Rhein, gegenüber auf der Kleinbasler Seite des Ufers. Dalbe Lädeli, Malzgasse 1 (Haus zum Malefizen).

- Noch eine Einkehr unten am Rhein, altstädtisch-ruhig gelegen, nur ein paar Meter vom Ufer: *Restaurant-Café Papiermühle* (beim Papiermuseum). Café, Kuchen, Mittagskarte mit frischer Küche im ansprechenden Quartier abseits des städtischen Trubels. St. Alban Tal 35, Tel. 0041-61-272 48 48. Di bis Sa 11.30-18 Uhr, So 10-18 Uhr. Freitagabend Italienische Nacht, von 19.30-24 Uhr (na ja - nach Italien ist doch noch ein Stück). RT: Mo. *Museum Papiermühle*: Di bis So 14-17 Uhr, www.papiermuseum.ch

Drei Restaurants in Gundeldingen

Das muntere 'Gundeli', eine ältere Blockbebauung zwischen Schweizer Bahnhof (SBB) und Bruderholz, vereint Szene, Milieu und gewöhnliches Bürgertum ('Stühlinger' hieße das Pendant in Freiburg). Wohnblocks und Altbauten, Türkenläden, Denner-Discount und dazwischen drei gastronomisch interessante Adressen, die gut kombiniert, allemal für ein langes Abendprogramm ausreichen. (Ideal auch, sofern man auf die altbekannten Stadt- und Renommieradressen verzichten kann.)

- Klein, persönlich und angenehm untrendig: *Zur Wanderruh*. Das Ecklokal verspricht eine auch in Basel längst rare Mischung aus gepflegt patinierter Quartiersgaststätte, zeitgemäßer Küche und engagiertem Service. Hier steht der freundliche Wirt noch selbst im Laden, über Mittag gibt es zwei kleine, sauber gekochte - und für Basler Verhältnisse erstaunlich preiswerte - Tagesmenüs, eines davon stets vegetarisch. Abends gilt ein erweitertes à la carte-Angebot mit Tagesfisch und Tagespasta, dazu ein noch bezahlbares 4-Gang-Menü (auch

Ohne Szeneallüren, Wanderruh in Gundeldingen

eine vegetarische Version). Der lässige Charme des Betriebs harmoniert mit dem Namen der Gaststätte, die frei von Szeneallüren bleibt. Die meisten Besucher der Wanderruh sind aus dem Gröbsten raus und lassen ihr Handy aus. In der warmen Jahreszeit kommt ein lauschiger Wirtsgarten dazu, dort könnte man dann endlich das Jackett über den Stuhl legen. Das beste an der Wanderruh: Ihr Schweizer (nicht Basler) Wirt ist ein freundlicher Mensch, der mit seiner Gaststätte lebt und für seine Gäste da ist. Eigentlich ein platter Schluß, aber zu welchen Adressen paßt er noch? Dornacherstr. 151, Sa und So geschl. Tel. 0041-61-361 08 88. www.wanderruh.ch. **Preise**: mittel.

- *Eo Ipso*, Restaurant, Bar, Lounge. In jüngster Zeit beliebte und professionell präsentierte Fabrikhallengastronomie im szenig-beliebten Sanierungsareal 'Gundeldinger-Feld'. Dreispartenangebot mit Frontcooking für schier alle Wechselfälle des Abends, vom Stehconvent an der durchaus elegant-herben Bar über das Abhocken mit kleinem Imbiss, bis zum Rehentrecôte unter den Lastkrähnen des hallenhohen Fabrikdachs. Großzügige, schick korrodierte Räumlichkeiten, entsprechendes Publikum, oszillierende Stimmung zwischen Laufsteg und hang-out. Dornacherstraße 192, Tel. 0041-61-333 14 90, www.eoipso.de. (Restaurant-)RT: So, Mo-abend. **Preise:** gehoben.

- *Gundeldingerhof* (nicht zu verwechseln mit dem Gundeldinger-*Casino* im selben Stadtteil), gehobene Quartiersgaststätte für aufgeschlossene Stände, freundlich-luftige Räume und frische Küche zwi-

231

Schick korrodierte Räumlichkeiten, Eo Ipso, Gundeldingen

schen regional (Biederthaler Geisskäsle) und international fusioniert (Seeteufelfilet mit Kokoscurry). Wie in fast allen reformierten Basler Gaststätten auch Angebote für Vegis, die über die gefürchtete deutsche Gemüseplatte hinausgehen (Risotto mit Stilton, Feigen und Topinambur). Mittags auch Tagesessen, leider kein Garten. Hochstr. 56, Tel. 0041-61-361 69 09. RT: Mo. **Preise**: gehoben.

In der Stadtmitte

- *Unternehmen Mitte*. Bewegt-alternatives Sammelbecken mit Mehrspartenangebot zwischen Café, Weinbar, Lounge und entspanntem Abhängplatz im Stile einer Vollversammlung, alles in der ehemaligen Bank-Schalterhalle. Guter Café in allen gängigen Italo-Varianten, darunter ein Cappuccino, dessen Milchschaum Haltungsnoten verdient, frisches Bier, belegte Panini und Tramezzini in Originalqualität (solange Vorrat reicht), O-Saft im hohen Glas mit langem Löffel, als Limonade gibt es Gazosa aus Bellinzona (mit Bügelverschluß), derweil zieht draußen vor den Fenstern die Stadt vorbei. Zum breit gestreuten Publikum gehören auch Mädels aus der Hochschule für Gestaltung, die mit den großen Mappen unterm Arm und den dazu gehörenden Illusionen. (Vorsicht originelle Zweiteilung in den beiden vorderen Caféräumen: *fumare/non fumare*!). Der Service agiert - soweit vorhanden - erwartbar lässig bis demonstrativ desinteressiert. Rückwärtig, hinter dem eigentlichen Café, liegt die

Halb Warteraum, halb Sprechzimmer - Unternehmen Mitte

besonders gegen nachmittag und abend belebte Halle - der riesige Bank-Schaltersaal von früher - nun halb Warteraum, halb Sprechzimmer, erfreulich breites Zeitungsangebot, ebenso die soziale Spannweite. Hier bisweilen auch Veranstaltungen und Krabbelstube, Stimmung je nachdem, von relaxed bis nervig (selten). Über alles gesehen einer der angenehmen Plätze in der Innenstadt zum Lesen und Schauen.

In der *bel-etage* im ersten Stock hat von Montag bis Samstag (21-1 Uhr) eine schlicht-geschmackvoll gestaltete *Weinbar* geöffnet. Hohe Raume, warme Farben, ein guter Fleck. Eben dort wird - über Mittag von Mo bis Fr (12-14 Uhr) - ein preiswerter und ausreichender Italo-Mittagstisch geboten (jeweils nur eine Vorspeise und ein Hauptgericht, self service). Alles in allem ein undogmatisch, lässiger Platz, der sich fest in der Stadt etabliert hat. Ideal zum Ausstrecken und Aufladen, auch bei kriechendem Novemberblues. Unternehmen Mitte, Gerbergasse 30 (schräg gegenüber Hauptpost). Termine, Veranstaltungen, Öffnungszeiten: www.mitte.ch. **Preise**: günstig-mittel.

-   Die *Cocktail Bar* im 1. Stock der *Kunsthalle* war für alle Liebhaber stiller, diskreter Bars eine Offenbarung. Wegen Umzug des Architekturmuseums wurde die selten reizvolle Zuflucht Ende 2003 vorerst aufgegeben. Es ist noch unklar, ob ein Ersatz im Kunsthallen-Komplex geschaffen wird. Die sehr diversen Formen der *Kunsthallen-*

Edle Resterampe, Check Out in der Aeschenvorstadt

gastronomie befinden sich im Erdgeschoss und im Innenhof: das Restaurant-Spektrum reicht von der historischen *Schwemme* (in jeder Hinsicht dichte Beizenatmosphäre bei äußerst mutig angezogenen Preisen) bis formal-bürgerlich im *Restaurant* (ebenfalls teuer), Steinenberg 7, Tel. 0041-61-272 42 33. Von 9-1 Uhr, kein RT.

Gleich nebenan (im Sommer mit Innenhof) die populäre *Campari-Bar,* zwar kein Ersatz für die Kunsthallen-Bar im ersten Stock, dazu fehlt es an Abgeklärtheit zu beiden Seiten des Tresens. Aber immerhin eine zentral gelegene Reserve für alle Fälle (auch So-morgen zum Frühstück geöffnet). Der große Innenhof unter Kastanien wird besonders an lauen Sommerabenden zu einer Art Landebahn oder Ablegesteg, je nachdem. Tel. 0041-61-272 83 83. 9 bis 1 Uhr.

Einkaufen

Wie in einer klitzekleinen Weltstadt nicht anders zu erwarten, ist die Güterversorgung bemerkenswert mannigfaltig. Wer sucht, findet schier alles zwischen Basler Leckerli und internationalen Modelabels, diese geclustert im oberen Teil der Freien Straße, sowie die Bäumleingasse hoch. Am und um den *Spalenberg* noch immer ein reizvolles Mosaik aus kleinzelligen Einzelhändlern, Resten von Handwerk und Kunsthandwerk. Stellvertretend für die beachtliche Spannweite des Warenangebots seien zwei Adressen genannt, die auf der Skala der Möglichkeiten recht weit auseinander liegen.

- Die Modeboutique *Check Out* lebt zum einen vom heiklen Verfallsdatum ihrer Ware, zum anderen von den Launen des Marktes. Last-Season-Ware internationaler Labels, Übermengen, schwer verkäufliche Größen, Restbestände. Manches, was weg muß, wenn in den 1A-Lagen der Edelfilialen von Trois Pommes die neue Ware nachdrängt, findet sich bei Check-out wieder. Je nach Größe und (mitunter auch Laune) sind die Teile erheblich bis rabiat reduziert (50-80 %) und so wird mancher Lappen, der regulär Budgetnot auslöst, zum Vernunftkauf. Das Sortiment (Bekleidung, Schuhe, Zubehör von Sander bis Prada & Co.) entzückt in der Regel Damen, aber auch Herren finden immer mal wieder was. Aeschenvorstadt 36/ Brunngässlein, Tel. 0041-61-2724048.

- Modische und saisonale Aspekte spielen beim *Schweizer Heimatwerk* eher keine Rolle. Im Gegenteil, Heimtextilen, Textilien, Taschen (darunter Ikonen wie jene aus Schweizer Militärdecken), Haushaltsartikel, Kleinzeug - alles aus heimischer, oft sozial engagierter Produktion. Gefertigt unter Aspekten wie Nützlichkeit und Langlebigkeit und somit oft auch recht ansehnlich. Es gibt mittlerweile 12 Ladengeschäfte dieser interessanten Einrichtung, die auch zeigen möchte, daß in der Schweiz sehr wohl handwerkliche Produktion bei zahlbarem Preis möglich ist, jedenfalls bei Verzicht auf internationale Vermarktungsketten. Reinschauen lohnt sich (warum kommt bei uns eigentlich niemand auf ähnliche Ideen). Schneidergasse 2 (Innenstadt), Tel. 0041-61-261 91 78. www.heimatwerk.ch.

Zwei Läden, die entgegengesetzte Pole der Warenwelt markieren:

- Der neue, cleane und radikal stylische Laden, nein Flagship-store von *Nespresso* zeigt, wie weit die Vermarktung der Sinne im Kapitalismus geht. Keine Angst, der Klassenkampf bricht hier und heute nicht aus, aber interessant ist es doch, was Ritter der Marketingpläne aus einem Espresso an der Bar alles machen können. Die totale Entwirklichung, oder der kleine Schwarze als Megamarke, keimfrei gekapselt in -zig Sorten, die passenden Triebwerke werden so keimfrei präsentiert wie im Operationssaal. Oben am Steinenberg, gleich neben der Kunsthalle.

- 'Das Haus für Handschuhe, Shawls, Krawatten, Damen-Strumpfwaren, Herren-Socken, Pullover' steht auf der Visitenkarte von *Friedlin,* darunter: 'Handschuhe seit 1865'. Besonders wegen letzterer lohnt sich ein Blick in den Laden. Gerade auch für Damen, denen der Unterschied zwischen Gesellschafts- und Sporthandschuh etwas sagt. Erstere in breiter Auswahl, was Material und Längen angeht, also von handkurz bis oberarmlang, beratendes Fachpersonal ist anwesend. Selten traditionelle Einrichtung mit Schubladenlager. Friedlin seit 1865, sehr anders als bei Nespresso am Steinenberg und hoffentlich noch ein paar Jahre so. Stadthausgasse 7 (am Marktplatz), Tel. 0041-61-261 32 07.

Für alle Fälle: Die Bahnhofspasserelle

- Kostgänger der *Confiserie Sprüngli* werden es begrüßen, daß die tagesfrische Produktion nun auch in Basel erhältlich ist – eine eigene Filiale auf der neuen Bahnhofspasserelle im Schweizer Bahnhof (SBB) führt das Vollsortiment der weltbekannten Zürcher Confiserie. Aber nicht allein wegen Trüffel, Luxemburgerli und Edelschnittchen - mit ihren 24 Läden, die an sieben Tagen in der Woche geöffnet haben, hat die überzeugend gestaltete Gleisüberführung das Potential zur urbanen Sehenswürdigkeit. Auch für die alte Innerschweizer Städtekonkurrenz, die zwischen Zürich und Basel besonders innig gepflegt wird, lieferte die Passerelle bereits Munition. So bemerkte die 'Neue Zürcher Zeitung' anlässlich der Eröffnung im Herbst 2003, die Basler hätten nun endlich Gelegenheit, die Benützung von Rolltreppen „zu lernen". Die 'Basler Zeitung' stichelte zurück, die Kundschaft sei, „schon eine Spur netter als in Zürich." Ein Vergleich von Basels neuem Bahnhofsvorplatz und der 'RailCity', die noch weiter ausgebaut wird, mit dem Freiburger Bahnhof, dessen Café im ersten Stock seit Jahren geschlossen ist, erhellt im Übrigen auch einige Unterschiede zwischen einer Stadt und einer Solarhauptstadt. Vor dem Bahnhof, am Centralbahnplatz, die an 7 Tagen geöffnete Filiale von *Coop* mit Vollsortiment. Basel für alle Fälle.

Museen

- *Kunstmuseum.* Vor allem darstellende Kunst vom 15. bis zum 20. Jh., weltgrößte Sammlung von Arbeiten der Holbein-Familie, laufend Sonderausstellungen. Do - So, 10-17 Uhr. 4010 Basel, St. Alban Anlage 16, Tel. 0041-61-206 62 62, www.kunstmuseumbasel.ch.

- *Fondation Beyeler.* Mit 200 Werken der klassischen Moderne (Monet, Cézanne, van Gogh, Picasso, Warhol, Lichtenstein, Bacon, Rothko) eines der bedeutenden Privatmuseen der Welt. Tägl. 10 bis 18 Uhr, Mi bis 20 Uhr. 4125 Riehen (bei Basel), Baselstraße 101, Tel. 0041-61-645 97 00, www.beyeler.com.

- *Kunsthalle Basel.* Führendes Haus für internationale, zeitgenössische Kunst (zur ehem. 'Bar' im ersten Stock, vgl. w.o.). Di bis So 11-17 Uhr, Mi bis 20.30 Uhr. 4051 Basel, Steinenberg 7, Tel. 0041-61-206 99 00, www.kunsthallebasel.ch.

Gekieste Terrasse und Seerosenteich, Café Merian im Botanischen Garten

Basel ohne Stadt - Botanischer Garten und Café Merian

Nach Basel und nicht in die Stadt. Geht auch und ist ein ideales Programm, um in Gesellschaft allein zu sein. Manchmal genügt ja schon eine Empire-Villa, deren Rückseite sich zu einem Park öffnet, welcher im Stil eines englischen Landschaftsgartens gehalten ist. Im Vordergrund der geschwungene Seerosenteich, dahinter als 'pleasure ground' eine weite Rasenfläche. Versetzt stehende Solitärbäume markieren Sichtachsen und moderieren den Übergang in einen 13 Hektar weiten Park. Sanft geschwungene Wege erschließen Anlagen und Sammlungen, die 24 botanischen Themen gewidmet sind. Darunter Nutzpflanzen- und Bauerngärten, eine Clematissammlung und eine schon dramatisch bestückte Fuchsientreppe mit 200 Züchtungen und 50 Wildarten.

Bänke stehen im Schatten tief hängender Blutbuchenzweige, die wenigen Besucher haben ihren Schritt den Gegebenheiten angepasst, man ergeht sich. Der frühe Vormittag ist die schönste Zeit für die gekieste Terrasse vor dem Seerosenteich. Wie der Merian-Park hat auch das *Café Merian* immer geöffnet, 365 Tage im Jahr, von morgens 9 Uhr bis Sonnenuntergang. Man sitzt da also, in Gesellschaft von letzter Morgenkühle und Parkduft, der Café Crème und das Gipfeli werden bald kommen und wahrscheinlich auch der Gedanke, daß eine Reise in die Nähe ihren besonderen Reiz gerade dann entwickelt, wenn alle irgendwo auf Achse sind.

Der Botanische Garten in Basel-Brüglingen, der Merian Park und das Café in der Villa ebendort wären also ein Ziel für das ansatzlose Abhauen nach dem Motto: schnell weg und gleich da. Und falls je einer der öffentlich bestallten Fußgängerzonenbehübscher hierher findet, sei ihm ein Besuch der Kübelpflanzensammlung (Thema Nr. 12) empfohlen. Bereits Christoph Merian (1800–1858) sammelte auf seinem Landgut mehrjährige, aber nicht winterharte Schmuckpflanzen. Heute zeigt die reiche Sammlung, darunter viele Nachtschatten-, Eisenkraut- und Seidenpflanzengewächse in den passenden Pflanzgefäßen, wie ideenarm das amtlich gepflanzte Kübelgrün unserer Kleinstädte daherkommt. So bringt es die Stadtverwaltung von Müllheim neuerdings fertig, ihren etwas teuer und groß geratenen, im grauen Alltag aber leider einsam bleibenden Ledroplatz mit Zwergpalmen zu bestücken, die in fleischwurstroten Plastikkübeln stecken. Wie das halt so ist, wenn Markgräfler auf Toskana machen. Wer immer eine solche Möblierung des öffentlichen Raums verantwortet, unter Christoph Merian wäre ihm nicht einmal die Verwaltung eines Komposthaufens übertragen worden. Amen.

- *Café Merian* im Merian Park/Botanischer Garten. Geöffnet an 365 Tagen im Jahr von 9 Uhr bis Sonnenuntergang. Auch kleine Mittagsgerichte. CH-4052 Basel-Brüglingen (Autobahnausfahrt: Basel-St. Jakob), Tel. 0041-61-311 24 54. www.bogabrueglingen.ch

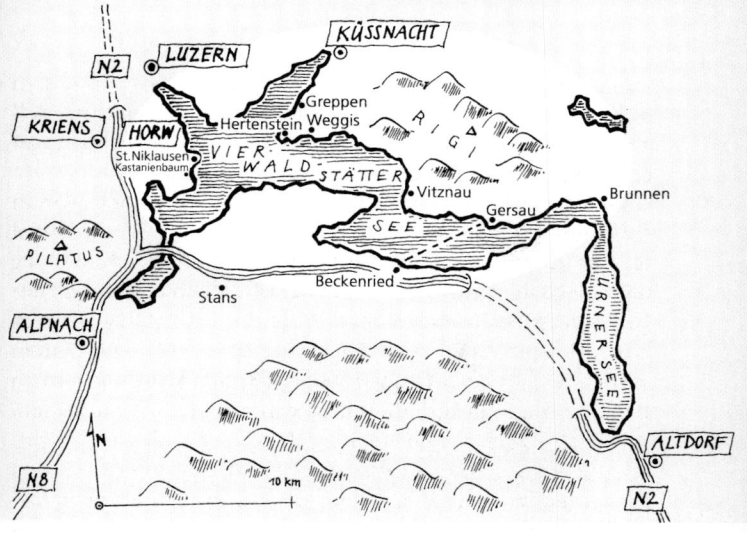

Eine Runde Vierwaldstätter See

**Das versteckte Seebad an der Kindli-Kapelle, der Rach-
maninoff-Quai von Hertenstein, die Riviera von Weggis,
das Luzerner Villenquartier Kastanienbaum-Sankt Niklausen, Baden wie in den 60er Jahren im Krämerstein
Park: Der Vierwaldstätter See geht auch anders. Ruhig,
abseitig und speziell. Ganz Schweiz, aber ohne Poulet-
flügeli und Fondueplausch.**

Südöstlich von Luzern beginnt die weizenbierfreie Zone um
St. Niklausen. Oder so: Dezenter Luxus zwischen Horw, Kastanienbaum und Sankt Niklausen. Zu den unterschätzten
Autobahnausfahrten gehört somit die von Horw an der A 2,
etwa zehn Kilometer südlich von Luzern. Für die meisten
Reisenden in den Süden ist Horw nicht mehr als ein flüch-
tiger Namen längs der Gotthardroute, ein grünes Straßen-
schild, das vor der ersten Pause erledigt sein sollte. Wer fährt
schon nach Horw? Gleich nach der Ausfahrt wird man von
einem Geschling aus Über- und Unterführungen, Kreiseln,
Vorstadt und Shopping-Mall begrüßt ('Pilatus-Centrum' im
Bau).

Der im Schweizer Städtebau beliebte Begriff 'Agglomeration' trifft die Verhältnisse hier ziemlich genau. Schon oft bin ich an Horw vorbeigefahren - auf dem Weg in den Süden mit dem üblichen Plan: wenn alles glatt läuft am Gotthard, wäre ein Mittagessen am Meer drin. Also weiter mit 120 plus x. Aus dem Süden kommend, passiert man Horw in gelöster Stimmung. Die Fußmatten voll Sand, hinter der Sonnenblende steckt ein Olivenzweig. Leise Zweifel, ob sich die lange Gurkerei gelohnt hat. Das Urlaubsglück steigt ja nicht immer proportional zur zurückgelegten Strecke. Die folgenden Seiten haben nebenbei das Ziel, diesen Eindruck zu verstärken.

Die Autobahnausfahrt Luzern-Horw liegt nur eine gute Stunde von der deutsch-Schweizer Grenze bei Basel entfernt. Ein langer Nachmittag am See wäre also auch noch nach einem späten Frühstück drin. Nach Überwinden der Agglo folge man im Ort **Horw** zunächst den Hinweisschildern in Richtung der Ortsteile Felmis/St. Niklausen/Kastanienbaum/See.
Noch schöner (aber nur für Anlieger/bzw. Radfahrer offen!) ist die Panoramafahrt entlang der Uferstraße um die Halbinsel: also zunächst über **Horw-Winkel** nach Hinterrüti, und weiter über Spissenegg, Seeben bis **Kastanienbaum**. Bereits im Horwer Ortsteil Winkel wird ein Küstensträßchen erreicht, das später zur stillen Prachtstraße wird, oder sagen wir so: Wenn es stimmt, daß die ganze Schweiz eine Modelleisenbahnanlage ist, dann ist hier der Warteraum, aber 1. Klasse. In Winkel beginnt die Partie zunächst harmlos: ein Campingplatz, am Ende des weiten Schilfgürtels eine Badi (Freibad) mit Seeanstoss, in der Folge immer wieder ansprechende Badestellen am klaren, warmen See und wie so oft, wenn es in der Schweiz pittoresk wird, tauchen viele kleine, runde Schilder auf, darunter der Zusatz: 'Halteverbot beidseitig'.
Wenig später beginnt für Motorfahrzeuge dann besagtes Durchfahrt-Verbot, es sei denn, man verfügt über eine Anlieger-Bewilligung, was aber nur in Ausnahmen der Fall sein dürfte. Zu Fuß oder auf dem Rad läßt sich der Reigen aus Vil-

Weizenbierfreie Zone - bei Kastanienbaum

len, Weingärten und zurückhaltend praktizierter Sommerfrische jedenfalls auch genießen, sofern man frei von Sozialneid ist. In manch einem der Bootshäuser, die von Ferne wie feine Laubsägearbeiten aussehen, liegt bei näherem Hinsehen ein Boot mit fein gemasertem Holzdeck, das aussieht, als hätte darauf schon Romy Schneider ein Sonnenbad genommen.

Horwer Corniche

Vom Spissenegg an folgt die Horwer Corniche über die Ortsteile Seeben, Kastanienbaum und Sankt Niklausen einem vornehm geschwungenen Küstenlauf, den man nicht anders als malerisch nennen kann. Dank Baedeker wissen wir, daß der Vierwaldstätter See „an Großartigkeit sowie Mannigfaltigkeit der Landschaftsbilder von keinem anderen Schweizer See übertroffen wird." Die Küstenstraße nach Sankt Niklausen zeigt dazu ein soziales Gefüge, das vom Umtrieb sommerlicher Ferienorte weit entfernt ist. Exklusiv, nicht all inclusive. Somit fehlt auch jede Infrastruktur für Weizenbiertrinker und geöltes Wellfleisch ist auch nicht in Sicht. Dafür reicht der Blick über den See rüber zur Rigi und zum Bürgenstock. In den Abendstunden gleitet draußen ein Vierer, auch mal ein

Badeplatz im Krämerstein Park

Achter vorbei. Gerudert wird konzentriert, aber ohne die Verbissenheit von Leistungssportlern. Manch einer der Bootsleute hier dürfte ohnehin von der positiven Leistungsbilanz mehrerer Generationen profitieren.

Ein paarhundert Meter nördlich der Anlegestelle **Kastanienbaum** liegt die öffentliche *Parkanlage Krämerstein* (St. Niklausstr. 59-63. Die feine Villa im oberen Teil des Parks gehört zum MAZ/Medienausbildungszentrum. Dieses dient der Aus- und Weiterbildung im Journalismus, 2002 nahmen 1200 Personen an Kursen teil, wobei das MAZ über noch größere Räumlichkeiten in Luzern verfügt, wo die Journalistenausbildung stattfindet, in der Villa am See werden u.a. Kurse für Öffentlichkeitsarbeit angeboten). Passanten sollten sich vom herrschaftlichen Ambiente nicht schrecken lassen, der Park, die Liegewiesen und das Ufer sind öffentlich (ebenso wie die WC-Anlage im historischen Hüsli). Eine alte Lindenallee führt runter zum See: Liegewiese mit Hundeverbot, Treppe ins Wasser, kein Kiosk. Sicher kein Spaßbad, aber ein Vergnügen. Die wohltuende Wirkung des Badens in Alpenseen wird ja ohnehin unterschätzt. Es gibt kaum etwas Genußvolleres, als an einem Hochsommervormittag unter der Woche hier

Die Hortensien reichen bis zum See

zeitig anzukommen, die Kleider in den noch kühlen Rasen zu legen und in den See hinauszuschwimmen. Betrieb herrscht eigentlich nur an Wochenenden zur Ferienzeit.

Die passende Herberge wird schließlich in **Sankt Niklausen** erreicht (der Weiler kann wie Kastanienbaum von Horw aus auch direkt mit dem Auto über Felmis angefahren werden). Das *Hotel Sankt Niklausen* liegt in aparter Lage etwas erhöht über dem See, wobei das parkweite Anwesen mit der Dependance *Kreuzfluh* eigentlich kein Hotel, sondern mehr ein Ausnahmezustand ist. Nostalgie als Programm: 50er Jahre Originalambiente bietet der Panorama-Speisesaal mit altem Parkett und Hotelsilber auf weißer Tischwäsche. Draußen wartet eine Terrasse mit Pergola und Jenseitsblick. Die Hortensien reichen bis runter zum See, dort glucksen Wellen unterm alten Bootshaus. Ein charmant patiniertes Seehotel und mit Markus Heer ein Hotelier, der vielleicht ein bißchen zu fein ist für unsere Zeit. Jedenfalls eine Seele, die es nicht übers Herz bringt, ein mit den Generationen gewachsenes Anwesen renditegerecht aufzumöbeln. Immer und ewig wird das nicht so weitergehen, aber bis heute hält sich hier eine Rarität ohne Röstiplausch und bunten Fähnchen. Für Ereignis-

Luxushotel für Luxusmüde - Park Hotel Weggis

manager ein Horror, für Spekulanten ein potentieller Honig-
topf, für Discomäuse eine Entzugsstation. Der Rest kann ja
mal vorbeischauen. Wie gesagt, A 2 Ausfahrt Horw. Oder mit
dem Linienschiff, ab Luzern.

Riviera und Rachmaninoff-Quai

Weggis und Hertenstein - alte Pracht und neue Wellness am
Fuß der Rigi. Ein warmer Tag im Frühherbst wäre das Richtige für eine kombinierte Land- und Seereise an die nördlich-
ste Riviera der Schweiz. Die liegt am geschützten Südfuß der
Rigi, zwischen Gersau, Weggis und Hertenstein. Der See
bleibt hier bis in den September hinein besonnt und oft
noch badewarm. Besonders die westlichen Partien zwischen
Weggis und der Halbinsel **Hertenstein** lohnen sich: Im anregenden Wechsel der antiquiert beschauliche Retrobetrieb in
Weggis, wenig weiter in Richtung Hertenstein das edle *Park-
Hotel*, eine Art Luxushotel für Luxusmüde. Gleich im Anschluß das Strandbad *Lido*, wie oft in der Schweiz eine muntere Mischung aus Holzkabinencharme und Mikrowellen-
kiosk.

Badeplatz am Rachmaninoff-Quai

Weiter in Richtung Hertenstein werden die Villen größer und die Parkplätze weniger. Der *Rachmaninoff-Quai* ist eine Mischung aus Promenade, Badestelle, Liegewiese und Nachdenkort (wunderbar an einem freien Tag unter der Woche mit kleinem Picknick und frischer Zeitung). Wenig westlich davon, bei der Bootswerft dann der Abzweig nach **Postunen** (Gärtnerei, Hofverkauf, u.a. beste Aprikosenmarmelade der Schweiz), danach das Haus der *Baldegger Schwestern* (Unterkunft, vgl. unten) und zum Landende bei Zinnen - Wendeplatz, eine weltferne Sitzbank, Pilatusblick.

Anfahrt nach Weggis. „Vu Luzern gäge Weggis zu, goht me' barfuß, ohni Schuh'", heißt es - in zugegeben sehr freier Transkription. Die schnellste Variante mit dem Auto führt von Luzern zunächst ein Stück weiter auf der Autobahn A 14 in Richtung Zürich, bis zur Abzweigung Rotkreuz, von dort weiter auf der Autobahn A 4 bis nach Küssnacht am See. Ab hier recht reizvolle Landstraße über Greppen direkt nach Weggis. Bereits vor Luzern (Ausfahrt Sempach) wäre noch ein Abstecher zur Dorfkäserei und zum kleinen, aber reich sortierten Dorfladen in **Hildisrieden** möglich, hier ideale Mög-

Bootsanleger in Weggis

lichkeit zum Proviant bunkern für ein ausgiebiges Picknick am See (Details zum Laden vgl. im Adressenteil).

Eine Alternative für Bummler wäre die Route über das Südufer mit einer geruhsamen (Auto-)Fährpassage von Bekkenried rüber nach Gersau. Also Luzern wie gehabt, dann auf der A 2 über Stans bis zur Ausfahrt Buochs, Fähre ab Niederdorf-Beckenried (kleines Freibad im Ort, vgl. unten). Die Autofähre über den Vierwaldstättersee geht zu jeder vollen Stunde rüber nach Gersau. Die Passage dauert knapp eine halbe Stunde und so nähert man sich den Zeugnissen eines frühen Alpen- und Bädertourismus auf geruhsame Weise. Am anderen Ufer glänzen die weißen Spitzgiebel des *Park Hotels* in *Vitznau* wie eh und je, die große Zeit des Rigitourismus liegt aber länger zurück. Schon zu Beginn des 19. Jahrhunderts wurde die Rigi touristengängig erschlossen, sinnigerweise parallel zur wachsenden Naturbegeisterung bürgerlicher Kreise. Taglöhner wurden zu Führern und Devotionalien-Händlern, Kartographen fertigten Panoramen, „in Wolldecken und Bettzeug gehüllte Gestalten warten schnatternd auf den berühmten Sonnenaufgang". 1847 entstand ein türmchenbewehrter Hotelpalast auf Rigi Kulm, 1871 wurde Europas erste

Seebad in Weggis, vor Einführung des Lichtschutzfaktors

Zahnradbahn auf den 1800 Meter hohen Gipfel gebaut. Der legendäre Sonnenaufgang mit Blick auf 200 Kilometer Alpenpanorama, eine angeblich hilfreiche Maria und frühe Kuranten in Rigi-Kaltbad, die Mischung aus Bergromantik, Wallfahrt und Kurbetrieb sorgten für einen regelrechten Touristenboom, 1886 eröffnete das Grand Hotel Rigi Kaltbad mit 430 Betten. Heute ist vom Glanz des frühen Rigi-Tourismus nichts übrig, die alten Kästen gingen nieder, brannten ab oder wurden abgerissen. Geblieben ist der Rigi die Schwundform des Ausflugstourismus mit Selbstbedienungsrestaurants, Busgruppen und Appartements. Man muß da nicht unbedingt rauf.

Kleine Bäder, tiefe Steuern

Anders die Situation unten am Seeufer. Allein schon die Fahrt auf der Gesimsstraße, über weite Strecken in den Fels zwischen Brunnen, Gersau, Vitznau und Weggis gehauen, ist ein Vergnügen. Erst recht eine traumhafte Radstrecke (nach Streckenverlauf und Stimmung reizvoller und romantischer als die vielbefahrenen Touristenrennstrecke 'Axenstraße', die

Eine Art öffentliches Privatbad - Chindli-Bad, bei Gersau

am Ostufer des Vierwaldstätter-Sees lang führt). Und wie so oft im Alpenpark Schweiz gibt es hinter der Heidilandfassade noch andere Aspekte. Da wäre zum Beispiel zwei Kilometer östlich von Gersau in Richtung Brunnen die kleine *Badeanstalt Chindli,* am bewaldeten Steilufer zwischen Küstenstraße und Seeufer trefflich eingepaßt (kleiner Parkplatz, Hinweisschild).

Wieder mal so ein kleines Versteck, um einen brüllendheißen Sommertag abzuwettern, mit Kiosk, überlegener Aussichtsterrasse und kühlem Rosé. Unten dann die kleine Liegewiese, aber picobello mit warmer Dusche und reichlich Waldschatten. Auch im Hochsommer, zumindest unter der Woche, ist es hier nie überfüllt, im Charakter eher so eine Art öffentliches Privatbad. Gut frisierte Damen aus der Umgebung finden über Mittag auch mal her, um auf der wirklich bemerkenswerten, wie ein Achterdeck gelegenen Terrasse ihr Cüpli oder ein Zweierli zu nehmen. Summa: Ein Flecken, der leicht unterschätzt wird.

Vielleicht liegt auch deshalb so viel Ruhe und Frieden über diesem beschaulichen Platz, weil er schon im Kanton Schwyz liegt. Der hat sich in den letzten 20 Jahren vom armen, Innerschweizer Bergkanton zu einem bevorzugten Wohnsitz derer entwickelt, die auf eine moderate Steuerbelastung besonderen Wert legen. „Unsere Väter haben nie gern gesteuert, und ihre Söhne und Enkel werden es auch in Zukunft nicht tun", heißt es in einer Festschrift zum 150-jährigen Kantonsjubiläum.

Ein paar Hintergründe hierzu, vorzugsweise zu lesen im Chindli-Bad am Wasser liegend, jedenfalls außerhalb deutscher Staatsgrenzen: Es gehört zu den objektiv basisdemokratischen Momenten der Eidgenossenschaft, daß die Steuer- und Umverteilungshoheit in wichtigen Bereichen von der lokalen zur nationalen Ebene verläuft, also genau andersrum wie in unserer noch etwas jungen Demokratie. Vereinfacht dargestellt legen in der Schweiz die einzelnen Gemeinden auf Bezirksebene wichtige Steuersätze für Einkommen und Vermögen fest, sie geben einen Teil davon an die Kantone weiter, welche wiederum an den Bund abgeben, der dafür gewisse Leistungen übernimmt. Natürlich gibt es auch noch eigene Bundessteuern, auch den üblichen schier undurchschaubaren Finanzausgleich und das folglich undemokratische Hin- und Hergeschiebe, das kaum ein Bürger durchschaut, aber eben noch nicht in dem Umfang wie bei uns. Somit verfügen die einzelnen Gemeinden qua Steuersatz über ein eminent wirksames Instrument der Bevölkerungs- und Kommunalpolitik. Und so entsteht zwangsläufig ein fiskalischer Wettbewerb zwischen den Gemeinden und Kantonen, der sich zum Vorteil leistungsbereiter Bürger auch in moderaten Steuern ausdrückt. Im übrigen sieht man in der Schweiz den Steuerzahler als Kunden und nicht als Opfer, zumindest ab einer gewissen Potenz.

Eintritt frei

Die Gemeinden im Kanton Schwyz (und nicht nur dort) haben sich vor zwanzig Jahren für sinkende Steuern entschieden. Während ein Einkommensmillionär im Schweizer Durchschnitt 23 Prozent Steuern zahlt, liegt der Schnitt im Kanton Schwyz bei 12 Prozent, in einzelnen Gemeinden wie

Freienbach (am Nordufer des Zürichsees) derzeit sogar nur bei 6 %. Die niederen Steuersätze führten dabei nicht zur Verarmung und Niedergang des 'Service public' (wie öffentliche Leistungen in der Schweiz genannt werden), ganz im Gegenteil: der Kanton hat im Innerschweizer Vergleich zugelegt, selbst entlegene Weiler konnten ihre Bevölkerungszahl halten, Wirtschaftsleistung und Zuzug zeigen eine positive Entwicklung. Erst unlängst wurde in Freienbach am Zürichsee das neue Freibad eröffnet, Eintritt frei. Einrichtungen zur Rundumversorgung und soziale Hängematten bietet der Kanton allerdings nicht, Grundprinzip: Man läßt den Bürgern ihr Geld und damit auch die Freiheit, eigene Präferenzen im Sozialen wie im privaten Konsum zu setzen. Die Definition dessen, was sozial ist und was nicht, geschieht also nicht durch Wohlfahrtslobbyisten, sondern durch Abstimmung der Bürger. Das kann auch bedeuten, daß es in einem Kanton - demokratisch legitimiert - kein öffentliches Hallenbad gibt, aber vermutlich mehr private Schwimmhallen als anderswo. Wo der Bürger über ein freies Budget verfügt, vollzieht sich die Entwicklung sozialer Infrastruktur offensichtlich etwas anders als in jenen Zentren, in denen Soziallobbyisten die Steuerung übernommen haben.

Der Kanton Schwyz gibt pro Kopf und Jahr etwa 5.000 Euro aus, Zürich 8.000, der Kanton Basel-Stadt liegt mit knapp 14.000 Euro einsam an der Spitze der Schweiz. Somit gibt es auch in der Schweiz beachtliche Unterschiede, was Verwaltungseffizienz und Sozialisierungsgrad angeht. Und natürlich ist auch die Schweiz keine Insel des Liberalismus, der Trend zur staatlichen Zwangsfürsorge hat auch dort längst ein „Allzeithoch" erreicht, wie die in dieser Hinsicht stets wache 'Weltwoche' schreibt. So haben sich allein in den letzten 15 Jahren die Ausgaben des Bundes von 27 auf 52 Milliarden Franken fast verdoppelt (ohne nennenswerte Inflationsrate). Nach wie vor ist die Schweiz - neben aller Bürgerdemokratie - auch ein Schutzgebiet für Stände, Bünde, Kartelle und Subventionen aller Art. Nur ein paar Beispiele: jeder Liter Schweizer Exportwein wird mit ca. fünf Euro subventioniert (trinken mag ihn trotzdem kaum jemand), die

Pfundiger Frühstücksplatz - an der Chindli-Kapelle bei Gersau

Haltung einer Kuh läßt sich der Staat 2.000 Euro jährlich
kosten, 65 % der Einnahmen eines Schweizer Bauern stammen mittlerweile aus öffentlichen Transferzahlungen - soweit
müssen unsere Landwirte erst noch kommen. Sicher führen
solche Zustände ebenso zur Ineffizienz der Binnenwirtschaft
wie zum mitunter abenteuerlichen Preisniveau im Land, unter dem Geringverdiener am meisten zu leiden haben. Umso
nachdenklicher stimmen trotz allem die noch immer vergleichsweise niederen Steuersätze in der Schweiz im allgemeinen und in Schwyz im besonderen. Vielleicht sollten Deutsche, wenn es um Fragen wie Basisdemokratie und Vertei-
lungseffizienz geht, öfter mal baden gehen.

Vom Chindli-Bad führt ein Wanderweg direkt am bewaldeten Ufer entlang über ein paarhundert Meter bis zur *Chindli-Kapelle*, die renoviert und als Schweizer Kulturgut inventa-
risiert ist, allerdings leider abgeschlossen bleibt. Aber allein
schon der Umschwung ist grandios. Weites Panorama auf die
naturbelassenen Uferpartien im Süden (der Seelisbergtunnel
hält den Verkehr fern), alte Mauer und Sitzplätze im Baumschatten, pfundiger Frühstücksplatz - würden alte Bergfahrer
sagen.

Gersau und Weggis - alte Dampfer, neue Wellness

Gersau selbst liegt in reiner Südexposition in einer geschützten Mulde am Fuß des Rigi-Massifs. Klassizistische Kirche, guterhaltene Bürgerhäuser, Weinklima und südliche Vegetation changieren mit modernem Ausflugsbetrieb, heftigem Tagestourismus und den üblichen Folgeerscheinungen. Vielleicht als Halt auf einen Café Crème oder um in der gutsortierten Touristeninfo Kartenmaterial zu besorgen.

Westlich von Gersau führt die Felsstraße dann mit spektakulärem Blick rüber nach Vitznau (unterhalb der Straße einzelne Badestellen, man muß aber extrem genau hinschauen, um die kleinen Abstiegspfade zu finden). **Vitznau** zieht allein schon als Ausgangsbahnhof der Rigi-Bahn einigen Tourismus an, die geschützte Lage und der unvermeidliche Seerummel sorgen während der warmen Jahreszeit für beachtlichen Ausflugsbetrieb und korrespondierende Stimmung. Nur im *Park-Hotel* geht es ruhiger zu, allein schon, weil die Preise für eine gewisse Segregation sorgen: Doppelzimmer zum See sind ab 400 Euro zu haben, pro begleitendem Hund werden 20 Euro extra fällig (ohne Futter). Das Hotel gehört zur deutschen Oetker-Gruppe, im Jahr 2003 wurde der Titel „One of the Finest Hoteliers World Wide" verliehen, den der Hotelier und das Hotel mit 120 Häusern weltweit teilen, in der Schweiz ist der Titel bislang einzig.

Nun denn, bei meiner letzten Stippvisite trug eine Dame mit Botoxlächeln ihren Liebling im Burberry-ausgeschlagenen Körbchen in die prätentiös ausstaffierte Lobby; dort saß eine Gruppe japanischer Gäste in Polstergarnituren und schaute ermattet auf ihre Trophäen: Schweizermesser und goldene Uhren. Die Stimmung erinnerte an andere Seniorenhäuser am Genfer See. Falls das Kapital mal zur Last wird, hier werden Sie geholfen. Andererseits zeigen uns solche Plätze ja auch immer wieder, wie vergeblich alles materielle Streben ist. Mancher Wanderer kommt eleganter und frischer daher als jene betagten Herrschaften, die sich mit des Wagenmeisters Hilfe aus ihren engen Sportkarossen befreien lassen müssen. Bitter, wenn das Coupé zum Hindernis wird

Mit Dampf und Schaufel - Raddampfer Uri

und ein Grand Hotel als Trainingslager für Lebensfreude herhalten muß.

Ein paar Kilometer weiter **Weggis**. Wieder ein betagter Kurort mit der Gnade der Bestlage am Südufer. „Saison vom frühen Frühling bis in die letzten Herbstmonate", verspricht ein alter Reiseführer. Heute pendelt der Ort zwischen alter Patina und zarter Blüte, die solchen Gästen gedankt ist, die ihre Weltenbummelei hinter sich haben. Man setzt hier neuerdings stark auf Wellness, aber wer macht das nicht auf seine Art. Über allem thronen Villen aus altem Bestand und neue Architektur vom Feineren. Der knapp bemessene, mit Schweizer Akribie markierte Parkraum längs der Hertensteiner Straße zeigt, daß man hier nicht unbedingt auf daherhergelaufene Passanten wartet, aber höhere Formen der Wellness gehen schon in Ordnung, wovon vor allem das Park Hotel zeugt (vgl. weiter unten).

Um den Anleger konnten sich bis heute noch Reste vom 60er Kurgastleben halten. Im Seepavillon bei der Schiffslände wird das Nachmittagskonzert zur Cremetorte von einem Duo bestritten, das auch Rheumadecken besingen könnte.

Für steten Nachschub von Herrn und Frau Bünzli sorgt der Raddampfer 'Uri' - die Schweiz im Retroschick.

Wobei die letzten dampfbetriebenen *Schaufelraddampfer* auf dem Vierwaldstättersee zu den Ikonen des Schweizer Tourismus zählen. 1970 sollten die Raddampfer durch moderne Dieselschiffe ersetzt werden, was Bürgersinn und Nostalgiefreunde gleichermaßen aktivierte. Ein Verein 'Dampferfreunde Vierwaldstättersee' hat heute immerhin 8.500 Mitglieder, der Erhalt der Schiffe und ihrer reinweißen Optik mit hohem zylinderförmigem Schlot und XXL-Schweizerflagge am Heck ist seither eine Frage von nationaler Bedeutung. Bloß keine Werbung (wie etwa bei der Bodenseeflotte), „das Schiff muß wie eine Perle auf dem See wirken, wenn man von den Bergen herunterblickt", läßt der Direktor der Schiffahrtsgesellschaft hierzu wissen. Die Reederei mit der größten Flotte eines europäischen Binnensees unterhält ihre eigene Werft in Luzern, in der alle Restaurierungsarbeiten ausgeführt werden können, natürlich gibt es neben den fünf historischen Schaufelraddenkmalen wie Uri, Schiller und der Gallia (die derzeit für sechs Millionen Franken restauriert wird) mittlerweile auch moderne Dieselschiffe, die weniger Besatzung brauchen, schneller vorankommen und deren Kessel nicht vor jedem Einsatz zwei Stunden lang hochgefahren werden muß. Bei internationaler Klientel gibt es an Bord mehr und mehr auch zeitgenössische Animation, Marketing halt, von der biederen Kaffeefahrt bis zum Programm 'Suship' (mit japanischer Fischküche), 'Tell Me' (Anlaufen von Wilhelm Tell-Schauplätzen am Urner See) und natürlich wird auch ein Neuschweizer Kombiticket namens 'bike und lake' angeboten. Aber es gibt auch noch den holzgetäfelten 1. Klasse-Salon und wer möchte, kann an einem wolkenverhangenen Tag ganz wie früher nur zum Lesen und Teetrinken rausfahren.

Wer sich in **Weggis** eine Übernachtung in Bestlage am See gönnen möchte, ist im *Hotel Central* gut aufgehoben, obere Mittelklasse, auffallend schöne Seeterrasse; Seebaden direkt am Haus. Für eine Stange Bier zwischendurch bietet sich gleich nebenan ein kleiner Kiosk an, mit Sitzmöglichkeit auf

Achselhaarentfernung und Älpler Brunch - Park Hotel Weggis

einer sanft schaukelnden Pontonkonstruktion, Blick auf Berge und Boote.

Von Weggis auf schmaler Straße weiter in Richtung Hertenstein. Auf halbem Weg erscheint uns das feinst geliftete *Park Hotel Weggis*, zweifellos ein kleines Grandhotel (mit gut 30 Zimmer und ein paar Suiten), nach Stil und Stimmung aber das Gegenteil des ungleich traditioneller positionierten Namensgefährten in Vitznau. Das Park Hotel Weggis bietet 'Sparkling Wellness' in einer edel durchgestylten 'Aquarius Hall', wahlweise auch 'intuitive Energiemassage' oder 'Hawaiian Healing'. Bis zu vier Personen (auch Externe) können sich ihr privates 'Spa-Cottage' mieten und im immerhin 70 Quadratmeter großen Badhüttle für 240 Franken zwei Stunden verweilen, 'Blütenbad mit Frischwasserfüllung' sowie 'Erlebnisduschen mit crashed-ice' inklusive. Die Vinothek mit über 1000 Positionen dürfte auch die exzentrischen Wünsche derer befriedigen, die ihr erstes Geld im fahlen Schein der Flachbildschirme verdient haben. Wegführung und Hekkenschnitt im hoteleigenen Strandpark verraten fernöstlichen Einfluß, die Badezimmer sind ganz Starck. „Die marktfrische mediterrane Top-Küche wird auf harmonisch zum Interieur

Strandbad Lido Weggis

abgestimmtem Geschirr von Versace serviert". Na denn, der
Gault-Millau Schweiz zeigte sich von soviel Style beeindruckt
und kürte das Anwesen zum Hotel des Jahres 2001. Es wird
bevölkert von Gästen, die gut aussehen, oder so aussehen, als
würden sie gut aussehen. Kurz mal auf einen sundowner reinschauen lohnt nicht nur wegen der realen, wirklich sehr mon-
dän-entspannten, sondern auch wegen der sozialen Architektur. Wer sich's leisten mag und eine intensive Runderneue-
rung anstrebt, wird hier mit allen erdenklichen Dienstleistungen umsorgt, von Achselhaarentfernung bis Älpler Brunch
und Wine&Dine - oder einfach in Ruhe gelassen. Mit Seeblick ab ca. 200 Franken pro Person.

Keine zweihundert Meter von der Sparkling Wellness des
Park Hotels bietet Weggis allerdings auch Naturalwellness:
Das öffentliche *Strandbad Lido* bleibt bei günstigem Wetter
noch bis Ende September geöffnet. Erkennbar noch die klassische Anlage aus der Frühzeit des Wassersports, mit langer
Holzkabinengalerie, großer Wiese, Naturstrand und Traum-
panorama auf See und Alpen, Frischwasserfüllung des Sees
inklusive. Das Kioskangebot bleibt, verglichen mit der hervorragenden Lage des Lido. Im Strandbad 'Lido' von Weggis hängen zwei historische Schwarzweissaufnahmen.

Rachmaninoff Quai, zwischen Weggis und Hertenstein

Moskau, New York, Hertenstein

Weiter auf der Uferstraße in Richtung Hertenstein: Gefällig
plaziert Villen, wobei bei weiter abnehmender Bebauungs-
dichte die Güte der Lage zunimmt. Stichstraße, Parklandschaft, Feigenbäume. Ein Luzerner Stadtschreiber befand
schon um 1670: „Item ein solch lustbarlich Ort und Gländ,
das am ganzen See nicht gefunden wird." Im Sommer 1868
fand sich Königin Victoria zu einer Landpartie ein, der Bayer-
könig Ludwig II. wollte gleich das ganze Terrain zu einem
Lustgarten verwandeln lassen, wenig später verließ ihn aber
die Lust an seinem Vorhaben.

Etwa einen Kilometer, bevor die Hertensteiner Straße endet, wird die Uferstraße zum **Rachmaninoff-Quai**. Sonnenbänke, Panoramasicht und eine weite Badewiese mit kleinem
Toilettenhaus. Auf der Wiese steht eine Bronzebüste mit der
Inschrift: „Sergei Rachmaninoff, 1873-1943, Komponist, Pi-
anist, Dirigent. Moskau, New York, Hertenstein." Frei-
schwimmen und Beckenschwimmen ist ja ein wenig wie Sonne und Solarium, Rachmaninoff war vermutlich auch Frei-
schwimmer. Er lebte hier in der von Gärten umgebenen 'Villa

Naturbelassene Liegenschaft mit Seeanstoss - bei Hertenstein

Senar' und fand: „Hier gibt es eben gerade die Stille und Ruhe, derer man so bedarf."

Heute wandelt oder badet am Quai ein breit gestreutes Publikum, die Bediensteten der nahen Luxushotels, Pensionäre mit Liegestuhl und tragbarem Sonnenschirm, dann und wann legt aber auch ein Porsche Cabrio mit sehr hellblondem Inhalt an. Also fast die ganze Schweiz auf einer kleinen Wiese.

Gleich nach dem Rachmaninoff Quai und der kleinen Bootswerft eine größere, ebenso exklusive wie naturbelassene Liegenschaft mit Seeanstoss, Bauernhaus, Obstwiese, Bootshaus. Und alles liegt gänzlich unrenoviert einfach so da. Zwischen all den gehüteten, alarmgesicherten Immobilien fast schon eine Provokation. Aber die nächste Generation wird schon in den Startlöchern sitzen, die Fruchtfolge wird sich auch hier irgendwann einmal ändern. Wie überall vom Moscht zum Champagner - und zurück.

Bereits bei der Bootswerft Abzweig einer kleinen Stichstraße landeinwärts in Richtung **Postunen** und Zinnen. Postunen sind nur ein paar Häuser, der Name Postunen (= Post unten) deutet noch auf die ehemalige Funktion als Anlege-

Landende in Zinnen

stelle der Postschiffe von Meggen nach Weggis. Heute ist hier die *Gemüsegärtnerei Zurmühle* mit großen Anlagen unter Glas, vor dem historischen und sehr ansehnlichen Haupthaus ein Verkaufsstand mit dem Gemüse und Obst aus eigener Produktion (auch eine hervorragende Aprikosenmarmelade aus Walliser Aprikosen, Referenzqualität!).

Nur wenige Meter weiter dann das ruhig und abseits gelegene Tagungs- und Bildungshaus der *Baldegger Schwestern*: *Stella Matutina*, mehrere Gebäude in parkähnlicher Situation, in einem recht neuen, funktional gehaltenen, aber hervorragend plazierten Anbau Gästezimmer, alle mit Dusche und Seeblick. Ein Refugium an einem der reizvollsten Plätze der Seenlandschaft, es steht auch Einzelreisenden offen, die sich ohne Kursangebot besinnen oder einfach erholen möchten. Alle notwendigen Informationen zum besonderen Charakter des Hauses und zur Anmeldung findet man auch auf der Internetseite der Baldegger Schwestern (vgl. unten).

Vom Schwesternhaus Stella Matutina sind es nur ein paar Schritte bis runter nach **Zinnen** und hier ist das Sträßle endgültig zu Ende. Aber nicht die Sicht. Großartiges Panorama auf See und Pilatus, binnenländische Kapstimmung.

Badehaus in Greppen

Hochleistungsidylle

Das kleine, feine **Greppen** liegt schließlich auf halbem Weg
zwischen Weggis und Küssnacht. Der alte, winklige Kern mit
dem markant spitzen Kirchturm liegt zudem etwas abseits der
Durchgangsstraße, so daß der gewöhnliche Ausflugs- und Tagestourismus am Ort vorbeiströmt. Das ist gut so, denn im
engen Kern hätte es auch gar keinen Platz, um die großen
Busse zu wenden. Kein Geschiebe also, aber Qualität: Das
beginnt schon bei der *Dorfkäserei Heggelin*, wie so oft im Lande gilt hier: klein, speziell und sehr gut, namentlich der lange gereifte Sbrinz (ein parmesanähnlicher Hartkäse), der
manche seiner Vorbilder ziemlich blass aussehen läßt.

Auch Greppens Gastronomie setzt nicht auf die Masse.
Beide Häuser treten selbstbewußt und mit kulinarischer Am-
bition auf, das *Restaurant Rigi* gar mit 16 Gault-Millau-Punk-
ten, somit gehören Pauillac-Lamm und Rock-Lobster einfach
dazu, es gibt aber auch high-end Vesper mit heimischen Produkten. Am Schluß einer Seerundfahrt könnte schließlich das
Restaurant-Hotel *St. Wendelin* liegen. Gediegen, in der Tradition eines kleinen, familiengeführten Schmuckkästchens.
Leicht erhöhte Lage nah über dem See und behaglich-pati-

nierte Ausstattung des 300 Jahre alten Hauses sprechen für sich. Die Küche ist auf beachtlichem, freilich ausgesprochen konservativem Niveau: die frischen Eglifilets liegen exakt im Fächer, wie mit der Schieblehre ausgemessen. Begleitet von schier millimetergenau tournierten Kartoffeln, die nach Kartoffeln schmecken. Ganz der traditionelle Schweizer Stil also, aber so akkurat, wie er hier realisiert wird, längst eine Seltenheit im Lande. Kulinarische Leidenschaft muss man freilich ebenso woanders suchen, wie eine fortgeschrittene Weinauswahl. Zur ansonsten souveränen Gastlichkeit im St. Wendelin paßt zudem nicht, daß zwei Gäste am selben Tisch in den Genuß unterschiedlicher Servietten kommen: zur Suppe gibts nur Papier, zum Egli Stoff. Die intime, hoteleigene Privatbadeanstalt am See gehört dann wieder zu den Plätzen, derentwegen man die Schweiz nicht aus den Augen verlieren darf.

Eine andere Seite der provokant gepflegten Landschaft am Vierwaldstätter See ist in Greppen ebenfalls in einer sehr speziellen Ausprägung erhalten. Unten am Bootsanleger hängt ein Aushang vom Jahr 1922. Der damalige Wirt des Gasthauses St. Wendelin läßt darin „Betreten, Begehen, Befahren und anderweitige Inanspruchnahme" seiner Liegenschaft untersagen. „Zuwiderhandelnde verfallen einer Geldbusse von Fr. 5 bis 150." Das alte Schild wirkt bis heute so liebevoll gepflegt wie die neuen Verbotsschilder, die schier jeden privaten Quadratmeter Wiesengrün schützen. Die Schablone, mit der Kartoffeln geschnitzt und das Eigentum geschützt wird, liegt in der Schweiz manchmal ziemlich eng auf. Gesellschaft heißt doch auch, daß es zwischen Großberliner Verslumung und Greppener Hochleistungsidylle noch einen Weg geben muß. Schön war's trotzdem.

Garantiert eventfrei - Terrasse Hotel St. Niklausen

Tisch, Bett, Badestellen und mehr

- **St. Niklausen:** *Seehotel Sankt Niklausen.* Traditionshaus in Alleinlage am See nahe der gleichnamigen Schiffsanlegestelle. Ein inhabergeführter Hotelbetrieb wie in den 60er Jahren, Retrostimmung, Treffpunkt der Eventfeinde, große Freiterrasse, routinierte Ausflugsküche mit erwartbarem Angebot. Doppelzimmer ab 170 Franken, Einzel ab 125 Franken. Außerdem einfache Zimmer mit 'Fliesswasser'. Im weitläufigen, hortensiengesäumten Hotelpark die Dependance 'Kreuzfluh': eine historische Villa in schöner Lage über dem See, hier Einer-, Zweier- und Dreibettzimmer (diese in zwei separaten Zimmern); von ca. 140 bis 300 Franken. Das Hotel ist in den kalten Monaten geschlossen. CH-6005 St. Niklausen bei Luzern, Tel. 0041-413-40 11 30, Fax: 0041-340 11 26. www.see-hotel.ch

- **Weggis:** *Park Hotel Weggis.* Erstrangiges Haus mit denkbar breitem Komfort- und Behaglichkeitsangebot, 'Sparkling Wellness' und alle weiteren zeitgenössischen Zerstreuungs- und Unterhaltungsangeboten. Leicht erhöhte Lage über dem See, reizvoller Privatstrand. CH-6353 Weggis, Hertensteinstraße 34, Tel. 0041-413-90 25 25, Fax: 0041-413-90 16 18. www.phw.ch.

- Ebenfalls in **Weggis:** *Central am See,* gediegenes Mittelklassehotel mit Seesalon und schöner Speiseterrasse am See, beheiztes Schwimmbad im Garten, Liegewiese mit direktem Seezugang. Das Restaurant gehört zur Vereinigung 'Fischküche mit Auszeichnung', CH-6353 Weggis, Tel. 0041-413-92 09 09, Fax: 0041-39 22 09 00. www.central-am-see.ch.

- **Hertenstein**: *Bildungshaus Stella Matutina*. Im Bildungs- und Tagungshaus der Baldegger Schwestern gibt es in einem neuen Anbau 45 Gästebetten (darunter viele in Einzelzimmern, alle Zimmer mit Seeblick Du/WC, einzelne mit Etagendusche). Die Zimmer stehen auch Gästen offen, die nicht am umfangreichen Vortrags- und Kursangebot teilnehmen möchten. „Ein Haus zum persönlichen Verweilen, zum Innehalten ohne Kurs." Über das Kursangebot informiert die eigene Broschüre 'Hertensteiner Kurse'. CH-6353 Hertenstein, Zinnenstraße 7, Tel. 0041-413-901157, Fax: 0041-413-9011601. www.baldeggerschwestern.ch/stellamatutina. Günstige Pensionspreise.

- **Greppen**: Hotel-Restaurant *Sankt Wendelin*. Historisches, persönlich geführtes Haus in ansprechender Lage nahe am See, gepflegte Holzgaststuben, aufmerksamer Service und akkurate, freilich statische Küche im klassischen Schweizer Stil (Mitglied der Vereinigung 'Fischküche mit Auszeichnung'). Terrasse. Acht Doppelzimmer (vier zum See mit Blick, vier zu Dorf und Bergen). Eine Minute entfernt und selten charmant: Das kleine, hoteleigene 'Privat-Strandbad' mit Liegewiese, altem Bootshaus und Ruhebänken unter Kastanien. CH-64404 Greppen, Tel. 0041-413-90 30 16, Fax: 0041-413-90 39 16.

- **Greppen**: *Käserei Heggelin*, Spezialität u.a. der zweieinhalb bis drei Jahre gereifte und hoch prämierte A.O.C.-Sbrinz, Käserei vormittags geöffnet. Tel. 0041-413-90 33 08.

Im Text erwähnte Badeanstalten am See: In *Beckenried-Niederdorf* (Südufer/nahe dem Ableger der Autofähre). In *Gersau* an der Chindli-Kapelle (ca. 2 km außerhalb in Richtung Brunnen, unterhalb der Straße), klein, versteckt. In *Weggis* Strandbad Lido, groß, belebt, schöne Holzkabinenanlage. Zwischen *Weggis* und *Hertenstein*: Badeplatz (mit WC, kein Kiosk) am Rachmaninoff Quai. Zwischen *Kastanienbaum* und *St. Niklausen*: öffentlicher Badeplatz im Krämerstein-Park, sehr reizvoll. In *Greppen*: Bademöglichkeit am See, eigenes Privatbad für Gäste vom Hotel St. Wendelin.

Zahlreiche kleine **Badestellen**, teils recht versteckt, teils mit unauffälligem Zugang, sind über die Uferstraße *Gersau-Greppen* zu erreichen. Dito zwischen *Horw-Winkel* und *St. Niklausen*.

Dorfkäserei Hildisrieden

- Auf der An- bzw. Heimfahrt lohnt ein Abstecher nach **Hildisrieden:** Autobahn Ausfahrt Sempach, dann noch ca. 6 km Landstraße nach Nordosten über mild gewelltes Weideland, Glücksklee und Heidiland. Die *Dorfkäserei* und der angeschlossene Dorfladen lohnt den Besuch, nicht nur wegen des guten Käsesortiments aus eigener Produktion (darunter Rohmilch-Hartkäse Typ Parmesan und Sbrinz), sondern auch wegen des kleinen, qualitativ aber herausragenden Beisortiments: Brot, Obst, Joghurt, Salami, Trockenfleisch, im Grunde alles für ein Picknick. Der kleine 20 Quadratmeter-Laden bietet mehr Lebensmittel als manche 2000 Quadratmeter große Ramschbude.

Info Vierwaldstättersee allgemein und **Fahrplan** der Schifffahrtsgesellschaft des Vierwaldstättersees (differenziert nach Dampf- und anderen Schiffen, kulinarische Angebote, Sonderfahrten, Flotteninformationen etc.): www.lakelucerne.ch, Info-Tel. (Automat): 0041-413-367 67 67.

Karten: Landeskarten der Schweiz, 1:50.000 mit Wanderrouten, Blatt 235 **T** Rotkreuz (nördl. Teil des Sees), sowie 245 **T** (südlicher Teil). Es gibt auch eine Zusammensetzungen der normalen 1:50.000 Landeskarte (ohne eigens eingetragene Wanderrouten), Blatt Nr. 5008, Vierwaldstätter See.

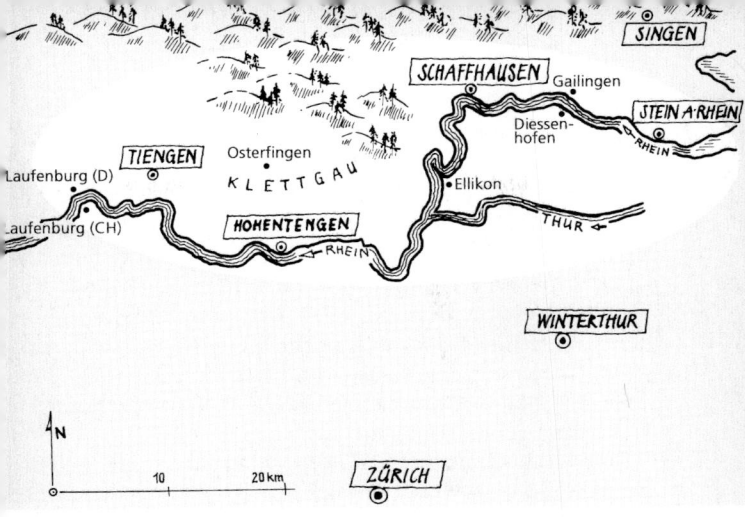

Nischen am Hochrhein

Wo der Rhein noch jung ist und die Ufer krumm sind: stille Winkel zwischen Ellikon, Schaffhausen und Diessenhofen. Wo die deutsch-schweizer Grenze so zerknittert verläuft, daß einem schier schwindlig wird. Aber gut zum Autowandern, Flußbaden, Uferliegen.

Vom Oberrhein zum Hochrhein ist nicht so einfach. Allein schon die Anfahrt. Eine ziemliche Quälerei, besonders auf deutscher Seite. Die überlastete B 34 zwischen Rheinfelden, Bad Säckingen und Waldshut-Tiengen. Der Rhein im engen, wegen der Kraftwerke fast überall aufgestauten, befestigten Bett, alte und neue Industrie, dazwischen die Bahntrasse, all die Kreisel und Nebenstraßen Richtung Lidl, Praktiker und Neubauviertel und dann die Autobahn 98, auf die alle warten, die zur Zeit aber nur bis Rheinfelden führt und auch das nur in einer Richtung (von Ost nach West). Fortsetzung folgt, wenn mal wieder Geld da ist, für den aus Berliner Sicht doch etwas entlegenen Herrgottswinkel im Südwesten. Also wann?

Auch auf Schweizer Seite kommt man nicht rasch voran, weil sich die Autobahn in Richtung Zürich davonmacht. Höchstens vom Hotzenwald oder vom Klettgau aus ist man einigermaßen schnell da. Aber wer fährt schon vom Hotzenwald nach Diessenhofen, um sich an einem heißen Augusttag rheinabwärts treiben zu lassen? Und vom Oberrhein aus gesehen ist Schaffhausen in etwa so naheliegend wie Tübingen. In der Schweiz gibt es ein Hinterrheintal und wenn es in Deutschland auch eines gäbe, dann wäre es hier, zwischen Untersee, Schaffhausen und der Mündung der Thur. Aber der Rhein lohnt sich gerade hier. Beruhigender am Rhein lang geht fast nicht.

Eine ideale Gegend zum 'Grenzschlängeln', so nennen die beiden Schweizer Reisebuchautoren Ursula Bauer und Jörg Frischknecht das kreative Vagabundieren zwischen den Regionen. (Ihre hervorragenden Bücher, vorzugsweise über die Alpenregionen, erscheinen im Zürcher Rotpunkt Verlag, Info auch über: www.wanderweb.ch). Grenzschlängeln am deutsch-schweizer Hochrhein also.

Beginnen wir im kleinen Weiler *Ellikon am Rhein*, auf Schweizer Seite. Ein, zwei Kilometer rheinaufwärts, oberhalb der Mündung der Thur gelegen. Nächste Grenzübergänge bei Lottstetten oder Jestetten/Rheinau, also gut fünf Kilometer südlich Schaffhausen. Man muß das so ausführlich schreiben, sonst finden Sie Ellikon nicht. Ein pensionierter Lehrer, ein Mensch der etwas vom Liebreiz einer Landschaft versteht, hat mir den Hinweis gegeben. „Sie müssen an einem heißen Sommertag unter der Woche mal nach Ellikon am Rhein, das Ufer, die Bäume, die Wege am Fluß lang, die Wirtschaft, die Fähre rüber nach Deutschland - Sie müssen da mal hin." Das gebe ich jetzt so weiter, weil es einfach stimmt. Und insofern relativiert sich auch die mühsame Anfahrt aus dem Oberrheingraben. Einfach mal eine Stunde früher aufstehen, und was heißt schon mühsam? An diesen komischen Brücken- oder Feiertagen, wenn andere im Stau stehen, liegen Sie hier längst am Wasser. Nicht zu unterschätzen ist die Region im übrigen auch an einem hellen Wintertag, man kann beson-

Am Hochrhein bei Ellikon

ders auf der Schweizer Seite stundenlang unmittelbar am Rheinufer lang gehen, das ununterbrochen von Wegen erschlossen ist. Oder auch mal die Ufer wechseln und später auf ein Egli einkehren.

Treiben lassen bei Ellikon

Der Reihe nach: Zuerst also nach **Ellikon,** ein Weiler, dessen Vorteile schnell beschrieben sind. Hauptattraktion ist die direkte Lage am Rhein bei gleichzeitiger Abwesenheit von jedem Durchgangsverkehr. So hat der Ort mit seinen gepflegten Höfen, offenen Obstwiesen und gewundenen Kieswegen noch etwas von der Siedlungsstruktur, wie sie hier vielleicht vor 40 oder 50 Jahren überall im ländlichen Raum üblich war. So sieht man in Ellikon also auch, was unterging. Einige ZH-Autonummern zeigen, daß ein Teil der gepflegten, aber nicht herausgeputzten Häuser schon als stilles Refugium für Städter dient.

Auch vorne am Rhein wieder Bilder wie aus einem Heimatfilm der 70er Jahre. Eine Pendelfähre bringt Wanderer und Radfahrer zum anderen Ufer (keine Autos), das Ablegen wird

Fähranleger in Ellikon

mit Glockenschlag angekündigt, eine farbige Schautafel informiert über den reichen Fischbestand im Hochrhein: allein 30 einheimische Fischarten sind hier verzeichnet. Es gibt eben nicht nur Forelle, Saibling, Egli und Felchen, sondern auch Bitterling, Elritze und Groppe. Dabei hat die Verbesserung der Wasserqualität während der letzten Jahre den Berufsfischern keinesfalls mehr Fänge gebracht. Weil seit 20 Jahren immer weniger Phosphor in die Seen und Flüsse kommt, hat sich, bei sinkendem Nährstoffgehalt der Gewässer, auch das Nahrungsangebot für die Fische reduziert. Mitte der 70er Jahre betrug der gesamte Fang der Schweizer Berufsfischer noch 3600 Tonnen im Jahr, heute werden etwa 1700 Tonnen gefangen. Neben dem geringeren Nährstoffangebot sind es aber auch Raubvögel wie Kormorane und graue Fischreiher, die zur Dezimierung der Bestände geführt haben. Beides geschützte Vogelarten, die sich in den letzten Jahren zur Plage der Fischwirtschaft entwickelt haben. Nun dürfen zu große Bestände - zumindest in der Schweiz - reduziert werden. Der Rückgang der Fänge ist beim Egli (auch Krätzer genannt) am stärksten, mittlerweile gibt es aber reichlich Importe aus Li-

Rheinufer in Ellikon

tauen und Osteuropa. So bleibt die Versorgung mit einer der
Schweizer Nationalspeisen garantiert.

Die breite Steintreppe beim Fähranleger in Ellikon dient
als Ruhe-, Picknick- und Landungsplatz für Wanderer und
Schwimmer gleichermaßen. Mächtige Ahornbäume spenden
Schatten. Auch hier wieder - wie auf der gesamten Schweizer
Rheinseite - ein reizvoller Uferweg, der sich auch für stunden-
lange Distanzläufe eignen würde. Die Passage am Rhein wird
aber auch von Schwimmern gerne genutzt, um ein Stück
flußaufwärts zu gehen und sich dann wieder abwärts treiben
zu lassen. Baden im Hochrhein ist ja ein besonders bewegen-
des Sommervergnügen und keinesfalls mit dem ruhigeren
Seebaden zu vergleichen (noch schönere Badestellen am
Rhein später unter Diessenhofen).

Egal an welcher Stelle, Voraussetzung ist, daß die Wasserführung stimmt, also nicht unmittelbar nach starken Regen-
perioden, dann ist das Wasser trüb und die Strömung wirkt
nicht entspannend, sondern nur noch riskant. Die besten Verhältnisse gibt es während längerer Schönwetterperioden im
Hochsommer. Die bewachsenen Ufer, der träge strömende
Fluß und lähmende Sommerhitze ergeben dann eine Stim-

mung angenehmer Benommenheit, der man vielleicht noch mit einem ersten Getränk auf die Sprünge helfen könnte.

Die (einzige) Wirtschaft in Ellikon ist das *Gasthaus zum Schiff.* Auf den ersten Blick, und nur auf diesen, ein Traditionshaus in Bestlage direkt am Rhein: vorne ein Gärtle, hinten ein potentiell herrlicher Biergarten unter alten Bäumen, innen Extremgemütlichkeit mit engen Stuben, Fachwerk und viel Holz. Die roten Coca-Cola-Schirme im Garten lassen einen dann schon grübeln, ob es an so einem Flecken nicht auch etwas gediegener ginge. Das Nachdenken hält beim Speiseangebot an, das teils in einer self-service-Station zurechtgebrutzelt wird. Um Himmels willen hier kein aufgemotztes Ausflugslokal, aber selten habe ich so einen Gunstplatz gesehen, der so unter seinen Möglichkeiten bleibt. Also eher auf ein Bier (aus der Flasche).

Wegen des erwähnt faltigen Grenzverlaufes lassen sich von Ellikon ausgehend nun allerlei Grenzschlängeleien in Richtung Untersee/Bodensee denken. Von Ellikon weiter etwa über CH-Rheinau, das spektakulär innerhalb einer fast geschlossenen Rheinschleife liegt.

Einkehren und Abtreiben in Diessenhofen

Wer es ruhiger haben will und die bereits angesprochene Sommerbenommenheit auf einer schattigen Partie am Rheinufer auskosten möchte, läßt Sehenswürdigkeiten wie Rheinau und Schaffhausen auch mal aus und fährt gleich durch bis **CH-Diessenhofen** (auf deutscher Seite: Gailingen). Die alte Schiffs- und Bahnstation zwischen Stein am Rhein und Schaffhausen war schon 1178 als kyburgsches Grafenstädtchen eine befestigte Siedlung. Die Eidgenossen haben den Flecken bereits 1460 den Habsburgern abgenommen. Die alte Holzbrücke über den Rhein stammt aus dem Jahr 1815, heute springt die Jugend aus den Fensterluken auch mal direkt in den Strom. Die sehr beachtliche historische Bausubstanz in dem an Einwohnern eher bescheidenen Ort spricht für sich: im alten Kern mehr als stattliche Häuser, manche mit spätgotischen Fenstern und Erkern, das Rathaus ist von 1760,

Rheinbrücke und Hotel-Restaurant Krone in Diessenhofen

sehr reizvolle Partien direkt am Rhein entlang und in den Gassen dahinter.

Einmal mehr zeigt der Vergleich von Schweizer und deutschen Siedlungen zu beiden Seiten des Rheins markante Unterschiede in der Substanz. Durch Kapital, Kontinuität und lange Friedenszeiten konnten sich auf der Schweizer Seite in Jahrhunderten gewachsene Ensembles halten, die es in Deutschland so längst nicht gibt, oder noch nie gegeben hat. Was nördlich vom Rhein allenfalls als Schrumpfform oder als überrenoviertes Museumsviertel auffällt, ist in der Schweiz noch immer gelebter Alltag. Die bürgerlich strukturierte Kleinstadt oder die zumindest optisch beschauliche Landgemeinde - auch eine Art von Friedensdividende.

Diessenhofen ist aus verschiedenen Gründen ein Ziel: es gibt zwei interessante Einkehrmöglichkeiten und - ein, zwei Kilometer östlich vom Ortskern in Richtung Rheinklingen - grüne Uferpartien, reizvolle Badestellen und eine naturwüchsige Flußlandschaft, die man einfach mal gesehen haben sollte (am östlichen Ortsrand von Diessenhofen zusätzlich ein angelegtes Rheinbad). Gut einkehren in Diessenhofen geht direkt unten an der Alten Brücke in der *Krone*, mit Rhein-

Frischfisch und Rheinblick, Krone in Diessenhofen

blick, gehobene Karte mit frischen Flußfischen, sorgfältiger Familienbetrieb, auch Gästezimmer.

Der *Gasthof Schupfen* liegt gut zwei Kilometer östlich außerhalb, an der Straße (N 13) nach Rheinklingen und Stein am Rhein. Nach Lage und Anblick ein stolzes Exemplar aus der Klasse historischer Landgasthof. Etwas erhöht über dem Rhein, außen Fachwerk, innen zwei wohl gehütete Holzstuben (mancher Tisch mit großartigem Rheinblick). Die Küche (Mitglied der Tafelgesellschaft 'Zum goldenen Fisch') bietet zum einen frische Fluß- und Seefische zu noch bezahlbaren Preisen, aber auch andere Standards der Schweizer Küche, überdurchschnittlich zubereitet. Zum Ziel wird der Gasthof Schupfen endgültig wegen seiner Lage oberhalb einer der schönsten Liegewiesen und Badestellen am Hochrhein. Direkt unterhalb weite, von Nußbäumen beschattete Wiesen und bequeme Rheinzugänge. Flußabwärts in Richtung Diessenhofen ein Campinggelände. Der Uferweg flußaufwärts führt den Schwimmer zu zahlreichen Einstiegstellen in den Strom. Trotz aller Boote, Schiffe und Schwimmgeräte, die an einem Sommertag wie im Film an einem vorbeigleiten, trotz aller Lagerfeuer und mancher Büchsenbiergruppe,

Gunststelle am Hochrhein - Gasthof Schupfen bei Diessenhofen

die drüben am wilderen deutschen Ufer Platz genommen hat, richtig überfüllt ist es hier selbst an brüllend heißen Hochsommertagen nie, dazu gibt es einfach zu viel Platz.

Auf deutscher Seite wird die Stelle auf Höhe vom Gasthof Schupfen über Gailingen und Obergailingen erreicht. Von der Straße zum Grenzübergang nach CH-Bibermüli führt eine Zufahrt zum deutschen Rheinufer. Dort gibt es aber keine Wiesen, sondern Uferwald und Kies- und Sandbänke, nicht mediterran, aber weich und warm genug.

Grenz- und Stimmungswechsel

Wer von Gailingen in Richtung Schaffhausen und Basel zurückmöchte, sollte zumindest eine Zeit lang rheinnah bleiben. Allein schon das ufernahe Sträßchen über **Büsingen** nach **Schaffhausen** ist ein Genuß, diverse Grenz- und Stimmungswechsel, zahlreiche Möglichkeiten zum Abschweifen. Nur eine darunter: Von D-Jestetten rüber nach CH-**Osterfingen** im Klettgau. Eine Region, die zu beiden Seiten der Grenze nicht gerade durch ihr dramatisches Relief auffällt. Sanft gewelltes Acker- und Wiesenland, kleine Siedlungen,

Schupfen-Stube mit Rheinblick

viel Mais und große Landmaschinenhändler. In Osterfingen liegt das Gasthaus *Zum Bad*, ein schöner, alter Landstraßengasthof, mit gepflegten Räumen, überlegter Karte und großer Freiterrasse. Ein Ausflugslokal der vernünftigen und gehobenen Art, Schweizer Qualität in jeder Hinsicht, Stimmung und Angebot oberhalb des Üblichen.

Gleich auf welcher Seite des Rheins, egal ob an einem dieser schier endlosen Hochsommertage, oder im Winter, wenn Eislicht und Wasserspiel zusammenkommen - eine Fahrt an den Hochrhein erweitert den oberrheinischen Horizont.

Adressen und Hinweise Hochrhein

- **Ellikon am Rhein**: *Gasthaus zum Schiff*, hervorragende und herzergreifend idyllische Lage neben der Fährlände am Rhein. Ernüchternde Küche, lauschiger, wenig gepflegter Wirtsgarten. Eher bei großem Durst. Tel. 0041-52-319 34 34. Von März bis November durchgehend geöffnet.

- **Diessenhofen**: *Gasthof-Hotel Krone*. Gepflegte, familiengeführte Gaststube direkt an der alten Holzbrücke über den Rhein, fortgeschrittene (Fisch-)Küche, sechs Zimmer, ein Teil davon mit Blick zum Rhein. CH-8253 Diessenhofen, Rheinstraße 2, Tel. 0041-52-

657 30 70, Fax: 657 30 87. RT: Mo und Di.

- **Diessenhofen**: *Gasthof Schupfen*. Stattlicher Landgasthof in Alleinlage über dem Rhein, schöne Uferpartien und Bademöglichkeit direkt davor, gute Stuben mit Rheinblick, mehr als passable Küche, Extrakarte mit See- und Rheinfischen. Mitglied der Tafelgesellschaft 'Ausgezeichnete Fischküche'. CH-8252 Diessenhofen (ca. 2 km außerhalb, an der N 13 nach Stein am Rhein), Tel. 0041-52-657 10 42, Fax: 657 45 44. RT: Di und Mi.

- **Osterfingen** (im Klettgau; zw. Waldshut-Tiengen und Schaffhausen): *Gasthaus Bad*. Schöner, historischer Landgasthof mit feiner Räumlichkeit und großer Sommerterrasse, aufmerksame Bewirtung, nicht zu große, aber vernünftige Karte, deutlich über gewohntem Ausflugsniveau. CH-8218 Osterfingen, Zollstraße, Tel. 0041-52-681 21 21. RT: Mo und Di.

Am Hochrhein zwischen Rheinfelden und Waldshut-Tiengen

- **Bademöglichkeit** am 'unteren' Hochrhein besteht auf deutscher Seite auch bereits in *Schwörstadt*, also zwischen Rheinfelden und Bad Säckingen, in einem schönen, angelegten Rheinbad, mit großer Liegefläche direkt am befestigten Ufer. Weitere Bäder am Fluß: in *Dogern* (wenig westl. Waldshut). Östlich von Waldshut-Tiengen dann wieder in *Küssaberg-Reckingen*, *Hohentengen* und *Hohentengen-Lienheim*.

- **Einkehr- und Unterkunft** mit überlegenem Rheinblick auf deutscher Seite in **Laufenburg** im *Rebstock*. Traditionslokal in der Altstadt, nahe am Stadttor. Mit geschütztem Sonnenbalkon über dem Rhein. Gemütliche Gasträume, bürgerliche Küche, Regionalgerichte und Wild. 24 Gästezimmer. D-79725 Laufenburg, Tel. 07763-9 21 70, Fax: 92 17 92. www.hotel-rebstock.de. RT: Sa und So ab 14 Uhr.

- **Altstadt-Laufenburg**: Der größere und architektonisch bemerkenswerte Teil der Laufenburger Altstadt liegt auf *Schweizer* Seite.

- **Karten**: Wanderkarte 1:50.000 vom *Landesvermessungsamt* (zusammen mit dem Schwarzwaldverein), Blatt 9 (Schluchsee/Wutachtal) und Blatt 10 (Hegau Bodensee).

- *Schweizer Landeskarte* 1:50.000 (mit Wanderrouten) Blatt 215 T Baden. Die Blätter 205 Schaffhausen und 206 Stein am Rhein gibt es bislang (2003) nur als normale Landeskarte, also ohne eigens eingetragene Wanderrouten.

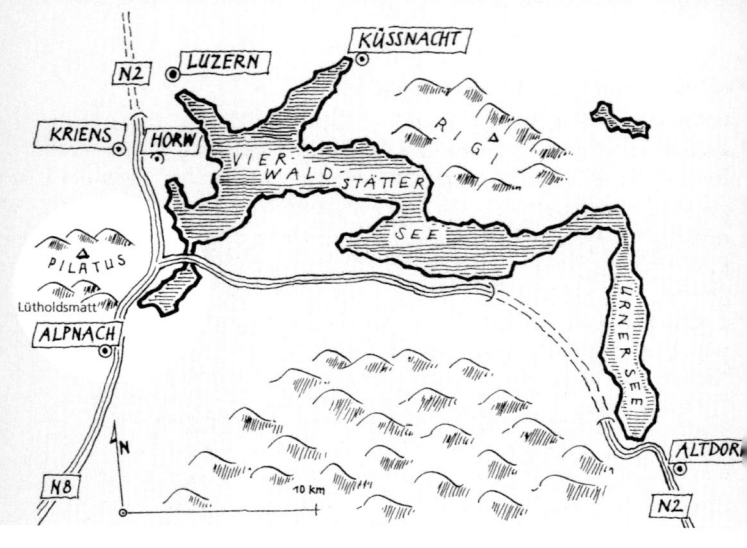

Kurz in die Alpen

Alternativen zur Tagestour nach Engelberg - ein Abstecher in die Alpen geht auch anders: Zum Beispiel Pilatus hintenrum, oder von Altdorf rauf ins blumige Isenthal. Zweimal Alpen anders, ohne anstehen.

Pilatus hinten rum - Wer von Basel über Luzern in die Alpen fährt, hat im Pilatus den ersten richtigen Gipfel vor sich. Die beiden Bergbahnen ab Kriens und Alpnachstad (vgl. unten) sorgen allerdings auch für steten Besucherdruck. Somit empfiehlt sich eine etwas ungewöhnliche Annäherung über die *Lütholdsmatt*, ein einfaches Berggasthaus auf 1.148 Metern und variantenreicher Ausgangspunkt in einem, mit dem Vorteil fehlenden Massenandrangs. Dazu ist die kurvenreiche Anfahrt auf schmaler Bergstraße ab **Alpnach** einfach zu mühsam und wohl auch zu schwer zu finden. Und glücklicherweise liegt die Lütholdsmatt so schön, daß der Pilatus-Gipfel schon fast zur Nebensache wird. Auch nachdem an die Lütholdsmatt ein moderner Stall angebaut wurde, noch immer ein Bergbeizen-Kleinod in freier Lage oberhalb einer fundamental idyllischen Fallerhäuschen-Landschaft. Die kleine Gaststube drinnen ist niedrig, dunkel und unbedeutend, um so schöner ist es aber draußen an den langen Tischen im Freien. Diese ganz und gar heile Welt liegt nur ein paar Kilometer südlich der Autobahn (N 2 Luzern-Altdorf). Ideal zur Sauerstofftherapie nach langer Autofahrt oder auch nur, um einen Nachmittag im Milkaland zu vertrödeln. Die Zutaten: Almenblick, Seeblick, Kuhgebimmel, Rasenterrasse, ein 'endlich da Gefühl'. Die Alpen ohne Zwang.

Der **Pilatus** ist eher Berggruppe als Einzelgipfel. Seine höchsten Zacken reichen bis etwa 2.200 m. Die tieferen Lagen sind waldreich, auf den gerodeten Flanken liegen mehr als 20 Almen (zum Käse später). Die gesamte Pilatusregion ist bestens mit markierten Wegen erschlossen. Manche davon, wie die Verlängerung des Gipfelgrates nach Westen in Richtung *Mittaggüpfi*, haben alpinen Charakter und bieten herrliche Sicht, sowohl ins Mittelland mit den Seen als auch auf die Hochalpen. Im Kalkstein kommen viele seltene Pflanzenarten vor. Pilatustouren abseits der ausgelatschten Wege versprechen also auch optisch eine reiche Beute.

Der Pilatus (= behüteter, behuteter Berg) ist atlantischen Westwetterlagen frei ausgesetzt, der Berg gilt als Wetterecke der Schweiz mit entsprechend vielen Schlechtwettertagen - der Spruch dazu: „Hat er einen Hut/dann wird's Wetter gut/ hat er einen Kragen/darf man es noch Waagen/hat er einen Degen/so gibt's Regen."

Von **Alpnachstad** aus führt die steilste Zahnradbahn der Welt (bis zu 48%) auf den Gipfel. Die knapp halbstündige Bergfahrt entbehrt trotz der gewagten Trassenführung jeder Dramatik, man ruckelt in üblicher Begleitung sanft nach oben, mit von der Partie: fotografierende Japaner, Amerikaner auf ihrer 'in 7 Tagen durch Europa'-Tour, Binnentouristen, Opa und Enkel. Im Sattel zwischen den Gipfeln liegt der Vollbeton-Restaurant-Hotel-Komplex Pilatus-Kulm. Herrliche Fernsicht auf den Vierwaldstätter See und hinüber zum Konkurrenzberg Rigi. Hier wie dort herrscht der beschilderte Ausflugsbetrieb, aber schon nach einer halben Stunde Fußweg ist man außerhalb der eigentlichen Fußgängerzone.

Balkon zwischen Alpnach und Pilatus, die Lütholdsmatt

Adressen, Hinweise, Touren

- **Über Alpnach-Dorf**: *Lütholdsmatt*. Ganz einfaches, ganz reizvoll gelegenes Berggasthaus. An Wochenenden meist gut Betrieb, sonst unterschiedlich bis ruhig. Möglicher Ausgangspunkt für zahlreiche, mitunter auch recht anspruchsvolle Wanderungen im Pilatusgebiet (wie die Gratwanderung über die Mittaggüpfi, vgl. unten). Oder einfach zum Sitzen und Gucken. **Anfahrt**: Autobahn N 2, Abfahrt Stansstad, weiter auf der N 8, Ausfahrt Alpnach (am Ortsbeginn am Bach *Chli Schliere* scharf rechts ab). Ab hier ist die *Lütholdsmatt* dann ausgeschildert. Von Alpnach sind es noch 6,6 km auf schmalem Sträßchen bergauf. Schon die Auffahrt ist ein Erlebnis. Am Ende der erlaubten Fahrstraße liegt die Lütholds-Matte, Tel. 0041-41-6701185. Von April/Mai bis Oktober geöffnet (je nach Wetterlage).

- **In Alpnach**: *Sennerei Flüeler*. Der Fahrweg auf die Lütholdsmatt führt im Ortsteil Grund direkt an der *Alpnach-Sennerei Flüeler* vorbei. Hier wird Milch aus der ganzen Pilatus-Region verarbeitet. Eine vergleichsweise kleine, individuell arbeitende Sennerei. Im Angebot des kleinen Ladens: Vorzugsbutter, Eier, Käse und ein kleines Zusatzsortiment wie Marmeladen etc. Besonders interessant im Käseangebot sind drei Sorten bester!, unterschiedlich alter Sbrinz (ein parmesanähnlicher Hartkäse), außerdem gibt es halbfesten Alpkäse - natürlich alles Rohmilchkäse. Grunderbergstraße 7, Tel. 0041-41-670 16 22. Öffnungszeiten: werktags 8-11.30 und 18-19 Uhr.

Wanderung: Lütholdsmatt-Pilatus-Lütholdsmatt

Charakter: Ein bequemer Weg führt ab der Lütholdsmatt in 2 ½ h zum klotzigen Hotel-Restaurant auf den Pilatus-Gipfel. Zunächst durch Wälder, später über Bergwiesen und Almen, zuletzt häufig mit freier Sicht (leider auch auf die Trasse der Zahnradbahn). Vom Gipfel geht es dann auf einem extrem aussichtsreichen und nicht sehr beschwerlichen Kammweg nach Westen (in Richtung *Tomlishorn* und noch weiter). Achtung: Alpine Route mit entsprechender Wegführung!! Trittsicherheit ist auf dem Kammweg vom Gipfel ab unbedingt erforderlich - also nur bei sicherem Wetter.

Wegverlauf - von der Lütholdsmatt auf den Pilatusgipfel: Auf leicht ansteigendem breiten Waldweg geht es über *Schwandi* (1.329 m) hinauf zur *Alp Fräkmünd* (1.499 m), wo im Sommer bisweilen Kuh- und Ziegenkäse verkauft wird. Weiter auf breitem Weg über die Baumgrenze hinauf zur Kreuzung/ Sattel bei *Chilchsteine* (1.865 m), wo ein Pfad Richtung Alpnacher See wieder bergab führt. Hier Beginn des kurzen, steilen End-Anstiegs - unweit der steilen Trasse der Zahnradbahn - auf den Pilatus. Nur ganz am Ende über den Geröllhang auf den Gipfel wird's schweißtreibend, dies ist zugleich das reizloseste Stück, weil die massive Pilatus-Verbauung nicht mehr zu übersehen ist. Auf dem Gipfel erwarten einen bequeme Höhenwege. Im Nahbereich der Bebauung in den Fels gehauene Galerien und geteerte Turnschuhwege. Der übliche Gipfelandrang verläuft sich aber bald; schon nach einer Viertelstunde, am Ende der kinderwagentauglichen Trasse ist man fast allein. Scheuen Sie also am Beginn der Ausflugspiste nicht zurück, der Rummel verliert sich, sobald der Teer weicht. Dann könnten nur noch die Steinböcke irritieren oder die Kolkraben, die im Verein mit den unheimlichen Nebelfetzen über den Kamm ziehen.

Vom Pilatusgipfel über den Kammweg zurück ins Tal: Der exponierte (!) alpine Kammweg führt nach Westen über *Tomlishorn* (2.128 m, höchste Erhebung des Massifs), *Widderfeld* und weiter bis zur *Mittaggüpfi*. Der Wanderweg ist gut markiert und beschildert, ebenso die möglichen Abkürzungen zur Lütholdsmatt, etwa ab *Felli* und über *Alp Stafeli* (ca. 6 h Rundweg). Eine Karte ist wegen der vielen möglichen Varianten dennoch unerlässlich. Wie erwähnt, längs der gesamten Gratpartie immer wieder großartiger Blick.

- **Zeiten & Karten:** Wanderzeit für den Rundweg ab Lütholdsmatt ca. 6 h. Landeskarte 1:25.000, Blatt 1170 Alpnach. Oder Landeskarte 1:50.000, Blatt 245 **T** Stans (mit rot eingezeichneten Wanderrouten).

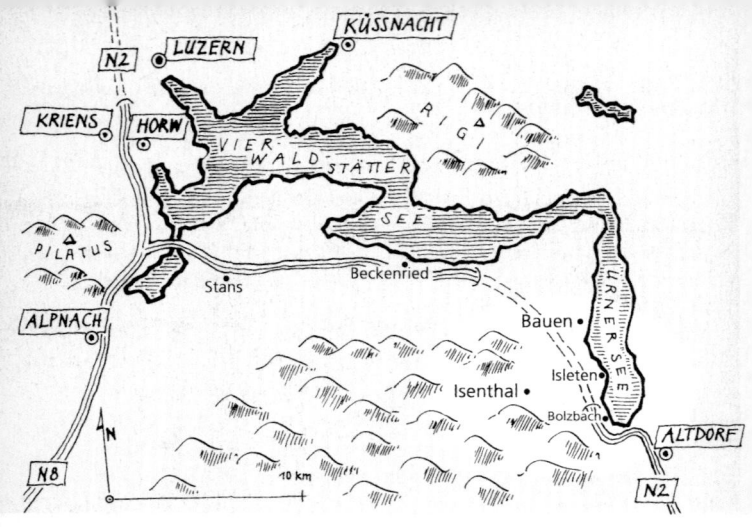

Isenthal

Wie geht nochmal die Geschichte vom heilen Bergdorf? Enge Straße, steile Kehren, Talschluß. Schon ein paar Schritte nach dem letzten Parkplatz hämmert der Specht. Keine großen Liftanlagen, kein bekannter Gipfel mit Wasserspülung. So ähnlich ist es mit dem **Isenthal.** Auf 800 bis 1.400 Meter in einem Hochtal oberhalb des Vierwaldstättersees gelegen. Die heikle Zufahrt über die Uferstraße am Urner Seeufer nach Isleten wurde erst 1951 in den Fels gesprengt, zuvor war das Tal nur per Schiff zu erreichen. Und bis heute blieb etwas von der Idylle eines 500-Seelen-Dorfes mit zwei Gasthäusern, einer Seilbahn und einem Skilift, oben auf dem Gitschenen. In die Wälder oberhalb des Ortes wurden zwar während der letzten Jahre mächtige Forststraßen planiert, aber der Hochsommer riecht wie immer - nach frisch geschnittenem Gras. Und wieder einmal werden Wiesen dermaßen akkurat gemäht, als gäbe es eine eigene Weidekommission, die nach jedem Grasschnitt vorbeikommt. Der Landwirt als gut bezahlter Landschaftsgärtner, in den Schweizer Alpentälern ist längst realisiert, wovon unsere EU-Bauern noch träumen.

Zwei Drittel des landwirtschaftlichen Einkommens kommen in der Schweiz aus der Staatskasse. Da kann man das Heu auch mal auf dem Buckel in den Stall tragen.

Der einzige halbwegs prominente Gipfel heißt *Uri-Rotstock* (2.928 m), zwar ein mächtiger, aber eben kein allseits bekannter Anziehungspunkt. Aber es geht auch einfacher. Schon der gut nachvollziehbare Aufstieg zur *Biwaldalp* bietet einiges von dem, was Bergwandern so reizvoll macht. Mit Nadelteppichen übersäte Wege für das Gehen zu zweit. Fußschmale Durchschlüpfe zwischen Felstrümmern, Naturstein und Wurzelstufen, umgestürzte Baumstämme. Und zum anregenden Weg ein ebenso abwechslungsreiches Panorama - und kein Gedränge.

Die Gondelbahn zu den Sonnenhängen um *Gitschenen* erschließt erst recht herrliche Touren, aber selbst der ausgetretene Standardübergang zur bevölkerten Bergstation *Klewenalp* (mit Verbindung nach Beckenried am Vierwaldstätter-See), ist keine Renommiertour. Somit bleibt alles handlich, überschaubar. Ein Freund sagt es so: „Wenn ich ein wenig einfache Alpen will, geht's nach Isenthal." Stimmt. Außerhalb der ärgsten Saison bleibt es selbst im Wandersommer vergleichs-

weise ruhig. Binnentourismus, angereichert mit ein paar alles-
findigen Holländern, dazwischen Stadtflüchtlinge wie Du
und Ich. Im Winter wirkt der Talgrund wegen der umschlos-
senen Lage nicht allzu freundlich und kaum sonnig. Die Seilbahn Gitschenen bringt einen aber rasch auf Sonnenhänge in
mittlerer Höhenlage (um 1.500 m, vgl. unten).

Seebad auf der An- oder Abfahrt im Urner See

Ein intensives Vergnügen, das eine Bergtour ins Isenthal
bestens runden könnte. Autobahnausfahrt *Altdorf*, weiter in
Richtung Isleten-Isenthal. Erste Bademöglichkeit bereits im
Weiler *Bolzbach*, und nochmals wenig später am *Restaurant
Seegarten*, also unmittelbar vor der gewundenen Auffahrt ins
Isenthal (Parkmöglichkeit). Kleiner Kiesstrand, sanft abfal-
lend in den Urner See, eine bescheidene kleine Bade- und
Surfstelle (mit bojenbegrenztem Schwimmbereich, ohne Ka-
binen und Freizeit-Unfug). Nebenan auf der Terrasse gibt's
den passenden Morgenkaffee. Ein netter, nach Schweizer Ma-
nier ordentlich aufgeräumter Platz, aber nur im Hochsommer
ausreichend warm und besonnt. Zudem Westseite, am aller-
schönsten also am Morgen und mittags. Weitere Badestellen:
Das größere, stärker besuchte offizielle Seebad liegt direkt bei
der Mündung der Reuss in den See, also nördlich Seedorf, erreichbar ebenfalls über die Ausfahrt Altdorf.

Unmittelbar nach der Badestelle bei Isleten gewinnt die
Straße ins Isenthal gewaltig an Höhe, teils imposante Strek-
kenführung durch Fels, Kehrtunnel und später durch den extrem engen Tobel (unter einem führt hier der 10 Kilometer
lange Seelisberg-Autobahntunnel durch das Gestein). Schon
vor dem Dorf Isenthal weitet sich der Grund um den Isitaler
Bach. Die Matten, die Hütten, der Kirchturm, die Schweizer-
flagge - alles da und alles steht noch eine Spur malerischer vor
den Bergen als erwartet. Kaum im Ort, wird auch die erste
und beste Gaststätte erreicht. Am *Gasthaus Tourist* kommt
keiner vorbei. Es kontrolliert wie ein Wächter die Engstelle
an der Ortsdurchfahrt, das Wirtsgärtle liegt auf der anderen
Seite der Straße. Der kleine, aber gut sortierte Einkaufsladen

Schiffsanleger in Bauen am Urner See

liegt auch gleich um die Ecke. Sie sind da. (Weitere Details zu Einkehr, Touren, Proviant, Karten und Literatur, vgl. im folgenden Adressenteil.)

Bauen am See - Feigenbäume und Bananenstauden

Die weniger alpine Alternative zur Auffahrt ins Isenthal wäre die Weiterfahrt nach **Bauen** am Urner See. Das kleine Dorf am weitgehend unbebauten und steilen Westufer liegt am Ende einer Stichstraße, der Ortskern bleibt verkehrsfrei. Palmen, Bananenstauden, Feigenbäume und üppige Blumenbeete zeigen an, daß hier eine geschützte Klimainsel liegt. Aber nicht nur, das mit 220 Einwohnern kleinste Dorf im Kanton Uri wirkt so hübsch herausgeputzt, daß es zur Kulisse nicht mehr weit ist. Den überwiegend binnenschweizer Pensionären und Tagesausflüglern gefällt diese Paradefleckchen dennoch so gut, daß sich gegen Mittag rasch die Terrasse des Hotel *Schiller* zur obligatorischen Eglispeisung füllt.

Ich habe mit solchen Orten gewisse Probleme, konzidiere aber gerne, daß Liebreiz, Aussicht und Umgebung durchaus zu einem beeindruckenden Ganzen verschmelzen können,

Gasthaus Tourist in Isenthal

das einen auch mal für ein paar Stunden oder gar über die
Nacht hier hält. Wie viele dieser Idyllestuben wirkt auch Bau-
en wie ein Wackelbild, zwischen Fluchtreflex und Erbauung
paßt oft keine Viertelstunde. Am besten, Sie fahren selber
mal hin.

Adressen, Hinweise, Touren

i *Isenthal Tourismus*, CH-6461 Isenthal, www.isenthal.ch (informativer Ortsprospekt mit Wanderkartenausschnitt).

Tourist Info-Uri, Tellspielhaus, Schützengasse 11, CH-6460 Altdorf,
Tel. 0041-41-872 04 50, Fax: 872 04 51. www.i-uri.ch

- **Isleten**: *Restaurant Seegarten*. Schön gelegenes Ausflugsrestaurant
direkt am Urner See, unmittelbar neben einer Badestelle. Große
Terrasse. Fisch im Körbli, sowie dezidiert Innerschweizer Stimmung.
Tel. 0041-41-878 11 05, www.seegarten-isleten.ch. **Preise**: mittel.

- **Isenthal**: *Gasthaus Tourist*. Mit ordnungsgemäß gehisster Schwei-
zerflagge und einfachem, aber nicht reizlosem Restaurant. Freundliche Wirtsleute, aparter Wirtsgarten über der Straße. Geboten werden vernünftige Vesperstandards (auch regionaler Käse), in der Saison bisweilen auch recht ordentliche Wildgerichte, Übernachtung
nur in einfachen Zimmern im ersten Stock. CH-6461 Isenthal, Tel.

Gasthaus Schiller in Bauen

0041-41-878 11 51, Fax: 878 08 51, www.gasthaustourist.ch. RT: Do.
Preise: mittel.

- **Isenthal**: Gasthaus und Hotel *Urirotstock*. Ebenfalls in Isenthal-Dorf an der Hauptstraße zur Seilbahn und nur wenige Meter nach dem ersten Gasthaus, die zweite (und letzte) Möglichkeit: Traditionelles, einfaches Berghotel (32 Betten, seit 2002 neue Besitzer). Freisitz direkt an der Straße zur Seilbahnstation St. Jakob. CH 6461 Isenthal, Tel. 0041-41-878 11 52, Fax: 878 13 33.

- **Lohnende Alternative** zur Talunterkunft: *Berggasthaus Gitschenen*, ansprechendes Berghotel in sonniger Lage auf 1.500 m Höhe, zu erreichen mit Seilbahn ab Isenthal-St. Jakob. Idealer Ausgangspunkt für Wanderungen und Touren, Lager und einfache, aber ansprechende Doppelzimmer mit fließend Wasser und Etagendusche. Große Terrasse und ordentliche Berggasthausküche (preiswerte Halbpension möglich). Tel. 0041-41-878 11 58, Fax: 878 10 38. Von Mai bis Ende Herbst durchgehend geöffnet, im Winter Zeiten erfragen. Sehr informative homepage mit allen weiteren Details: www.gitschenen.ch

- **Bauen** (am Urnersee-Westufer): *Hotel Schiller*. Imposante Lage im schmuckkästchenartig gepflegten Ausflugsort Bauen. Terrasse mit Seeblick, routinierte Ausflugsküche, das Haus gehört zur Tafelgesellschaft 'Zum goldenen Fisch'. Einfach-konventionelle Zimmer (vergleichsweise günstig). CH-6466 Bauen, Tel. 0041-41-878 11 55, Fax: 878 10 55. RT: Do, So ab 18 Uhr.

Auf der Biwaldalp

Proviantierung, Karten, Literatur: In Isenthal bietet der gut sortierte *Dorfladen* alles Notwendige für Picknick oder Wanderung. So ein Laden im Tal ist ja mehr als eine bloße Verkaufsstelle. Ein Dorfladen stabilisiert die Infrastruktur im Dorf, sinnigerweise fördert auch die Gemeinde die Genossenschaftsidee, die einen solchen Laden erst ermöglicht. Mit einem Einkauf vor Ort tragen auch Touristen zum Bestand solcher Institutionen bei, die letzendlich allen nutzen. Ein Grund mehr, auf die Wohnmobilnummer mit eingeführten Billigkonserven zu verzichten. Zudem bietet auch dieser kleine Dorfladen mit regionalem Käse und luftgetrockneter Wurst mehr Qualität als manche große Theke im Supermarkt. Tel. 0041-41-878 14 22.

Literatur (im Dorfladen, Restaurants, Verkehrsverein): *Naturkundlicher Höhenweg Isenthal.* Schon mehr als ein reiner Wander- und Naturführer. Eine 130-seitige Monographie mit Wissenswertem zum öffentlichen Leben im Tal, Alp- und Holzwirtschaft, Geologie und Geschichte.

Karten für Touren: *Landeskarte* 1:50.000, Blatt 245 **T** Stans (mit Wanderrouten). Oder die Zusammensetzung der Landeskarten 1.50.000, Blatt 5008, Vierwaldstätter See. Die vorgeschlagene Bergtour zur Biwaldalp und über den Sassigrat ist in der Wanderkarte als Route rot markiert. Außerdem sind die vielen lohnenden Wandermöglichkeiten ab Gitschenen (Bergstation Seilbahn) eingezeichnet.

Regionale *Wanderkarte Isenthal* 1:25.000 (in Restaurants und beim Verkehrsverein erhältlich). Ausreichender Wanderkartenausschnitt auch im Ortsprospekt von Isenthal.

Seilbahn *St. Jakob* (990 m) - *Gitschenen* (1540 m): Ganzjahresbetrieb, alle 30 Minuten oder nach Bedarf. Erreichbar mit dem Privatauto (Parkplätze vorhanden) oder mit dem Postauto ab Altdorf-Isenthal. Ab Bergstation Gitschenen beginnt ein schöner, neu angelegter Rundweg. Das Faltblatt 'Naturlehrpfad Gitschenen' gibt's an der Seilbahnstation und dem Bergrestaurant Gitschenen. Dauer des einfachen Spazierwegs: 1¼ h.

Wanderung für Bergziegen

Isenthal (St. Jakob) - Biwaldalp - Sassigrat - Musenalp - Isenthal-Dorf (insg. gut 5-6 h, Bergtour, teils steile, schmale Pfade!)
Für Genußwanderer empfiehlt sich ab Isenthal eine gipfelfreie (ohne Uri-Rotstock), komfortable Tour über die herrlich gelegene **Biwaldalp** auf den **Sassigrat** und von dort über die Musenalp zurück ins Tal. Wer es bequemer und kürzer haben möchte, läuft nur zur Biwaldalp und steigt von dort (ohne Sassigrat) gleich wieder ins Tal ab bei **Stäfeli** und von dort am Bach lang zurück.
Die Route beginnt ab St. Jakob/Schattenberg (990 m, Talstation Seilbahn, Auto bis dorthin erlaubt, Parkplätze). Von hier sehr abwechslungsreich und bald steil durch schönsten Bergwald über **Gross Wald** auf die **Biwaldalp** (1.694 m, ca. 2,5 h, zum Gasthaus siehe unten). Von der Biwaldalp aus führt ein sehr schöner, mäßig steiler Pfad weiter hinauf über den schmalen und exponierten **Sassigrat** (1.868 m), ein panoramischer Flecken erster Güte, der sogar noch ein wenig Gipfelgefühl vermittelt. Weiter und abwärts zunächst bis zur **Musenalp** (1.486 m, 1 h). Von dort auf einem bequemen Waldweg über **Hundwald, Chli Bergli** und **Siti** in 2 h (ab Chlosterberg, 1.115 m, geteert und nicht mehr reizvoll) nach Isenthal zurück. Insgesamt eine Tour, die mäßigen Anstieg auf recht gutem Weg mit großzügiger Sicht verbindet.
Unter Bergkameraden streitet man sich bei der Planung gern über die Richtung der Wanderung. Als Ausgangspunkt sind Isenthal-Dorf oder - wie beschrieben - St. Jakob weiter hinten im Tal möglich. Wer mit der Sonne im Rücken wandern und auf der Biwaldalp vor dem steilen Abstieg noch herumdösen will, kann auch in Isenthal-Dorf beginnen. Nachteil: man läuft zunächst mit einem eher langweiligen Waldstraßenstück, das sich ansteigend bis **Hundwald** (Seilbahn) hinzieht. Dort dann eine kleine Bedarfsgondel, die den Anstieg zur

Musenalp verkürzt. Wer dagegen eine - zugegeben etwas fordernde - Morgenwanderung durch den steilen Bergwald vorzieht, sollte in St. Jakob, also bei der Talstation der Seilbahn nach Gitschenen beginnen. Sonne gibt's dann auch auf der Biwaldalp und dem Sassigrat. Nur der eher eintönige Streckenabschnitt hinunter zur Musenalp liegt dann später im Schatten.

- **Berggasthaus Biwaldalp:** Exponiert gelegenes, einfach-uriges Berggasthaus in freier Westlage auf 1700 m. Almbetrieb und Sennerei, gute Vesper mit eigenem Alpkäse und eigenem Fleisch. Kleine, überaus reizvolle Aussichtsterrasse. Schöner Gastraum, sehr ordentliche Zimmer und Massenlager. Keine Furcht vor Massenandrang: Der steile Aufstieg ab Schattenberg bleibt keinem erspart, zur Biwaldalp führt nur eine Materialbahn hinauf. Der kurze, heftige Aufstieg lohnt sich! Die Biwaldalp liegt zudem am schönsten und sichersten Weg zum Urirotstock (2.928 m), sowie zum Sassigrat. Tel. (Sommer): 0041-41-878 11 22, Winter: -41-870 73 51. Von Mitte Mai bis Mitte Oktober geöffnet. **Preise**: günstig

- **Berggasthaus Musenalp.** Auf 1486 m gelegen, weniger aussichtsreich, dafür bequemer erreichbar und mehr besucht als die Biwaldalp (Kleinbahn mit Personenbeförderung auf Anforderung). Ebenfalls mit sehr netter Gartenwirtschaft, aber ein folkloreintensiver Gastraum. Eigene Alpkäserei, Massenlager und drei Doppelzimmer. Die Musenalp liegt direkt am kürzesten Weg zum Uri-Rotstock, der nochmals verkürzt wird, wenn die Seilbahn benutzt wird. Tel. (Sommer): 0041-41-878 11 22, (Winter): 870 73 51. Ebenfalls von Mitte Mai bis Mitte Oktober geöffnet. **Preise**: günstig

- **Aufstiegshilfe**: Zum Gasthaus Musenalp ab Fahrweg südlich Hundwald kleiner, offener Personenaufzug (auf Anforderung, überwindet ca. 400 Höhenmeter).

Seebad Zollikon

Holzkabinen an der Goldküste (ZH)

Stille Stunden am rechten Zürichseeufer. In den historischen Badeanstalten von Zollikon und Erlenbach in der ersten Reihe liegen. Rausschwimmen und hinterher ein Faustbrot am Kiosk holen. Eine exklusive Sommertour, fast zum Sozialtarif.

Die Goldküste, auch so eine Klischeefabrik. Daimler vor Villen mit Seeanstoss. Halteverbot. Kein Durchgang. Privacy über alles. Badestege, auf denen gegen Mittag eine Dame im weißen Einteiler erscheint und alsbald wieder in ihrer Villa verschwindet. Vermutlich ein wenig zu schwül heute. Die begüterte Stimmung wird seit Herbst 2003 allenfalls durch das neue Anflugregiment auf den Flughafen getrübt. Seit der Fluglärm etwas demokratischer verteilt wird (also nicht mehr ausschließlich über dem Deutschen *und* Schweizer Hochrhein), haben einige Bewohner der Goldküsten-Region auch die Chance, ihre dumpf, nationalchauvinistische Gesinnung zu Markte zu tragen. Gleich wie der Fluglärmstreit endet, die Immobilienpreise an der ohnehin nur wenig belasteten Goldküste werden immer auf beachtlicher Höhe verharren. Dazu

Bilder wie aus der Hollywood-Schaukel gefilmt: schon am Vormittag sind Männer im wehrfähigen Alter auf teuren Freizeiträdern zu sehen. Bei aufkommendem Wind wird fleißig regattiert. Man hört, daß die Kinder reicher Goldküsteneltern die Türsteher ihrer Lieblingsclubs auch mal mit der eigenen Armbanduhr bedenken. Vermutlich ist diese spezielle Form der Statusdemonstration aber nur eine Saison lang üblich.

Die 'Zitronengrassuppe mit grillierter Jakobsmuschel' käme in einem der ersten Häuser am See auf SFR 42,- (Pegelstand vom Sommer 2003, in *Petermanns Kunststuben,* Küssnacht). Der 'Hummersalat auf Cous-Cous mit Anis-Vinaigrette' wertet ebendort SFR 75,-. Dagegen scheint das 'Menu komplett' zu SFR 195 fast günstig kalkuliert. Bemerkenswert bleibt der Kontrast zwischen der befreiten Kalkulation und den eng gestellten Tischen auf der kleinen Terrasse. Man darf aber unterstellen, daß die Gastronomiepreise nicht zu den wesentlichen Problemen der Goldküstenbewohner zählen. Zudem sind die Eintrittspreise in den öffentlichen Badeanlagen ausgesprochen sozial kalkuliert - jedenfalls preiswerter als in unseren verslumten Stadtbädern.

Und noch eine Kleinigkeit zum Thema Zürichsee und Diskretion: es gibt zwei Unternehmer, die nutzen die Fähre von Meilen nach Horgen als Konferenzzentrum für wichtige Gespräche. Sozusagen anstelle des Abends am Kamin. Die beiden gehen an Oberdeck, nehmen im Freien Platz und fahren von Meilen nach Horgen. Blick und Umfeld anregend, man bleibt unter sich, keiner hört zu. Jeder ist vorbereitet und entscheidungswillig. Kein Geschwafel, allein schon, weil das näherkommende Ufer wie eine Sanduhr das Gesprächsende anzeigt. In knapp einer Viertelstunde sind die meisten Dinge entschieden. Es gehört zum Komment, daß die Rückfahrt nur in Ausnahmenfällen für geschäftliche Gespräche genutzt wird. Zwei Billets mußten die beiden noch nie lösen. Fähre statt Kommission, günstig und effektiv. Man kann den Armen kein Geld geben, heißt es in Zürich, sie geben es doch gleich wieder aus.

Schon ein wenig aus der Welt, Badeanlage Wyden in Erlenbach

Badi-Metropole Zürich

Die Freibadkultur in der sittenfesten Stadt Zürich ist ausgesprochen reich entwickelt. Historisch gesehen vielleicht ein kleines Ventil in einer an Sommervergnügen lange Zeit eher armen Stadt. Das auf der Limmat schwimmende *Frauenbad am Stadthausquai* mit Shiatsu, Qigong und einer Saft- und Barfussbar (am Abend auch gemischt), die beiden kuriosen Flussbäder *Oberer Letten* (Zürich Unterstrass) und *Unterer Letten* (Zürich-Wipkingen), das zum internationalen Szene-, Gay-, und Touristenplatz avancierte, verkommene *Seebad* am *Utoquai*, und -zig andere Plätze mehr, Zürich ist eine Badi-Metropole, so gesehen eindeutig Weltklasse.

Mir gefallen zwei ruhige, also weder trendige, noch überlaufene historische Anstalten, die schon etwas außerhalb der Stadt am rechten Seeufer liegen, an besagter Goldküste. Zwei ebenso diskrete, wie charmante Plätze, ideal um einen Sommertag in fast schon weltferner Exklusivität zu vertrödeln. Wegen des gastronomischen Preisniveaus an der Küste (nicht nur in Petermanns Kunststuben) sollten abhängig Beschäftigte an ausreichend Reiseproviant denken. Ein Denner-Dis-

Badeanlage Wyden, Erlenbach

count befindet sich an der Küstenstraße. Evangelisch bestückte Kioske in den beiden Bädern.

Das *Seebad* in **Zollikon** an der Seestraße ist ein historisches
Holzbad aus dem Jahr 1922, die nahezu symmetrische Teilung der Anlage geht auf die früher übliche Geschlechter-
trennung zurück. Kiosk mit grandioser Aussichtsterrasse, Liegewiesen. Zum Umschwung gehören belebte und ruhige Stellen, in der Mehrzahl Publikum, das den Reiz der Anlage
kennt und schätzt.

Nur wenige Kilometer weiter in **Erlenbach**, ein Kleinod
unter den Holzbädern am Zürichsee. Auf die kleine, etwas
versteckte *Badeanlage Wyden* weist nur ein Schild an der Seestraße (neben dem Haus Nr. 32) hin. Ein schmaler Weg führt
zur Anstalt, die wieder so eine Art öffentliches Privatbad ist.
Mit kleiner Wiese, Sonnendeck, Kiosk und einer Stimmung,
die schon ein wenig aus der Welt ist. An Vormittagen kann
man die Besucher oft an einer Hand abzählen. Ein Bad, das
man nicht vergißt. (Im Winter 2004 soll die historische Anlage, die unter 'Heimatschutz' steht, saniert, aber nicht ver-
pöbelt werden).

Wie gesagt, gastronomische Einkehr wird gerade am rechten Zürichseeufer nicht zu Sozialtarifen angeboten. Seeblick kostet erst noch extra, wobei der Augenschmaus häufig alles andere übertrifft. Außerdem gibt es hier genug Herrschaften, die, bevor, nachdem, oder während sich finanzielle Angelegenheiten regeln ließen, noch ein wenig aufs große Weite schauen möchten. Der Zürichsee ist gewiss ein schönes Stück Land, aber nicht unbedingt für Lohnempfänger und Schwarzwurstfreunde. Wer gut sitzen und weit schauen möchte, findet natürlich genug Möglichkeiten. Das *Gasthaus-Hotel Hirsch am See* in Meilen wäre eine davon. Schöne Terrasse direkt überm See, angemessene Küche zu gerade noch erträglichen Preisen. Diskretes Publikum, das nicht unterschätzt werden sollte. Augenschmaus garantiert.

Adressen, Hinweise, Bäder

- **Info** zu allen Bädern der Stadt Zürich: www.sportamt.ch. Die meisten Bäder in der Stadt und am See sind in der Regel von Mitte Mai bis Mitte September geöffnet, bei entsprechendem Wetter mitunter bis Ende September. Manche Bäder am See werden bei ungünstigem Wetter (Sturm) geschlossen.

- **Wetter**: Nach Regionen und Vorhersagezeitraum differenzierte Wetterauskunft für die Schweiz: www.nzz.ch/wetter

- **Zürich mit dem Auto**: Neulinge in Zürich sollten zwei altbewährte Zürcher Verkehrsregeln beachten: „Das Tram hat immer Vorfahrt." Und: „Züriblau ist teuer." Züriblau ist das Tram und das Tram bremst nicht so gerne, besonders wenn Sie auf seinen Gleisen stehen. Und es bremst und hält noch ungerner, wenn Sie mit einer Ausländernummer auf seinen Gleisen stehen. Bitte nicht nachdenken, sondern einfach dran denken: Züriblau ist teuer.

- **Zürich übernacht:** Wer nicht auf den Rappen sehen muß, findet im *Hotel Zürichberg* eine komfortable Bleibe in bester Lage. Das Vierstern-Hotel liegt, wie es heißt, parkähnlich in einer der gefragtesten Wohngegenden der Stadt. Ruhig und großzügig im Grünen, mit herrlichem Blick auf See und Berge. 36 Zimmer im historischen Teil, 30 Zimmer im kräftig gestylten neuen Rundbau (à la Guggenheim). Das alte Stammhaus wurde ursprünglich von einem Züricher Frauenverein gegründet. Weil die Männer der Damen gerne einen tranken, wurde dann sogar Alkoholverbot erlassen, das bis vor wenigen Jahren noch galt - aber das ist Vergangenheit. Nach der Übernahme durch die Sorell-Gruppe bietet das Haus internationalen Standard, ohne die Plattheiten üblicher Kettenhotels. Minimalistisch designte, durchweg geschmackvolle Zimmer mit allen Annehmlichkeiten und hohem Ausstattungsniveau. Gutes Restaurant, schöne Bar mit beeindruckender Panoramaterrasse, Tiefgarage, gute Verkehrsanbindung mit dem Tram ins Zentrum. Im Vergleich zum ohnehin sehr hohen ortsüblichen Niveau sind die **Preise** im Zürichberg angemessen hoch, aber nicht überzogen - die Leistung stimmt. Wochenendpauschalen auf Anfrage (bzw. im Internet). CH-8044 Zürich, Orellistr. 21, Tel. 0041-1-268 35 35, Fax: 268 35 45. www.zuerichberg.ch

- Das Hotel Zürichberg gehört zur kleinen, feinen Schweizer Hotelgruppe *Sorell Hotels*, die in Zürich-City noch weitere Häuser anbietet, darunter das zentralst in der Altstadt gelegene Dreistern-Hotel *Rütli*, Zähringerstr. 43, Tel. 0041-1-254 58 00, Fax: 254 58 01. www.rutli.ch.

- **Zollikon**: *Seebad*, Kiosk mit Panoramaterrasse auch für Nicht-Badende zugänglich (Zeitung nicht vergessen!). Bad geschl.: Mo bis 12 Uhr, Sa und So ab 18 Uhr, im Hochsommer ab 19 Uhr, sowie während allgemeiner Feiertage. Tel (Q): 0041-01-391 51 59, Info: www.zollikon.ch/badeanlagen

- **Erlenbach**: *Badeanlage Wyden* (Zugang von der Seestraße, ab Haus Nr. 32). Tel. 0041-1-910 84 77.

- **Meilen**, *Hirschen am See*. Einwandfreie Lage direkt am See, gepflegte Gasträume, große, geschützte Freiterrasse. Internationale Schweizerküche, angerichtet, als würde das Gemüse mit der Schieblehre vermessen. Herz gibt es anderswo. 16 komfortable Zimmer, 8 davon zum See. Tel. 0041-1-925 05 00, Fax: 925 05 01. **Preise**: hoch

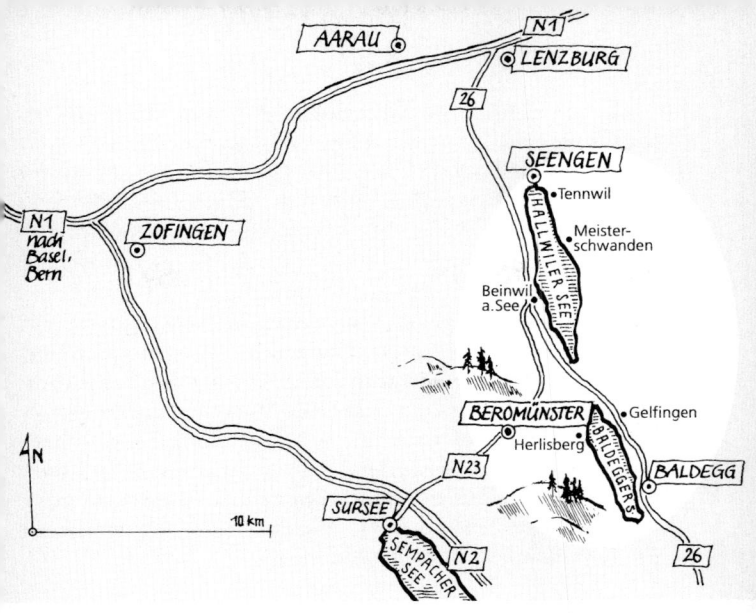

Seetal: Hallwiler See und Baldegger See

Das Seetal im Schweizer Mittelland - eine niedertourige Landschaft. Mit dem Velo einen ganzen See umrunden. Zwischendrin baden gehen oder ein Ausflugslokal am Hang ansteuern. Einen lieben Tag lang nichts müssen.

Man könne das Mittelland auch als eine Abfolge von Autobahnausfahrten beschreiben, die auf kürzestem Weg zur real existierenden Mehrheitenschweiz führen. Hat mal ein Schweizer Großliterat geschrieben. Ein sozial und geografisch nivelliertes Land, flächig zer- oder besiedelt - je nach Standpunkt. Mit ziemlich lückenloser Parkraumbewirtschaftung und flächendeckendem Personennahverkehr. In mancher Hinsicht in der Mitte der Mitte liegt die Stadt Olten, die im Land auch als Synonym für die Abwesenheit von Extremen gilt. Olten, die 'Oltenisierung' ist in der Schweiz Programm, Schimpfwort und Ausweg zugleich. Eine extreme Mitte, gebildet nach ein paar Jahrhunderten Konsensfindung.

Wer die richtige Ausfahrt erwischt, findet aber auch im sensationsarmen Voralpen-Hügelland ansprechende Stellen, die einen so nehmen, wie man ist. Es müssen ja nicht immer die Alpen oder die großen Seen sein. Da wäre noch das Seetal, eine weite Senke mit Hügeln außenrum, alles von Gletschern gefällig rundgeschliffen, mit zwei Seen dazwischen. Autobahn eins, von den Ausfahrten Aarau-Ost oder Lenzburg sind es noch fünfzehn Kilometer bis ins Seetal und zum Hallwiler See. Mittelstandstugenden wie Einschweißen und Verbundsteinpflastern sind längst im Voralpenland angekommen, und so werden ein paar feine Dinge auch dort immer seltener: die Gartenwirtschaft auf Grasboden, die storchenfüßigen Beine der alten Metallstühle, die langsam im Rasen versinken (stattdessen Plastikhocker auf Betonformsteinen). Auf der roten Liste auch der hölzerne Badesteg, an dessen veralgten Pfeilern die Wellen schmatzen.

Holzstege und andere Orte

Fun-Rutsche und Aquadrom gibt es im Seetal aber sowenig wie ein 'Sporthotel zum Hamsterrad'. Auch keine Gäste, auf deren Frühstückstischen Plastikabfallkübel mit der Aufschrift 'Guten Morgen' stehen, kein Aquarobic und keine Halbpension mit Rücktrittsversicherung. Im Grunde kann man die Orte der Welt aufteilen: Holzstegorte und andere Orte. Manchmal reist man weit und findet keinen einzigen Holzstegort, dafür eine Landschaft wie eingeschweißt. Manchmal genügen ein paar Schritte und der Holzsteg ist da: plötzlich passen die innere und äußere Landkarte zusammen. Der Ort gibt einem die Hand, es rastet ein.

Im **Hallwiler See** gibt es zwar keine Holzstege mehr, aber die Gegend reicht einem die Hand zum Thema 'unbeschwert vergeigter Sommertag'. Der See südwestlich von Aarau macht dem Heidiland alle Ehre. Eine Parklandschaft, mit Weiden, deren fast schon einschüchternder Pflegezustand anzeigt, weshalb jeder Schweizer Landwirt zwei Drittel seines Einkommens vom Staat bezieht, beziehen muß (und die Haltung je-

Hochsaison am Baldegger See in Gelfingen

der Kuh mit 3.000 Franken subventioniert wird - was mehr als das durchschnittliche Jahreseinkommen in Obervolta ist).

Rein optisch, also auch im Schweizer Seetal ein scheinbar konfliktfreies Nebeneinander von Heuernte und Kapitalertrag. Um den ganzen Hallwiler See führt eine Straße, die am sonnigen und gefälligeren Ostufer des Sees deutlich verkehrsärmer wird. Dort gibt es immerhin drei Möglichkeiten zum Baden: Die erste bietet das *Arbeiterstrandbad* in **Tennwil**, es wurde bereits 1936 gegründet, „um der Arbeiterschaft den Zugang zum Hallwiler-See für alle Zeiten zu sichern." Was durch das Engagement einer Stiftung bis heute gelungen ist, die Holzstege wurden zwar gegen welche aus verzinktem Eisen ersetzt, aber sonst genießen die Gäste den direkten Zugang zum überraschend warmen See und dazu eine unaufgeregte Zeit, wie sie im Freizeitpark Euroland selten geworden ist. Von den gepflegten Gemeinschaftsräumen über die allgemein zugängliche Grillstelle (auf Wunsch von Personal befeuert) bis zum Restaurantkiosk – alles ganz Schweiz. Am Rande: Grillstellen mit Holzvorrat, der gegen eine geringe Gebühr genutzt werden kann, gehören in Schweizer Freibädern häufig zur üblichen Ausstattung. Eine gute Möglichkeit,

Strandbad Seerose, Meisterschwanden

um Bad und Picknick zu verbinden, die angesichts der Restaurantpreise zusätzlich attraktiv scheint.

Die zweite Chance zum Bad im See beschränkt sich auf die etwas kleinere Gruppe der Privateigentümer mit direktem Seeanstoss. Schmale Zufahrten erschließen Villen und ihre dicht eingewachsenen Bootshäuser. Die mühsame Suche nach dem besten Badeplatz bleibt einem erspart, weil die Zufahrten für das gemeine Publikum gesperrt sind. Bleibt noch eine dritte Chance am Ostufer: das Strandbad *Seerose*, etwa einen Kilometer südlich von **Meisterschwanden**. Sozial gesehen liegt die Einrichtung irgendwo zwischen dem Arbeiterstrandbad und der Privatvilla. Eine charmant patinierte Badeanstalt, deren Alter zur Attraktivität beiträgt: Holzkabinen, alter Baumbestand, keine Rutsche, kaum Kühlboxenträger. Erhaben über dem Ufer das hölzerne Badehaus mit bewirteter Veranda und Fototapeten-Blick. Frühstück ab acht Uhr, Faustbrote für ein paar Franken und zwangsläufig die Frage, ob man sich im Hochsommer unbedingt ein voll besetztes Hamsterrad antun muß. Beim Schwimmen im klaren Hallwiler See wird einem übrigens auch klar, daß Süßwasser genau so heißt, wie es schmeckt. Einen ganzen, langen Schluck

Seebad in Baldegg

Wasser aus einem See trinken – hat auch was mit Hochsommer zu tun.

Der **Baldegger See** liegt keine fünf Kilometer südlich vom Hallwiler See. Man könnte den Baldegger als den kleineren Bruder des Hallwiler Sees bezeichnen, aber das stimmt nur hinsichtlich der Oberfläche. Was Diskretion des Betriebs, umgebende Landschaft und Reiz der artenreichen Ufervegetation betrifft, ist der kleine See vielleicht sogar der interessantere von beiden. Gut fünf Quadratkilometer groß, bis zu 60 Meter tief, keine motorisierten Freizeitkapitäne, die das Wasser zerpflügen, dafür geschützte Feuchtgebiete, Verlandungszonen, Flachmoore und Riedwiesen, zusammenhängend besonders am Nord- und Südufer (ein Teil durch Wege oder Stege erschlossen). Die Landwirtschaft bewirtschaftet die Flächen in der Naturschutzzone des Seetals düngerfrei, so daß zumindest eine weitere Überdüngung der Gewässer ausbleibt. In der Uferzone des Baldegger Sees kommen geschätzt 300 Pflanzenarten vor, im Schilfgürtel brüten Teichrohrsänger, Rohrammer, Wasserralle und Haubentaucher - genug Biologie für heute.

Auch der Blick aufs Ganze ist reizvoll, etwa auf einer dringend empfohlenen, weil wunderschönen und panoramischen Berg- und Talfahrt über **Herlisberg** (737 m) runter zum Baldegger See bei Retschwil. Überlegener Blick auf den fast 300 Höhenmeter tiefer gelegenen Seespiegel und gepflegte Bewirtung bietet das *Restaurant Herlisberg* von seiner Panoramaterrasse aus, auch innen ein Gunstplatz, an dem der Tagesablauf durcheinander geraten könnte. Jedenfalls sollte es hier nicht schwerfallen, eventuell eingesparte Autobahngebühren in ein kombiniertes Plättle und ein Zweierli umzusetzen.

Zwei reizvolle Bademöglichkeiten am meist auffallend warmen Baldegger See liegen am Ostufer, sind aber nach Zuschnitt und Besuchzahl völlig unterschiedlich. Zum einen das gut besuchte, angelegte *Seebad* in **Baldegg** mit reichlich Platz auf der Liegewiese und allen gewohnten Einrichtungen (mit ordentlicher Gaststätte). Dann weiter nördlich in **Gelfingen** wieder so eine Nische, von der nur Freunde erfahren dürfen. Man hält direkt im kleinen Ortszentrum (beim Gasthaus Sternen, parkt aber bloß nicht dort, sondern evtl. gegenüber beim Schulhaus). Sodann geht man auf einem etwas versteckten Fußweg die paar Meter Richtung Bahnhof, weiter über die Gleise in Richtung See und der Badestelle. Dort ein Platz wie aus einem alten Schwarzweiß-Heimatfilm, etwas Wiese, etwas lichter Uferwald, kleine Umkleide (kein Kiosk) und endlich mal wieder ein hölzerner Badesteg im See, der hoffentlich noch da ist, wenn Sie da sind. Viel Spaß!

Adressen, Hinweise, Bäder

- **Tennwil**: *Arbeiterstrandbad* am Hallwiler See, täglich von Ende April bis Oktober geöffnet. Angeschlossen ein Zeltplatz und ein neues Gruppenhaus mit einem Zweibettzimmer und vier Achtbettzimmern. Tel. 0041-56-66 71 14 34.

- **Meisterschwanden**: Strandbad *Seerose* (Hallwiler See), Mai bis Ende September geöffnet. Alter Baumbestand, großzügig dimensionierter, historischer Holzkiosk mit Aussichtsveranda.

- **Herlisberg-Dorf**: *Restaurant Herlisberg*. Nach Lage und Leitung souveräne Ausflugsgaststätte mit großen Sonnenterrassen über dem

Souveräne Lage über dem Baldegger See, Restaurant Herlisberg

Baldegger See. Angebot, Preise und Ambiente gehoben, aber noch nicht abgehoben. Tel. 0041-41-930 12 80. Kein Ruhetag. **Preise:** gehoben

- **Baldegger See**: Seebad in Baldegg, offene Badestelle (mit einfacher Umkleide, kein Kiosk) in Gelfingen, Zugang ab 'Gasthaus Sternen'. Parken nur auf dem Schulparkplatz gegenüber (Tel. 0041-41-910 18 88).

Naturkundliche Infos zum See auf Tafeln am Strandbad in Baldegg, Beginn von Wegen in die Feuchtgebiete am Ufer ebendort.

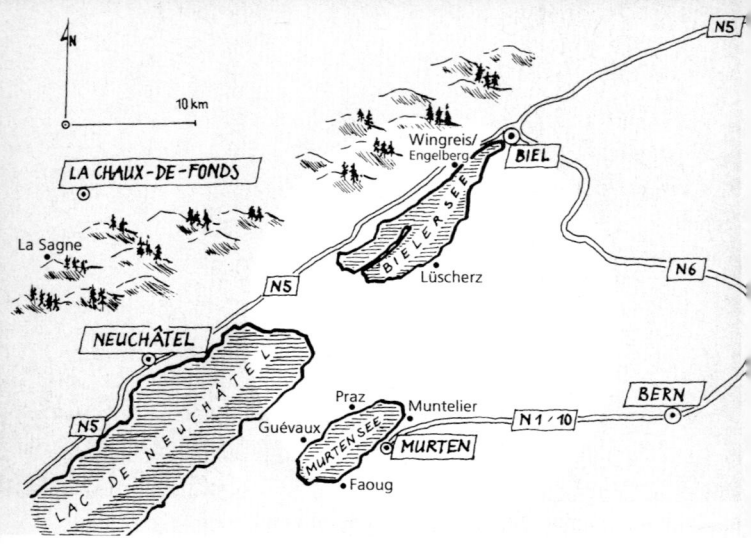

Im Drei-Seenland

Bieler See, Murtensee und Neuenburger See sind Dreiseenland. Überraschend weite, mäßig abwechslungsreiche Landschaft. Gut zum Rumtreiben nach Lust und Laune.

Auf der neuen Autobahn fährt man von Basel nach Biel in kaum einer Stunde. Als reines Städteziel ist die ehemalige Uhrenmetropole Biel am Jurafuß sicher keine Attraktion. Die eigentlich beachtliche Altstadt liegt abgewandt vom See, dem neueren Zentrum downtown sieht man seine industriellen Ursprünge durchaus noch an. Es fehlt etwas an Promenaden und Stadtluft - da bietet Neuchâtel mehr - obwohl auch in Biel anlässlich der Schweizer Landesausstellung (Expo '02) einiges neu gestaltet wurde. Als Ausgangspunkt für Touren im Schweizer Jura, aber auch als Pforte zum Dreiseenland (Bieler See, Murtensee, Neuchâteler See) taugt Biel allemal.

Neben allerlei fragwürdigen Renommierprojekten an, in, und auf den Seen, die längst wieder demontiert sind, hat die Landesausstellung nebenbei auch 170 Kilometer gut ausge-

Bieler See, Strandbad Engelberg bei Wingreis

bauter Radwege gebracht, die das nur sanft gewellte Seenland nun bestens erschließen (Expo-Städte waren neben Biel auch Neuchâtel, Yverdon-les-Bains und Murten). Details zum handlichen Murtensee weiter unten.

Das mitunter fast schon flache Land zwischen den Seen ist eine Folge diverser Gewässer-Großprojekte. Erst durch die Juragewässerkorrektion (die ersten Maßnahmen begannen gegen Ende des 19. Jh.) konnten die alten Überschwemmungsgebiete in Kulturland verwandelt werden. Zuvor war das heute so heiter wohlständige Seenland eher ein Sumpf- und Seuchenland. Wegen der regelmäßigen Überschwemmungen entstanden Dörfer und historische Stadtkerne erhöht oder an Hängen. Erst seit das Wasser der Aare per Kanal direkt in den Bieler See geleitet werden kann und nachdem die drei Seen durch zusätzliche Kanäle miteinander verbunden waren, konnten diese bei Hochwasser als Puffer dienen, wobei die Höhe der Seenspiegel insgesamt abgesenkt wurde.

So wurde aus dem alten Schwemmland ein heute intensiv bewirtschaftetes Agrarland. An einem hellen Sommertag wirkt das Dreiseenland wie eine offene Gartenlandschaft. Am Jurasüdfuß und am Bieler See gedeiht Wein bis schier ans

Wasser. In der Ebene zwischen den Seen, Wiesen, Obst- und Gemüseplantagen.

Nur oben auf den **Jurahöhen** wird das Landschaftsbild rasch herb, waldreich, da und dort regelrecht rauh, an den Ostflanken aber herrlicher Alpenblick. In der Summe und gut kombiniert wieder eine typische Rumtreiblandschaft, die zur freien Routengestaltung nach Lust und Laune animiert. Baden im See, weit ausschreiten im Jura oder einfach auf einer sonnigen Wirtsterrasse lange sitzen bleiben, alles möglich. Weil der Neuenburger See ein Thema für sich wäre und den Rahmen unserer oberrheinischen Touren wohl endgültig sprengen würde, hier einige Ausgangspunkte am Bieler- und am Murtensee und nur ein knapper, aber entschiedener Hinweis auf die elegante Seepromenade von Neuchâtel.

Eine Villa in Biel, eine Terrasse am See

Direkt in Biel bietet sich die *Villa Lindenegg* als überlegener Stützpunkt an: das kleine, mit persönlicher Handschrift geführte Hotel (mit feinen Bistro) liegt zwar mitten in der Stadt, aber die reizend renovierte Liegenschaft aus dem 19. Jahrhundert bleibt eine Welt für sich. Das ehemalige Gästehaus der Stadt wird nach einer Konversion zum Kleinhotel von drei Frauen so persönlich wie engagiert geführt. In einem ruhigen Gartenpark warten acht unterschiedlich komfortable, allesamt geschmackvolle Zimmer, eine elegante Bar und leichte, saisonfrische Küche, vor allem aber jene Sorgfalt und Gelassenheit, die es im strandnahen Vergnügungsrummel nicht mehr gibt. Wie in der Hochpreisbastion Schweiz üblich, ist so ein Versteck nicht zum Dumpingpreis zu haben. Andererseits gräbt sich schon ein kleines Abendessen im Garten der Villa nachhaltiger ins Genusszentrum als eine Woche Dämmerurlaub auf Stuhl 14 in Reihe zehn. Wenn es um die Tiefenwirkung geht, ist die Villa Lindenegg demnach ein probates Therapeutikum.

Seebaden geht auch, nur ein paar Kilometer weiter auf der Uferstraße (Richtung Neuchâtel auf der N 5) lockt das *Strand-*

Probates Therapeutikum mit frischer Küche - Villa Lindenegg, Biel

bad Engelberg bei der Schiffsanlegestelle **Wingreis**. Mit reichlich Platz auf weiter Wiese, ordentlich bewirteter Seeterrasse und einem rundum verglasten Panoramapavillon. Die Freiterrasse, die große Badewiese, die halb verwachsene Bocciabahn, die breiten Natursteintreppen runter zum Ufer - eine der lässigen Badestellen, an denen ein Tagesprogramm leicht durcheinander geraten kann. Nicht nur wegen dem Bad im meist recht frischen Wasser, der Platz hat einfach was. Schon an den ersten warmen Frühlingstagen, noch bevor die Blätter der Platanen am Ufer rauskommen, treibt es die Gäste auf die Terrasse überm See. Zum Sonnenbaden, Zweierli trinken und lesen. Die meisten Dinge werden nah am Wasser ja ohnehin leichter.

Eine zweite Option - etwas freizeitmäßiger - gibt es am Ostufer des Sees in **Lüscherz**: Dort hat es einen kleinen Hafen, Bootsverkehr zur Petersinsel und zum Westufer. Dazu einen Landgasthof mit dem programmatischen Namen *Gasthof 3 Fische*. Schöne Lage über dem See, Terrassen und Blick auf die heile Welt im Schweizer Mittelland, zumindest auf die Oberfläche derselben. Das sichtbar Bürgerliche - Weinberg, Segelboot, Kirchturmspitze - ist das eine. Für Friedrich

Gegen heißgelaufene Glieder, Jurabrunnen

Dürrenmatt war das Altvertraute rund um den Bieler See wie eine Decke, unter der Unvermutetes besonders kräftig gedeihen kann. Sein Kriminalroman 'Der Richter und sein Henker' lebt von den Brüchen dieser Idylle. Wie in einem Wackelbild kippen landschaftliche Harmonie und menschliche Abgründe hin und her.

In Lüscherz gleich neben dem Hafen ein ausnehmend schön gelegener Campingplatz, sowie ein angenehmes Strandbad. Von hier ließe sich an einem Hochsommermittag schön zusehen, wie sich über dem Jura die Wolkenbänke aufbauen.

Spiel mit der Höhe

Einfach so durch Reben, Wiesen und Wälder gondeln ginge aber auch. Zum Beispiel vom Westufer des Bielersees ab **Twann** in den Jura zunächst mal in Richtung **Lamboing**, dann frei Laune aus- oder absteigen und die Arme in einem der kapitalen Brunnentröge aus Jurakalkstein abkühlen. Was ebenfalls beachtliche Tiefenwirkung garantiert. Die Hochflächen am Fuß des 1607 Meter hohen Chasseral bekommen

Für einen eleganten Nachmittagstee, Beau-Rivage in Neuchâtel

allerdings ziemlich rasch etwas nordisch Tundraartiges, Lappland scheint da nicht mehr weit.

Wer das heiter unbeschwerte Rumgondeln liebt, wird sich bald wieder zu den Seen hin orientieren, was bei Alpensicht zu einer unvergesslichen Talfahrt führen kann. Das Spiel zwischen rauhen Jurahöhen, weinbestandenem Ufer des Bieler Sees gehört jedenfalls zu einer kompletten Seentour. Und einmal bei hellem Himmel von der Paßhöhe **Vue des Alpes** runter nach Neuchâtel gehört ebenfalls ins Pflichtenheft jedes Oberrheinbewohners. Das bevorzugt gelegene Neuchâtel sowieso, wer auf die 'große Promenade' am Wasser nicht verzichten mag, kommt an den reizvoll gelegenen, strekkenweise fast schon mondänen Quais von **Neuchâtel** ohnehin nicht vorbei, zumal dort mit dem Hotel *Beau Rivage* auch noch ein Grandhotel für den Nachmittagstee wartet. Eine der seltenen Städte, in der Handlichkeit, Welthaltigkeit und reizende Lage bestens zusammenkommen.

Kein schlechter Platz für einen langen Sommertag

Murtensee

Anders der handliche **Murtensee**, für ein Gewässer, das ohne Schinderei auch mit dem Fahrrad schon am Vormittag zu umrunden wäre, braucht es eigentlich nur eine kleine Gebrauchsanleitung: Die meisten Besucher zieht es an das Ostufer, wo wiederum **Muntelier,** vor allem aber die Nachbargemeinde **Murten** mit ihrem großartig geschlossenen und historischen Stadtbild die größte Attraktion besitzt. Es wartet ein imposant befestigter, dicht gepackter Stadtkern in Bestlage über dem See, Durchblicke, Laubengänge, Zinnen, Türme, Stadtpaläste und dazwischen reichlich Ausflügler. In Seelage ist gute Hotellerie vorhanden, vorwiegend im gehobenen Sektor (z.B. das *Hotel Bad Muntelier*).

Über **Faoug** wird das flache Südufer um Salavaux erreicht. Dort sorgen ausgedehnte Campingzonen für einen etwas unheiligen Betrieb. Bereits in Faoug würde sich ein Blick in das *Restaurant de la Gare* lohnen, das neben dem Speisesaal noch ein kleines Bistro-Abteil bereit hält. Das Haus liegt etwas abseits der touristischen Sammelstellen am See und bietet eben deshalb eine ansprechende Küche und günstige Zimmer.

Hotel Bel-Air in Praz am Murtensee

Touristisch ruhiger als in der Zone um Murten bleibt es an der gegenüberliegenden Seeseite, wo zwischen Bellerive und Nant nur kleinere Ortschaften liegen. Hier bieten sich zwei ganz unterschiedliche Stationen zum Bleiben an: Unterkunft in hellen Appartements mit Kochgelegenheit, in einem neuen, recht pfiffig gebauten Holzbungalow am See bietet die Fischerfamilie Christinat in ihrem *Gîte du Pêcheur*.

Schon wenige Kilometer weiter, reizvoll und direkt am Ufer entlang, ist **Praz** erreicht. Das Hotel-Restaurant *Bel-Air* liegt, wie einer dieser alten Traditions-Gasthöfe am See zu liegen hat. Leicht erhöht, zum Wasser hin mit Blumenrabatten, Gärten und großen Terrassen, unten am Ufer dann nochmal ein sehr reizvoller Sommerkiosk unter alten Bäumen und etwas eigener Strand. Manche kommen zum Baden, andere zum Trinken oder Schauen, und manche sitzen nur im Schatten. Kein schlechter Platz für einem langen Sommertag, der hier so unaufgeregt an einem vorbeizieht wie die Personenschiffe, die gleich vorne anlegen und wieder gehen.

Am Wasser wird alles leichter, Strandbad Engelberg am Bieler See

Adressen, Hinweise, Bäder

Am Bieler See

- **Biel**: *Villa Lindenegg*. Acht unterschiedlich ausgestattete, reizvolle Zimmer in einer fein renovierten Villa, parkähnlicher Umschwung, persönlich-entspannte Atmosphäre, Bar und Restaurant mit leichter Frischeküche passen dazu. Bistro und besonders lauschige Gartenterrasse (auch für Externe): Mo bis Fr 17-23.30 Uhr, Sa und So 10-23.30 Uhr. Sonntags Frühstücksbuffet von 10-14 Uhr. CH-2502 Biel, Lindenegg 5, Tel. 0041-32-322 94 66, www.lindenegg.ch. RT: Di. **Preise**: gehoben.

- *Strandbad Engelberg* (bei Wingreis), anregende Mischung aus Ausflugsrestaurant, Sonnenterrasse und beigeordnetem Strandbad. Nicht nur zum Baden, auch zum Schauen, Reden und Schweigen. Fast schon ein kleines Welttheater. In der warmen Jahreszeit bei gutem Wetter tägl. geöffnet, sonst Mo Ruhetag. **Preise**: mittel.

- **Lüscherz** (Ostufer): Gasthof *3 Fische*. Traditioneller, an schöner Stelle gelegener Seegasthof mit geschützter Sommerterrasse und hellen Innenräumen. Regionale Fischgerichte im Schweizer Küchenmeisterstil, z.B. 'Hecht im Silberfrack', 'Felchen Vigneron', Freitagabend Fischbuffet (Juli/August), im Herbst Wild. Mitglied der Tafelgesellschaft 'Zum goldenen Fisch/Ausgezeichnete Fischküche'.

Tel. 0041-32-3 38 12 21, Fax: 338 12 03, www.3fische.ch, RT: Mi und Do. **Preise**: gehoben.

Zwischen Neuchâteler See und dem Doubs

Gute Unterkunft im hohen Schweizer Jura und somit ein Ausgangspunkt für Touren zwischen warmem Seeufer und herbem Jura: *Hotel von Bergen* in **La Sagne** (vgl. im nächsten Kap. 'Oberer Doubs und hoher Jura').

Am Murtensee

- **Muntelier** (bei Murten): *Hotel Bad Muntelier*, Dreistern-Platzhirsch in schöner Lage am See, traditionelles Ambiente, Seeterrasse. Tel. 0041-26-670 22 62, www. hotel-bad-muntelier.ch. **Preise**: hoch.

- **Faoug** (am See südl. Murten): *Hotel-Restaurant de la Gare*. Interessante, reelle und regionale Küche, der Chef steht mitunter persönlich am Holzkohlengrill (im Winter Wachteln vom Grill; gute Egli), kleines Bistro und ein Speisesaal im verglasten Anbau. Auch ein paar preiswerte, aber ausreichende Zimmer. Guter Lokalplatz, etwas abseits der üblichen Touristenroute. CH-1595 Faoug, Route de Salavaux, Tel. 0041-26-670 21 62, Fax: 672 17 32. RT: Mi und Do. **Preise**: günstig-mittel.

- **Guévaux** (am Westufer, nahe bei Vallmand): Gîte du Pêcheur. Zwei Appartements/Ferienwohnungen in einem Holzbungalow direkt beim See. Möglich ist die Teilbelegung mit zwei oder vier Personen, oder komplett mit bis zu acht Personen (den Vermietern G. und H. Christinat gehört der Fischereibetrieb auf demselben Gelände). Solider Standard, ansprechende Lage in ruhig-ländlicher Umgebung am See. CH-1787 Guévaux, Route du Lac 337 (Wegweiser an der Straße). Tel. 0041-26-673 17 25. **Preise**: günstig-mittel.

- **Praz**: *Hotel Restaurant Bel-Air*, großer Landgasthof in günstiger Lage über dem See, weitläufige Sonnenterrassen, eigener Weinbau, recht einfache, dafür günstige Zimmer (Einer-, Zweier- u. Dreier). Kleiner Strand mit eigenem Kiosk und schattigem Sommergarten. Insgesamt ein heiterer Flecken am Wasser. In der Saison Küche durchgehend. CH-1788 Praz, Route Principale 145, Tel. 0041-26-673 14 14, www.bel-air-lac.ch. RT: Do. **Preise**: mittel, Zimmer: günstig.

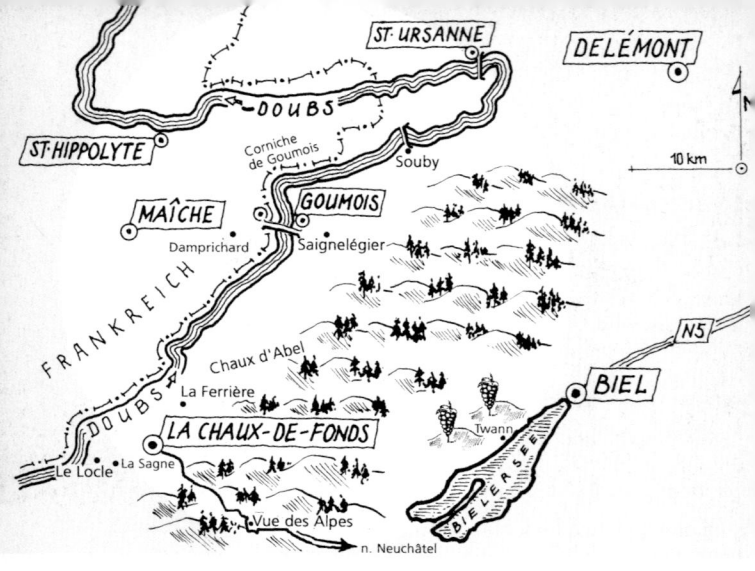

Oberer Doubs und hoher Jura

Kleiner Grenzverkehr zwischen Schweizer und Französischem Jura. Über luftige Höhen in die Doubsschlucht. In St. Ursanne am Wasser sitzen, in Goumois den Fliegenfischern zuschauen, später im hohen Schweizer Jura gut und preiswert einkehren - auch das geht noch.

'Corniche' heißt Steiluferstraße und zwischen der Schweizer Doubsidylle St. Ursanne und der alten, steinernen Grenzbrücke in Goumois gibt es tatsächlich ziemlich viel Steilufer, aber wenig Straßenverkehr. Somit die richtige Gegend zum unkorrekten, aber sehr geruhsamen Autowandern. Immer wieder mit tiefem Blick in die enge **Clos du Doubs**, die gut 300 Höhenmeter tiefe Doubsschlucht. Man kann auf stillen Waldstraßen am Ufer lang zotteln, zwischen den Ländern pendeln und später zu ein paar Jura-Dörfern hoch, die während der meisten Zeit im Jahr einfach so vor sich hindösen. Manchmal ist die Fromagerie der größte Betrieb im Ort.

Über die reizvollste Anfahrt vom Oberrhein nach St. Ursanne am Schweizer Doubsufer läßt sich lange grübeln, kei-

Alte Zeiten: Doubsbrücke bei Goumois mit Hôtel du Doubs (CH)

ne Alternative ist besonders lohnend. Von Basel das Laufental hoch nach Delémont ist sicher keine Genußroute, die neue Transjura-Autobahn bringt einen ab Delémont allerdings schnellstmöglich nach St. Ursanne. Die Anfahrtalternative über Frankreich (A 36 Mulhouse-Belfort) ist so wenig verlockend wie das folgende Stück auf der Nationalstraße 19 über F-Delle nach CH-Porrentruy, zumindest sorgt ab hier der weitere Ausbau der Autobahn für zügiges Vorankommen.

Der denkbare Umweg auf der D 437 von Montbéliard doubsaufwärts bis St. Hippolyte sieht nur auf der Landkarte gut aus. Die Straße führt zwar direkt am Doubs entlang, das war's dann aber auch. Französische Provinz ist nicht immer 'la douce France', sondern manchmal auch ein ziemliches Gewirr aus Supermärkten, aufgelassenen Fabrikhallen und struppig bepflanzten Verkehrskreiseln. Auch das letzte Stück auf der D 437 von St. Hippolyte zur Grenze bei Brémoncourt ist eher Pflicht. Die Straße folgt zwar exakt dem über weite Strecken natürlichen Lauf des Doubs, aber der Fluß mäandriert hier undramatisch durch ein mittelprächtiges Wald- und Wiesenland. Dazwischen ein paar kleine Ferienhäuschen jener, die es irgendwie nicht weiter geschafft ha-

Doubsbrücke in CH-St. Ursanne und Hotel Demi Lune

ben. Im Sommer wird geangelt, gegrillt und campiert und
dazu stehen Männer in Trainingshosen am Wasser. Herbe
Provinz.

Die Kür beginnt um **St. Ursanne,** die Pforte zur Clos du
Doubs, knapp 1.000 Einwohner, historischer Ortskern mit
drei Stadttoren, romanische Kirche und vierjochige Brücke
über den Doubs. Die Gassen eng, das Pflaster rundgelaufen,
die Bausubstanz zwischen alt, renoviert und abgängig, die
Stimmung je nach Saison zwischen munterem Binnentourismus und zeitfernem Außenposten. Sicher, es gibt eine
Hand voll Hotels und ein paar Wirtshäuser mehr, zwischen
hergerichtet und abgetakelt. Mitte August füllt ein Autoren-
nen 'St. Ursanne-Les Rangiers' den Ort, an Sommerwochenenden sind die hängenden Terrassen über dem Doubs gut besucht, besonders die vom Hotel-Restaurant *Demi Lune,* das
wie hingemalt unmittelbar über dem Fluß thront. Aber trotz
aller Romantikwinkel, patinierter Souvenirläden und Tages-
besucher, St. Ursanne ist kein touristischer Durchlauferhitzer.
Zudem wirkt das Dorf tief im Jura erstaunlich unschweize-
risch, ein wenig wie eine Insel. An einem hellen Sommertag
hier eine Doubstour zu beginnen, oder zu beenden, bei be-

St. Ursanne

ginnender Herbstfärbung auf der Terrasse vom Demi-Lune eine Lesestunde einlegen, oder an einem knackigen Wintertag einkehren, alles keine schlechten Ideen. So gesehen wäre St. Ursanne ein Ziel für alle Fälle, ein wenig wandern, ein wenig am Wasser sitzen und ein wenig einkehren geht hier allemal.

Fliegenfischer, Distanzwanderer und Spaziergänger

Weiter doubsaufwärts führt auf Schweizer Seite eine kleine Provinzstraße, die via Epauvillers und Souby die enge Schlucht durchmisst (Souby liegt am Doubs, Ausgangspunkt diverser Wanderrouten). Später über die N 18 hoch bis **Saignelégier**. Das liegt wieder auf einer dieser Hochflächen im Schweizer Jura, der an dieser Stelle 'Franches Montagnes' heißt. Eine rauhe Angelegenheit, mit Flechten an den Baumstämmen und Eternitplatten an den windausgesetzten Hauswänden. Radler mit prall gefüllten Satteltaschen arbeiten gegen den Wind, auch sonst keine Gegend für Freunde mediterraner Freizeitgestaltung, eher etwas für Skandinavienfans. Oben, am östlichen Ortsrand von Saignelégier bietet das *Hôtel du Soleil* ziemlich viel in einem. Sonnenterrasse und

Doubsschlucht bei Niedrigwasser

Wärmestube, Galerie und Caféstube, Ortstreff, Touristen-
zentrum und Herberge. Tagsüber steht man an der Bar,
abends sitzt man am langen Tisch, und manchmal kommen
Typen rein, die es sonst so nicht mehr gibt, zumindest in der
aufgeräumten Deutschschweiz nicht.

Von Saignelégier auf knapp tausend Meter Höhe geht es in
neun Kilometern runter in die Doubsschlucht bei **Goumois**,
das auf 500 Meter Höhe zu beiden Seiten des Doubs liegt.
Im Lauf der Jahrhunderte, Kriege und Revolutionen hat das
Nest in der Doubsschlucht ein paarmal die Nationalität ge-
wechselt, bis es 1780 geteilt wurde und eine Hälfte dem Bis-
tum Basel zufiel, während die andere zu Frankreich kam.
Nach erneuten Wirren wurde die Teilung 1815 endgültig.
Heute scheint die große Zeit von Goumois endgültig vorbei,
wobei der etwas vitalere, oder sagen wir besser erhaltene Teil
auf Schweizer Seite liegt. Drüben in Frankreich steht sich eine
Doppelstreife des Zolls die Füße in den Leib, am Wochenende kommen Fliegenfischer und Kanuten, die auf der idyllischen Flußpartie zwischen Goumois und der *Moulin du
Plain* (Logis de France) ein ergiebiges Revier finden (Details
im Adressenteil).

Fliegenfischer-Trainingwiese beim Hotel Moulin du Plain

Wer ohne Angel oder Boot unterwegs ist, setzt sich vielleicht erst mal in das zentrale *Hotel du Doubs* (auf Schweizer Seite). Auf der überdachten Terrasse am Fluß läßt sich dann Weiteres entwickeln. Da wären einmal die vielfältigen Tourenmöglichkeiten vom Spaziergang bis zur mehrstündigen Wanderung, flußabwärts oder aufwärts, hier oder drüben am anderen Ufer. Dort - auf halber Höhe - auch schon die Aussichtterrassen des Hotel *Taillard*, in französisch **Goumois** eindeutig das erste Haus am Platz, mit ein paar Balkonzimmern, einem schön gedeckten altfranzösischen Speisesaal und kleinem Schwimmbad (falls der Doubs zu sehr poltert). Auch die vier, fünf Kilometer flußabwärts zur *Moulin du Plain* sollte man nicht versäumen, eine Waldfahrstraße führt stets flußnah und außergewöhnlich naturverbunden bis zur Herberge. Mit Auto, Cabrio, Rad oder Krad ein Vergnügen. Aber man hält es durchaus auch ein zwei Stunden vor dem Hotel du Doubs aus, wo Grenze und Brücke für Unterhaltung sorgen. Im munteren Wechsel kommen Distanzwanderer mit schwerem Rucksack und Damen mit leichter Tasche.

Die D 437 führt als Teil der Corniche de Goumois aus dem engen Taleinschnitt über den 964 m hohen Col de la Vierge

Am Ende einer langen Waldpartie: Hotel Moulin du Plain, F-Goumois

hinauf nach Damprichard auf die weiten, aber ziemlich ereignislosen Höhen des Französischen Jura. Zuvor wird ein hervorragender Aussichtspunkt erreicht, der die gewaltige Dimension erschließt, mit der sich der Doubs in den Jurakalk gegraben hat (kleine Parkbucht, Orientierungstafel). Oben in **Damprichard** ist die Provinz dann perfekt. Am Ortsplatz ein Gasthaus, am Ortsrand eine Fromagerie, an beiden Stellen wird der Fremde rasch bemerkt und freundlich versorgt.

Damprichard wäre auch der Umkehrpunkt unserer Tour an dem jungen Doubs. Natürlich kann man sich von hier aus auch noch weiter abtreiben lassen, über eine vom Wind geputzte, von Fleckvieh beweidete, knapp 1000 Meter hohe Ebene, die von Maîche bis runter in die Wurstmetropole **Morteau** reicht. Einzelhöfe, winzige Weiler und Lesesteinmauern ziehen vorbei. Karge Hochweiden mit gelbem Enzian, den selbst die Kühe stehen lassen. Schön helle Kalksteinkirchen, die man anschauen kann, aber nicht muß. Ab und zu eine Fromagerie am Weg, sehr selten ein Gasthaus. Wichtig wäre nur, sich östlich der über weite Strecken langweiligen D 437 zu halten, das Netz der Nebenstraßen zwischen der

Fromagerie in F-Damprichard

Hauptroute und dem Doubs ist viel anregender. Wer übernacht bleiben möchte, findet nicht viel Möglichkeiten.

Charmante Außenposten im hohen Jura

Wegen zwei überlegenen Hotel-Alternativen bei La Chaux-
de-Fond lohnt sich ein neuer Grenzwechsel rüber nach **CH-
Le Locle**: Aber auch für die flachen, offenen Hochtäler des
Schweizer, genauer des Neuenburger Jura muß man ein Faible haben. Langgestreckte, in Jahrtausenden abgetragene
Grate mit Nadelwald, flache, helle Täler. Eine herbe Landschaft mit verstreuten Einzelhöfen, horizontweiten Weiden,
einzelnen Baumgruppen und nordisch rauhem Aspekt, die
Tundra scheint nicht weit.

Auf gut 1.000 Meter gelegen ist auch der Weiler **La Sagne**
südlich von La Chaux-de-Fonds ziemlich karger Jura. Aber es
gibt dort das seelenwärmende *Hotel-Restaurant von Bergen*.
Bereits 1871 als 'Kurhotel von Bergen' eröffnet, bis heute als
Oase erhalten. Mit fünf schlichten, aber ganz und gar befrie-
digenden Zimmern und einer wirklich bodenguten Küche,
die hier, so weit im Abseits um so mehr überrascht. Frisch,

319

Gastlich, kernig, bodengut - Hotel von Bergen, CH-La Sagne

regional und aufrichtig - ohne kulinarische Verrenkungen und nicht mal teuer, das kleine Menü bleibt unter 30 Franken und schmeckt wie aus guter, alter Zeit, als der Braten noch den Sonntag heiligte. Im diesem Sinn eine gastfreundliche Bleibe mit einem selten sympathischen Wirtspaar in der Klasse, „daß es sowas noch gibt". Hier wäre im Hochsommer auch eine geeignete Station für eine Pendeltour zwischen hohem Doubs und warmer Uferpromenade am Neuchâteler See, oder ein kerniges Wander- und Tourenversteck.

Exponiert gelegen und damit noch mehr Außenposten ist das *Hôtel La Chaux d'Abel*, allein auf einer Anhöhe bei **La Ferrière** (10 Kilometer nordöstl. La Chaux-de Fonds), im Zentrum der großen Weite. Aber auch hier erfreut das familiär warme Betriebssystem. Für Naturburschen, für den temporären Ausstieg, oder einfach für ein Wochenende ohne Pflichten. Aber gleich auf welcher Seite des Doubs, ein leichtes Finnland-Faible sollten Sie schon haben für den hohen Jura. Ansonsten bleibt man lieber unten am Wasser.

Mit Charme und Patina, Hotel-Restaurant Taillard, F-Goumois

Tisch und Bett und mehr

- **CH-St. Ursanne**: Hôtel-Restaurant *Demi Lune*. Historische Bleibe direkt am Fluß mit der ortsschönsten Terrasse über dem Doubs. The place to be in St. Ursanne, zehn Gästezimmer mit sehr unterschiedlicher Ausstattung von einfach (Waschbecken, Etagendusche, Dorfseite) bis komfortabel (Dusche, Balkon zur Flußseite). CH-2882 St-Ursanne, Rue Bas 2, Tel. 0041-32-461 35 31, Fax: 461 37 87. www.demi-lune.ch. **Preise**: mittel.

- **CH-Saignelégier**: *Hotel du Soleil.* Multifunktioneller Orts- und Touristentreff, der Betrieb pendelt zwischen Trinkstube und familiärem Abendessen am langen Tisch. Mit Bar, Galerie und Zimmern im oberen Stock, sowie in einem Nebenhaus. CH 2350 Saignelégier, Tel. 0041-32-951 16 88, Fax: 951 22 95. **Preise**: günstig.

- **CH-Goumois**: *Hôtel du Doubs.* Wander- und Ausflugsherberge direkt an der alten Doubsbrücke, mit 'English Pub', gedeckter Doubsterrasse und einem beeindruckenden 'Schweizermesser-Schaukasten' an der Fassade. CH-2354 Goumois, Tel. 0041-32-9511323, Fax: 951 14 89. Ein sehr einfaches (namenloses) Hotel gleich nebenan, es wird separat betrieben. **Preise**: mittel.

- **F-Goumois**: *Hotel-Restaurant Taillard* (Logis de France/Relais du Silence). Seit Generationen familiengeführtes Mittelklasse-Landhotel, 18 Zimmer mit dem patinierten Charme der französischen

Einsame Höhenherberge, Pension la Chaux d'Abel, CH-La Ferrière

Provinz. Schöne Lage über dem Doubs, mit Freiterrasse, Schwimmbad, einem gediegenen Panoramaspeisesaal und einer Kaminbar. RT im Rest.: Mi-mittags, in der Nebensaison ganzer Mi. Restaurant und Hotel geschlossen von Mitte Nov. bis Mitte März. F-25470 Goumois, Tel. 0033-381 44 20 75, Fax: 381 44 26 15. www.hoteltaillard.com. **Preise**: mittel-gehoben.

-   **F-Goumois**: *Hotel-Restaurant Le Moulin du Plain* (Logis de France, ca. 4 km doubsabwärts, beschilderte Zufahrt bei der Doubsbrücke, bereits auf der Anfahrt schöne Passagen am Fluß). Einsam gelegenes Landhotel an einer engen Stelle der Doubsschlucht. Station für Fliegenfischer, Kanuten und Familien auf Sommerfrische. Wiesen am Fluß, anregend im Sommer, außerhalb der hellen Jahreszeit eher verschattetet. F-25470 Goumois, Tel. 0033-381 44 41 99, Fax: 381 44 45 70, www.moulinduplain.com. **Preise**: mittel.

-   **CH-La Ferrière** (ca. 15 km nordöstl. La Chaux-de-Fonds), *Hôtel de la Chaux d'Abel*. Einsam und exponiert gelegene Höhenherberge am Rande der Schweizer 'Freiberge' mit einfachen, aber aussichtsvollen Zimmern (wahlweise Etagendusche oder eigene Dusche). Zimmer entweder garni oder mit Halb- oder Vollpension, im Hause wird handwerklich gekocht nach alter Sitte (kein Restaurantbetrieb für Passanten, in der Sommersaison aber Getränke und Kleinigkeiten im Garten und auf der Sonnenbank). Eigenes Bio-Brot und Käse.

Das Haus liegt frei auf ca. 1.000 Metern, Wanderwege, Velorouten und Loipen in unmittelbarer Umgebung. Anfahrt ab La Ferrière: Zunächst auf der N 13 nach Saignelégier, dann bei der Bahnstation La Chaux D'Abel auf die Nebenstraße nach *Tramelan*, Abzw. nach ca. 2 km (Schild) auf eine imposant baumgesäumte Zufahrt zum Hotel (dieses weder verschwistert noch verschwägert mit dem Autor). CH-2333 La Ferrière, Tel. 0041-32-961 11 52. **Preise**: günstig.

- **CH-La Sagne-Crêt** (knapp 10 km südl. La Chaux-de Fonds): *Hotel von Bergen*. Selten aparte und stimmungsvolle Oase mit fünf einfachen Zimmern (Einzel- und Doppel, ein Sechser) in einem ruhigen und rauhen Hochtal des Jura (Loipe und Wanderrouten vor dem Haus). Kerniges Versteck für ein Wochenende, auch ein idealer Stützpunkt für unbeschwertes Pendeln in der Region zwischen Doubsschlucht, hohem Jura und freundlichem Neuchâteler See. Authentische, auffallend sorgfältig gekochte Regionalküche ohne preistreibende Zierleisten. Serviert wird entweder im reizvoll patinierten Bistro-Café (neben anderem mit einem Saba-Röhrenradio) oder in einem neu renovierten Restaurantabteil. Die ebenso engagierten wie herzlichen Wirtsleute sorgen für eine angenehm persönliche Gasthaus-Stimmung, man fühlt sich aufgehoben wie selten. Evelyne Bühler kocht (und spricht etwas Deutsch), ihr Mann Pierre bedient und jeder fühlt sich wohl. Eine der Adressen, die sich ins Reisezentrum eingraben. CH-2314 La Sagne, Le Crêt 80. Tel. 0041-32-931 03 18. RT (im Café-Restaurant): Mo und Di. **Preise**: günstig.

- **Fromagerien** u.a. in CH-St. Ursanne und F-Damprichard (weitere Comté-Käsereien) konzentriert in der Region zwischen Maîche und Morteau, Hinweisschilder, auch dort Direktverkauf.

Empfohlene Unterkunft auf dieser Tour: in CH-St. Ursanne: *Demi-Lune*; in CH-La Ferrière, *Hotel La Chaux d'Abe*l; in CH-La Sagne: *Hotel von Bergen;* in F-Goumois: *Hotel Taillard*.

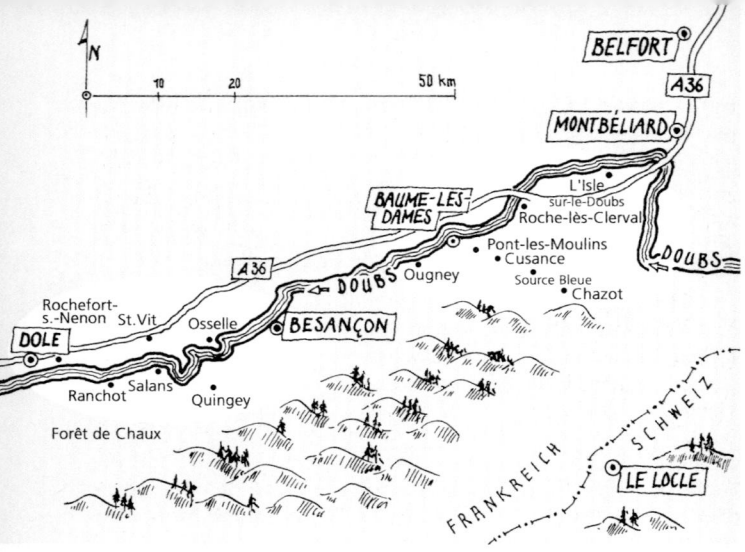

Immer dem Doubs lang

Stadt, Land und Fluß zwischen Belfort, Besançon und Dole. In Belfort auf den Markt und dann dem Doubs folgen, zur Source Bleue im idyllischen Cusancin-Tal und weiter in die einsame Provinz. Oder gleich nach Besançon ins historische Zentrum und danach dem Doubs nach: über schmale Brücken das Ufer wechseln. Anhalten, wo es einem gefällt.

Für geborene Zugvögel sind Burgundische Pforte und Franche Comté eher eine lästige Pflicht. Auf dem Weg nach Süden rauscht man da einfach durch, was auf der A 36 eine Angelegenheit von ein, zwei Stunden ist. Im Bekanntenkreis werden nach der Saison die aktuellen Rekorde gehandelt: „In Lyon waren wir diesmal schon in dreieinviertel Stunden." Dabei verfügt auch Belfort über eine Autobahnabfahrt, ganz zu schweigen vom Samstagsmarkt in der alten Gußeisen-Markthalle.

Gut 40 Kilometer weiter geht es direkt in tiefste Jura-Provinz. Ab **L'Isle sur le Doubs**, spätestens ab **Baume-les-Dames** kann man sich am Ufer des Doubs langtreiben lassen und anschließend das romantische Tal der Cusancin hochtrödeln. **Besançon** mit seiner Bilderbuch-Altstadt ist dann auch nicht mehr weit. Bei Laune könnte so eine Landpartie zum langen Wochenende werden, mit Übernachtung im kleinen, feinen Bed&Breakfast Schlößchen bei Salans und einem Ausflug längs des Doubs bis runter nach Dole.

Unterwegs im Jura

Gleich wo der Ausgangspunkt liegt, ein paar Kleinigkeiten wären zu beachten, die mittlerweile für viele Touren durch die französische Provinz gelten: Die kulinarische Versorgung auf dem flachen Land ist auch im Jura heikel geworden. Die gute, alte Routier-Kneipe mit dem handgekochten Tagesessen, der Freisitz unter Platanen, das frische Baguette und der ordentliche Landwein, all die schönen Bilder aus der Zeit erster Frankreichtouren sind Legende. Es fängt im Grunde schon auf den französischen Autobahnraststätten an, die mittlerweile das deutsche Niveau mühelos unterbieten und zur Endstation kulinarischer Verwahrlosung geworden sind. Bitterer Café im Plastikbecher aus dem Automaten, Pappsandwich in der Aufreißbox, wenn überhaupt, dann desinteressiertes Personal. Fortsetzung des Fiaskos im Restaurant an der Route National, das früher allemal zur Grundversorgung taugte. Falls noch gekocht wird, dann dermaßen unmotiviert und lieblos, daß einem der Appetit vergeht. Nichts mehr mit Routierromantik, frischer Crudité und raschelnden Pommes.

Auch eine Klasse darüber, im einst stilbildenden Landgasthaus in 'la France profonde' allenfalls kulinarischer Stillstand. Seit Jahrzehnten die gleichen Karten, die gleichen Gerichte, starr zelebrierte Speisefolgen, plüschige Puppenstubendeko, spätbourgoises Imponieren. Nur die Preise haben sich auf zeitgemäßem Euro-Niveau eingependelt. Dazu die gewohnten Versprechen: „La saveur des terroirs…" und so fort. Auf dem Teller dann die üblichen Verdächtigen, die mit ein paar Kräuterzweiglein aufgerüscht wurden. Nicht überall, aber verdammt oft zählt auch die Küche in Frankreichs Provinz zu den verblassten Mythen. Nun gibt es im weiten Jura wahrlich genug zu sehen und zu fühlen, 'la douce France', mal dramatisches, mal schön langweiliges Land. Aber allein aus kulinarischen Gründen lohnt die große Schleife durch das Land am Doubs in den wenigsten Fällen. Es reist sich einfach leichter ohne falsche Erwartungen.

Noch ein paar Worte zu den Unterkunftsmöglichkeiten: Auch das einfache, Ein- oder Zweistern-Logis de France ist nicht ohne Tücken. Ein Abend in einer schwach belegten fünf-Zimmer-Herberge, deren Aufenthaltsraum mit einem Fernseher, zwei Aschenbechern und drei pfluderweichen Sesseln möbliert ist, kann ziemlich lang werden; frisch Verliebte oder Freunde der Melancholie mal ausgenommen. Wenig Probleme auch bei strahlendem Wetter am Wochenende und in der recht kurzen Hochsommersaison, wenn die große Nation unterwegs ist und für Leben bis in die hintersten Winkel sorgt. Das ist aber nicht die Regel, außerhalb der kurzen Saisonzeiten, oft schon ab Anfang September, ganz besonders bei kritischem Wetter, ist das Land am Doubs eher etwas für geübte Reisende, die mit dem Wetter ebenso souverän umgehen können, wie mit den sozialen und kulinarischen Gegebenheiten.

Fazit: Das Verschwinden schlichter, aber qualitativ unbedenklicher, womöglich noch stimmungsvoller Einkehr- und Übernachtungsmöglichkeiten vollzog sich in Frankreich noch umfassender als bei uns. Insofern gewinnt auch eine alte französische Versorgungstechnik neue Bedeutung. Das Picknick, einkaufen auf dem Markt, beim Traiteur in einem der gutsortierten Stadtteilläden, die es zum Glück noch da und dort gibt (Hinweise später), raus ins Grüne, Teppich ausrollen und die Schmierenköche im eigenen Dunst stehen lassen. Ein Grund mehr, eine Tour de Jura mit den Markthallentagen in Mulhouse, Belfort oder Besançon zu kombinieren.

Vielfalt unter Glas und Gußeisen - Markthalle in Belfort

Markt in Belfort

Das Lob der guten, alten Markthalle läßt sich, wenn nicht in *Mulhouse*, dann spätestens in **Belfort** anstimmen. Die Vorfreude auf den Einkauf beginnt dort schon mit einem Blick auf die Halle. Eine imposante Gußeisenkonstruktion mit hoch aufragendem, uhrengeschmücktem Portal, das für den merkantilen Optimismus der Jahrhundertwende steht. Weniger ansehnlich ist allerdings die direkte Umgebung, eine Anhäufung von Hotel- und Kongressbauten in wirrem Eurostilmix. Um so stärker wirkt der Kontrast zum bahnhofshallengroßen Meisterwerk, ganz im Stil der Bauten von Gustave Eiffel aus Eisenguß. Die Halle (Konstruktion Schwarz&Meurer, Paris) zeigt, welch überzeugende Lösungen durch den konsequenten Einsatz von nur zwei Baumaterialien möglich werden. Allein mit Eisenträgern und Drahtglaselementen wurde ein Raum geschaffen, der seit mehr als hundert Jahren als Treffpunkt und Handelsplatz funktioniert. Für Kaninchenzüchter, und Käseaffineure, für muselmanische Metzger und Elsässer Geflügelhändler. Im Angebot (weitaus am größten an Samstagvormittagen) ist die gesamte Palette marktgängiger Ware, wobei das Sortiment, verglichen mit dem belieb-

327

In der Provinz bei Baume-les-Dames

ten Markt auf dem *Pont couvert* in *Mulhouse* vielleicht etwas
weniger üppig wirkt, aber oft qualitätvoller ist (Marktzeiten,
vgl. Adressen und Hinweise).

Als Forum für Waren und Menschen wirkt so eine Markthalle zudem wie ein Ort, der verbindet - selbstverständlicher,
als es die öffentlich alimentierte Kulturarbeit mit ihrem Gut-
menschentum vermag. So ist die Halle in Belfort eine Heimat auch für jene Oma, die gerade mal ein, zwei Gemüse-
sorten und etwas Pflücksalat aus ihrem Vorgarten anzubieten
hat. Anders auch als die riesigen Hypermärkte in den Vor-
stadtsteppen, die alle paar Jahre einen neuen Anzug bekommen, vermittelt die Halle in Belfort, gerade wegen ihres Al-
ters eine schier zeitlose Würde. Da und dort wurde renoviert,
aber der Ort hat weder Tünche noch Verkleidung nötig. Die
ideale Gegend für Picknickdecke und Vespermesser erreichen
wir ein paar Kilometer weiter doubsabwärts, wie weiter unten
beschrieben.

Was Belfort angeht, sind nicht nur die drei Markttage in
der Halle von Interesse, auch der Sonntag bietet Einkaufsmöglichkeiten: auf dem großen Antiquitäten- und Flohmarkt
in den Straßen der Altstadt, zu dem gut zweihundert Händler

Brücken und Schleusen, Wasser und viel Zeit

an jedem ersten Sonntag im Monat kommen, allerdings nur von März bis November.

Doubsabwärts von Belfort bis Baume-les-Dames

Schon ab der Autobahnausfahrt **L'Isle-sur-le-Doubs** bietet sich die erste Gelegenheit, auf Nebenstrecken durch die Provinz zu streifen: Von der Autobahn zunächst nach Anteuil und auf der D 73 in Richtung **Clerval**, wo das südliche Doubsufer erreicht wird. Hier den Fluß nicht queren, sondern auf scharfem Abzweig runter ans Ufer und weiter über das idyllische Ufersträßchen nach Roche-lès-Clerval (D 319). Der Doubs strömt hier in weiten Schleifen gemütlich durch Wiesen und Auenland. Auf einzelnen Abschnitten vom alten Kanal begleitet, Brücken und Schleusen, Häuser und Gärten, alles patinierter Altbestand, wie die höchst bizarre Ferien- und Campinganlage direkt am Doubsufer bei **Roche-lès-Clerval**. Das recht zerfledderte Areal könnte wohl auch irgendwo im bulgarischen Donaudelta liegen, eine im Wortsinne randständige Sommerfrische. Völkerkundler mit Mut können dennoch einkehren und die einschlägigen Wochenendriten des französischen Proletariats beobachten.

Irgendwann wird es mal eine Generalsanierung auch dieses Fleckens geben, bislang aber noch ein Stück aus der Sammlung rustikales Frankreich. Bis Ende der 90er Jahre war die ganze Region schon einmal verplant, ein riesiges Kanalprojekt sollte den Doubs in der Franche Comté schiffbar machen und eine neue Wasserverbindung zwischen Rhein und Rhône herstellen. Damit wäre eines der letzten natürlichen Flußtäler Mitteleuropas verschwunden, das Projekt wurde, auch nach langen und intensiven Protesten, nach einem Regierungswechsel von oben begraben.

Dem Doubs noch eine Weile auf der D 319 folgend, wird zunächst Hyevre erreicht, weiter dann auf der D 331, die zwischen **Pont-les-Moulin**s und **Baume-les-Dames** (Autobahnausfahrt) den Unterlauf des Flüßchen Cusancin erreicht, das bei Baume-les-Dames in den Doubs mündet. Unmittelbar südlich der Doubsbrücke bei Baume beginnt eine reizvolle Uferpartie, die von einer kaum befahrenen Stichstraße erschlossen wird. Gut 15 Kilometer lang, nur Lokalverkehr, ab und zu ein abgetriebenes Wohnmobil. Abseitig und das Richtige, um sich treiben zu lassen: Von Baume-les -Dames kommend führt die schmale D 227 sofort (!) nach der großen Brücke über die Doubs nach rechts in Richtung **Esnans** und weiter bis **Ougney-les-Bas** und **Ougney-la-Roche**, wo die Partie dicht am südlichen Doubsufer mangels befahrbarer Straßen einfach so ausläuft. Zuvor filmreife Szenen: Wäsche im Bauerngarten, Hausboote auf dem Kanal, Fischer im Boot. Kurioserweise ganz am Schluß, wenig hinter Ougney-la-Roche, dann noch ein paar Sommerhäuser und zumindest im Sommer zaghafter Ferienbetrieb (einfache Ferienunterkünfte, Gîtes, Kreativkurse; sehr lohnend ist die Route mit dem Rad). Zurück nach Baume-les-Dames nur auf gleicher Strecke, oder ab Ougney über die Doubsbrücke und weiter dann auf der Nordseite des Doubs, auf der Nationalstraße 83 zügig bis Baume-les-Dames.

Schlichter Zweisterner, Hotel Central in Baume

Baume-les-Dames

Das 5.000-Einwohner-Städtchen zeigt im alten Kern abseits der Durchgangsstraße noch Reste kleinstädtischen Charmes, ein paar Läden, ein paar Bürgerhäuser aus dem 18 Jh., im Stil schon wie im ungleich größeren Besançon, helle Kalksteinquader, klassische Linienführung, wenig Fassadenschmuck. Wie so oft ist der Funktionsverlust alter, ländlicher Zentren aber auch hier unübersehbar, Super U und Intermarché liegen nun mal am Rande und nicht mehr in der Stadt, entsprechend wenig Leben in den alten Gassen. Erst recht am Abend, wenn das grün blinkende Licht der Apothekenreklame zur auffallendsten Erscheinung längs der Ortsdurchfahrt wird.

Das kleine *Hotel Central* im alten Zentrum ein wenig abseits der N 83 könnte mit seiner Substanz ein Schmuckstück sein, es ist nicht mehr als ein schlicht-akzeptables Zweisternhaus, das preisbewußten Gästen ausreichende Unterkunft bietet. Zimmer Nummer neun ist gleichsam die Suite des Hauses, mit schöner Dachterrasse und Blick auf den Raum zwischen Kirche, Platz und Gassen. Die Alternative (mit akzeptablem Restaurant) liegt ein paar hundert Meter weiter, zwischen

Anständige Küche, Auberge des Moulins, Pont-les-Moulins

N 83 und Doubs: *Du Parc*, eines dieser einfachen Logis de France an der Kreuzung, die wesentlich zur Grundversorgung auf dem flachen Land beitragen. Mittags um Punkt halbeins laufen Handwerker und Substituten ein, der wie üblich angebaute Speisekasten füllt sich rasch, man sitzt hinter gerafften Vorhängen, kennt sich und weiß, was kommt. Das Menü ist preiswert und vollauf genügend, die Stimmung paßt.

Von **Baume-les-Dames** aus führt die D 492 zunächst über den Doubs und später immer erfreulich flußnah die Cusancin aufwärts bis nach **Pont-les-Moulins.** Wieder eine reizvolle Strecke, die frischgrünen Wiesen reichen bis an das von Eschen und Erlen gesäumte Flußufer. Sonnenflecken tanzen auf dem Wasser der Cusancin, die sich mal über bassingroßen Flächen verteilt und fast zu stehen scheint, mal über Schwellen und Engpässe rauscht. Bereits hier (auch später flußaufwärts) diverse Gelegenheiten zu Fußbad oder Picknick.

Die nächst zuverlässige Einkehrmöglichkeit (wieder mit Zimmern) wäre in **Pont-les-Moulins** erreicht. Direkt an der Kreuzung liegt die *Auberge des Moulins*, wieder ein Haus der oft (aber nicht immer !) anständigen 'Logis de France'-Vereinigung. Zumindest kulinarisch sitzt man hier aber sicher, der

Achtung Forellen - im Tal der Cusancin

Speisesaal gepflegt eingedeckt, der Service etwas angespannt, aber engagiert. Die ländliche Küche hat regionalen Einschlag, Karpfen und Forellen werden gut fritiert, die Morcheln ruhen in Sahnesauce, das Kurzgebratene ist auf dem Punkt, der Käse- und Dessertwagen wirklich gut bestückt. Auch mangels Alternativen eine der interessantesten Adressen im Tal der Cusancin. Übernachtung wegen Straßennähe und LKW-Verkehr aber nur für einigermaßen robuste Naturen. Kulinarisch bleibt, wie erwähnt, ohnehin wenig Wahl: weiter oben im Tal der Cusancin sitzt man an der Source Bleue zwar rustikal-romantischer, ißt dort aber keinesfalls besser.

Im Tal der Cusancin

Die Weiterfahrt auf der D 21 nach Cusance und zur Source Bleue ist wegen der seltenen Harmonie zwischen Straßen-führung, Flußlauf und Landschaft ein Genuß. Die Strecke überquert mehrfach den Fluß, Weiden und Wiesen reichen bis an die baumbestandene Uferpartien, da und dort gibt es größere Becken, die sich durchaus für eine kurze, kalte Kneippanwendung eignen. Der Liebreiz des Cusancin-Tals ist freilich nicht ganz unbekannt, an Sommerwochenenden

333

Friture steht hoch im Kurs, Sonntagmittag vor der blauen Quelle

kommen Picknickgruppen, und die wenigen hierzu ausgewiesenen Stellen (flußaufwärts **Guillon-les-Bains)** füllen sich.

Manche flußnahe Wiese ist mittlerweile eingezäunt oder entsprechend prohibitiv beschildert. Fußgänger und vor allem Wanderer finden dennoch genug stille Flecken, kleine Nebenstraßen führen im übrigen immer wieder aus der Talsohle heraus auf ruhige, oft einsame Jurahöhen (so z.B. ab **Val-de-Cusance** hinauf in Richtung Süden bis zur D 464/bei Servin). Oder die wunderschöne, einsame Waldpassage von Val de Cusance auf der nun immer schmaler und romantischer werdenen D 21 nach Osten hinauf bis **Chazot** (besonders schön mit Rad oder Cabrio). Man erreicht dann, südlich der **Montagnes du Lomont,** diese ereignislosen, weiten Jurahöhen, von denen nicht viel mehr als Wiesen, Kühe und Kirchtürme im Gedächtnis bleiben. Ideal zum nichts anschauen. Auch die gastronomische Versorgung ist dünn. Kommt nach langer Zeit mal ein restaurantähnliches Gebäude, ist die Schrift meist verblasst.

Nicht nur am Wochenende bieten die beiden Restaurants unten im Tal, im Weiler **Val-de-Cusance**, weit und breit die einzige akzeptable Einkehr. Vorne *La Source Bleue* mit seinen rustikalen, dunklen Innenräumen und ein paar netten Tischen auf der Terrasse längs der Straße, gleich danach das *Restaurant Thiebaud* mit seltsam verqueren, nicht sehr einladenden Innenräumen, und einer Terrasse hinterm Haus. Bei gutem Wetter werden aber beide Lokale zu einer typischen Sommerfrische. Besonders am Sonntagmittag wird die Familieneinkehr hier schon regelrecht zelebriert. Man speist lang und viel, redet ausgiebig und läuft noch ein paar Schritte. Die soziale Anregung ist mindestens so wichtig wie die kulinarische, was angesichts der über weite Strecken durchschnittlichen Leistung beider Häuser auch in Ordnung geht. Friture steht hoch im Kurs, hier in Form klein geschnittener, kurz und heftig ausgebackener Forellen, ansonsten das übliche. Der vielgepriesene 'Jambon de Montagne' klingt besser als er schmeckt, man wird anständig satt, mehr nicht. Stimmung und Ambiente sprechen für die Source Bleue, ohne Reservierung ist am Wochenende aber wenig zu machen. Der potentiell reizvolle Garten direkt am Ufer der Cusancin wird leider nicht, oder nur marginal bewirtet, er dient eher als Warteraum. Die Quelle der Source Bleue in Laufweite im Wald, bei guter Schüttung kleine Badestellen, am Wochenende aber auch hier Ausflügler. Wer die lohnende Runde über Chazot macht, findet über die schmale Kammstraße D 19 f, über die Monts du Lomont zurück zum Doubs bei Baume-les-Dames. Alternativ fährt man aus dem Val de Cusance hinauf zur D 464 bei Servin und von dort zurück nach Pont-les-Moulins und Baume-les-Dames. Wie erwähnt, beide Routen sind reines Jura, schön auch mit dem Rad oder offen, allerdings bar jeder Sensation.

Wer sich von soviel Provinz nicht angezogen fühlt, mit meditativem Straßenverlauf, Wiesen hinter Weidezäunen und schlafenden Dörfern nichts anfangen kann, kann eine Doubs-Tour gleich in der Zentrale beginnen, in Besançon.

'Style classique' in Besançon

Besançon

Städte sind wie Taschen. Bei den großen verliert man leicht die Übersicht und in die kleinen paßt wenig rein. Das mittlere Volumen, so ab Hunderttausend Einwohner, hat einige Vorteile. Als Einheimischer muß man nicht mehr jeden grüßen und der Fremde hat die Chance, sich nicht gleich zu verlieren.

Mit knapp 120.000 Einwohnern liegt Besançon im attraktiven Mittelfeld zwischen kleinkarierter Provinz und nerviger Großstadt. Wer von Norden kommend meerwärts strebt, kennt das Zentrum der Franche-Comté, die Partnerstadt Freiburgs, vermutlich nur als Autobahnausfahrt auf dem Weg in den Süden. Das ist schade, denn Besançon hat neben seinem humanen Format noch andere Attraktionen zu bieten, die sich im Verein mit der reizvollen Umgebung längs des Doubs zu einem Kurzprogramm kombinieren lassen: So wird Besançon zum Ausgangspunkt für ein entspanntes Pendeln, das bis runter nach Dole führen könnte.

Die *historische Altstadt* von Besançon – fast rundum von einer Doubsschleife umflossen, befestigt und von der Vauban-

Käseladen im der Rue Battant, Besançon

Zitadelle dominiert – beeindruckt schon auf den ersten Blick wegen ihrer architektonischen Geschlossenheit. Lange Häuserzeilen und ganze Viertel zeigen den formal strengen ‚style classique' des 17. und frühen 18. Jahrhunderts, der noch die rigiden Baunormen Vaubans spiegelt. Die Fassaden wirken wie aus einem Guß, genauer: aus einem Stein. Kalksteinquader aus dem nahen Jura, ohne Putz und schmückendes Ornament zusammengefügt, bilden ein Ensemble, dessen schlichte Eleganz bis heute Bestand hat - nur die schier allgegenwärtigen Hundehäufen stören. Die meisten Häuser haben keinen anderen Schmuck als einen Balkon, allenfalls einen schlichten Bogen über den Fenstern zur Straße.

Nachdem im Rahmen eines Sanierungsprogramms zur Jahrtausendwende Ruß und Patina von den Wänden gestrahlt wurden, wirken die Kalksteinfronten nun wieder hell und repräsentativ. Die ansonsten übliche Fußgängerzonen-Verhübschung durch Blumenkübel, Schmuckpoller und Bürgermeister-Gedächtnisecken blieb der Innenstadt weitgehend erspart. Neben den üblichen Filialen hält sich eben auch hartnäckig das Besondere: Zum Beispiel die *Fromagerie Ferme Comtoise* und ein schöner Laden für Regionalprodukte *Sa-*

337

Komfortabel-romantisch, Relais Castan, Besançon

*veurs du Terroir Comtoi*s, beide am Rande der Altstadt in
Battant-Viertel, in der Rue Battant, dort auch das kleine Restaurant *Lucullus* (Plat du jour, Fischgerichte, kleine Terrasse
zur Straße, RT: Mi). In der Altstadt natürlich auch auffallend
viele Patisserien mit einem ausdifferenzierten Sortiment, etwa
das Traditionshaus *Baud*, gleich am Beginn der Grande Rue,
mit einem leider unglücklich renovierten Teesalon im 1.
Stock. Oder die kleine Patisserie *Cointet* in der Grande Rue
Nr. 120, mit superber Tortenkunst. Verglichen mit einer Stadt
wie, sagen wir, Bebra, wirkt Besançon wie ein Laib Comté neben der Packung Scheibletten.

Wer über Nacht bleiben möchte, findet direkt in der Altstadt passable Unterkunftsangebote von komfortabel-romantisch, im renovierten *Relais Castan* bis funktional mit Lokalkolorit im einfachen *Hotel du Nord*. Allerdings beginnt schon
einige Kilometer weiter doubsabwärts in Richtung Dole freies, gefälliges Land. Besonders das südliche Doubsufer mit
seinen kleinen Nebenstraßen ist ideal für Landpartien mit
offenem Ausgang.

Am Doubs zwischen Besançon und Dole

Ab Besançon gibt es zwei Möglichkeiten für eine Tour doubsabwärts: Variante 1 - Ausfahrt aus Besançon nach Westen in
Richtung Dole direkt und kurz auf der N 73. Diese Route erreicht nach dem üblichen Agglomerationsgewirr nach etwa 20
Kilometern den Doubs bei St. Vit und **Salans**. Eine Route,
die den Vorteil hat, das Land am Doubs gleich an einer der
einladendsten Stellen zu erreichen, am *Chateau Salans* (vgl.
hierzu unten).

Variante 2 - Unmittelbar ab Besançon dem Lauf des Doubs
folgen, also auf der N 83 in Richtung Arbois aus der Stadt
fahren und dann ab Avanne/Aveney das Netz winziger, reizvoller Nebenstraßen nutzend, den eigenwilligen Schleifen
des Doubs folgen. Dies geht aber nur mit einer guten Michelin-Regionalkarte (z.B. 1:175.000; Nr. 321, Doubs-Jura). Der
mäandernde Flußlauf entspricht gerade in diesem Abschnitt
vollauf dem Namen des Doubs (von lat. dubius = der Zwei-
felhafte, Unentschlossene). An einem hellen Sommertag hier
durchs Land zu fahren, wenn sich halb Frankreich und der
Rest Europas um die letzten Quadratmeter freien Strand ran-
geln, verspricht Behaglichkeit und jenes schöne Gefühl, das
beim Reisen in der namenlosen Provinz ja öfter aufkommt:
nirgendwo hin müssen, heißt alles sehen können. Über die
letzte große Doubsschleife um **Osselle** trifft man dann bei
Salans wieder auf die direkte Route (N 73), die aus Besançon
kommt.

Logis im Chateau de Salans

Auf halbem Weg zwischen Besançon und Dole liegt der winzige Weiler **Salans** an der D 203. Also gegenüber **St. Vit** und
nur wenig hundert Meter südlich vom Fluß. Die Auen des
Doubs sind hier schon weit, die Fließgeschwindigkeit hat abgenommen. Nichts erinnert an den engen, schluchtenreichen
Lauf des oberen Doubs. Auch hier Provinz wie im Film: Blühende Vorgärten hinter krummen Zäunen, Stuhl und Tisch
vor dem Hauseingang, ab und zu mal eine einspurige Brü-

Drei Zimmer und eine Suite, Chateau de Salans, Salans

cke über den Doubs. Da und dort ein Angler, manchmal ein Angler und ein Kahn, manchmal ein Kahn und kein Angler, dafür halbvoll mit Wasser.

So geht das am südlichen Doubsufer jetzt weiter bis runter nach Dole. Mal führt die Straße am Fluß lang, mal etwas über die Hügel, dahinter liegen 200 Quadratkilometer Wald am Stück im **Forêt de Chaux**. Auch eine gute Gegend zum Radfahren mit mäßiger Drehzahl. Oder einfach so, zum Zeit verdaddeln und Butterblumen pflücken. Oder zum fürstlich unterkommen:

Im *Chateau de Salan*s werden drei Zimmer und eine Suite vermietet, ein 'Bed und Breakfast' von der feineren Sorte, das man eigentlich nur seinen besten Freunden verrät. Das Schloß (16. und 17. Jh.) liegt, wie es sich gehört, apart am Ortsrand in einem Park, mit gekiester Vorfahrt und stillen Bänken unter alten Bäumen. Die Gastgeberin, Madame Oppelt, ist überaus charmant und spricht gut deutsch. Die Zimmer im ersten Stock sind hell und historisch, jedes individuell möbliert, aber nicht mit Plüsch und Plunder zugestellt, selbst die komfortablen Bäder wurden gut integriert. Die Stimmung im Haus gepflegt, nicht gekünstelt. Eine private Heilstätte,

Zimmer zum Park, Chateau de Salans

auch Sanatorium genannt. Das einzige Manko an dieser herausragenden Adresse ist die gastronomische Dürre in der Doubs-Provinz zwischen Besançon und Dole, aber es gibt zumindest einzelne Auswege: so in **Quingey**, mit dem *Hôtel de Ville*. Holzbalkendecke, geblümte Tischdecken und am Samstagabend dreht sich ein Spießbraten über dem offenen Kaminfeuer. Gute alte Provinz. (Quingey liegt gut 15 Kilometer südlich Salans, an der N 83 Besançon-Arbois.)

Von Salans führt die D 228 am Südufer des Doubs weiter in Richtung **Dole**, der nächste Weiler heißt Fraisans. Eine Kreuzung ohne Verkehr, eine Brücke, aber kein Hotel. Das kommt erst im winzigen **Ranchot**, es heißt *de la Marine* und gehört, wie so viel kleine Familienbetriebe, zu den 'Logis de France' mit dem grün-gelben Kaminsymbol. Zwei Sternchen hat das Haus, also erwarten Sie nicht mehr als einfache, kleine Zimmer, aber große blankgescheuerte Alupötte in einer Küche, in der immerhin noch gekocht und nicht regeneriert wird. Draußen kann man im großen Restaurantgarten sitzen, oder die paar Schritte rübergehen zur Brücke über den Kanal und die Arme aufs Geländer legen. Alles andere muß sich dann ergeben.

Altstadt mit Substanz - Dole

Von Salans nach Dole

Auf dem Weg nach Dole sollte man lange am südlichen Doubsufer bleiben und den kleinen Straßen folgen: im Frühjahr blühen die Rapsfelder mit einem schon aufdringlich schrillen Gelb, Schwertlilienkolonien säumen die Wege längs der Auen und Wassergräben. Später im Jahr versinkt alles im Grün und im Hochsommer verschwindet der Doubs dann vollständig hinter einer fast aggressiv wuchernden Vegetation. So geht es über leichtwelliges Land bis etwa fünf Kilometer östlich vor Dole. Bei **Rochefort-sur-Nenon** läßt sich der Doubs dann überqueren, man könnte jetzt schnurstracks auf der Nationalstraße die letzten Kilometer bis nach Dole rein, aber ein kleiner Abstecher runter zum Fluß bei **Baverans** lohnt sich aus nostalgischen Motiven.

Ich war vor gut 10 Jahren schon mal hier in Baverans unten am Doubs. Wie damals fährt man zunächst durch eine locker gebaute Siedlung, am Rand ein paar leichte Wochenend-häuschen, wo Monsieur DuPont noch immer in Unterhemd und Gießkanne im Garten steht und den vorbeikommenden Autos nachschaut. Auch direkt am Doubs hat sich nichts verändert. Das Restaurant mit dem schönen Namen *Mon Plaisir* wirkt jetzt noch etwas derangierter als damals. Mit dem schattig trüben Ententeich und einem großen, halb aufgelassenen Garten, der übergangslos in eine Wildnis übergeht, wie sie irgendwo an der deutschen Ostgrenze sein könnte.

Das Anwesen überdauerte die Jahrzehnte offensichtlich unrenoviert, es verwittert mit der Zeit einfach so. Außen und innen das absolute Gegenteil einer zeitgemäß geputzten Ausflugsgaststätte mit Erlebniseck und TÜV-geprüfter Kinderanimation. Wie lange hält das Gefüge wohl noch, sozial und statisch? Mittags um vier sitzt ein Quartett Rotnasen beim Rouge, auch lange nach der Währungsreform sind die Preise in Francs angegeben. Auf ausdrückliche Nachfrage bestätigt der Wirt das Vorhandensein von Zimmern (mit fließendem Wasser, für expeditionserfahrene Gäste). Am besten, man kommt an einem Sommermittag mit dem Rad hierher und läßt als erstes einen Liter Flüssigkeit in sich reinlaufen, gekocht wird auch. Ein paar Schritte weiter doubsabwärts wieder eine Brücke zum Hinsitzen und Wegdriften. Dazu Landschaft, die gut tut.

Dole

Mit gut 26.000 Einwohnern ist Dole, die alte Hauptstadt der Franche-Comté, ungleich kompakter und handlicher als Besançon. Die historische Altstadt mit viel Substanz aus dem 15. bis 18. Jh. kündet von der großen Zeit, als Dole Parlamentssitz und Universitätsstadt war. Das befestigte Quartier wird von der weithin sichtbaren Kirche Nôtre-Dame dominiert, direkt unterhalb fließt der Rhein-Rhône-Kanal an einer kleinen Hafenanlage in den Doubs. Im übersichtlichen Zentrum Gassen, Geschäfte und Cafés für einen längeren Bummel (die große, gedeckte *Markthalle* liegt direkt am Kirchplatz); typische Kleinstadtatmosphäre, allerdings kein städtisches Flair wie in Besançon. Deshalb mehr Etappe als Ziel, idealer Zwischenhalt auch auf einer Radtour längs des Doubs.

Tisch und Bett und mehr

'Logis de France': Eine Vereinigung von 3.400 kleinen bis mittleren, in der Regel inhabergeführten Hotel-Restaurants. Komfort und Ausstattung werden nach verbandsinternen Kriterien mit ein bis drei Kaminsymbolen bewertet. Obwohl die Qualität von Küche und Zimmer stark differieren, sind die Logis de France auf dem flachen Land oft die einzige, auch sonst mitunter die vernünftigste Lösung, wenn man zu angemessenem Preis unterkommen oder einkehren möchte. Wenn ein Haus zu der Gruppe gehört, wird im Text darauf hingewiesen. Alle Häuser der Vereinigung können auch über eine Zentrale gebucht werden: Tel. 0033-145 84 83 84. Internetreservierung: www.logis-de-france.fr

- **Belfort**: *Markt* in der alten Halle *(marché couvert)*: Mittwoch, Freitag und Samstag (dann am größten), von 7.30 Uhr bis 12.30. Anfahrt von Norden kommend: zunächst Richtung N 83 bzw. Zentrum, dann den Schildern 'Novotel'/bzw. 'Centre des Congrès' folgen. Großer Parkplatz bei der Halle, diese liegt in Gehweite am Rand der kompakten Altstadt. Das recht reizvolle Zentrum der ehemaligen Garnisonsstadt kann also gut vom Markt aus besucht werden.

Antiquitäten- und Trödelmarkt in der Altstadt an jedem ersten Sonntag im Monat, von März bis November. Beginn bereits in den Morgenstunden, Marktende gegen 12 Uhr.

- **Baume-les-Dames**: *Hotel Le Central.* Einfache, preiswerte Unterkunft in einem historischen Stadthaus. Am schönsten Zimmer Nummer 9 mit eigener Terrasse, ruhige Lage und somit eine Alternative zur u.g. Unterkunft in Pont-les-Moulins. Der Hotelier muß im übrigen ein Harley-Davidson-Fan sein, sein Gerät steht stets dekorativ vor dem Eingang. F-25110 Baume-les-Dames, 3, rue Courvoisier, Tel. 0033-381-84 09 64, Fax: 381-84 77 38, hotel.le.central.@wanadoo.fr. **Preise**: günstig.

- **Baume-les-Dames**: *Hotel-Restaurant du Parc.* Lokal beliebte und unkomplizierte Einkehr am Ortsrand, kleiner Garten, mit acht Zimmern 'Logis de France'. F-25110 Baume-les-Dames, 5, Rue du Stade, Tel. 0033-381-84 05 55, Fax: 381-84 36 69. **Preise**: günstig.

- Der im Guide Michelin mit zwei Bestecksymbolen markierte Platzhirsch *Hostellerie Châteaud'As* liegt am östlichen Ortsrand, in Schlößchenlage über der Nationalstraße. Beim letzten Besuch wurde ich nicht ganz schlau aus der Anlage. Die Immobilie zeigt zumindest außen Renovierungsstau, die Karte repräsentativ, innen duftete es aus der Küche sehr angenehm nach Handgekochtem, der im typisch französischen Provinzbarock aufgebrezelte Speisesaal war mit einem sorgfältig frisierten Paar besetzt, das sich gepflegt anschwieg. Vielleicht ein andermal. Acht Zimmer, Tel. 0033-381-84 27 98, chateau.das@wanadoo.fr. **Preise**: mittel bis gehoben

- **Pont-les-Moulins**, *L'Auberge des Moulins*, an der Straße nach Pontarlier, empfehlenswertes 'Logis de France' mit zuverlässigem Restaurant und mit 15 Zimmern (allerdings nahe einer Kreuzung). Tel. 0033-381-84 09 07, Fax: 381-84 04 44. RT: Fr, Sa-mittag und So-abend, von Juli bis Ende August kein RT. **Preise**: mittel

- **Val de Cusance**: Nach reizvoller Anfahrt, schon oben im Tal die beiden Ausflugsrestaurants *La Source Bleue* (Tel. 0033-381 84 12 82, RT: Mo, Di) und, nur wenige Meter weiter flußaufwärts, *Thiebaud* (Tel. 0033-381-84 05 57; sieben Zimmer, RT: Mo). Nach Lage und Popularität führt die 'Blaue Quelle'. Diese wird besonders an Sommerferienwochenenden und bei entsprechendem Wetter, zum beliebten Wallfahrtsziel wird, um einen Sonntagsausflug zu unterfüttern. In beiden Häusern läßt sich der rege Besuch nicht allein mit der kulinarischen Leistung erklären. Es ist wohl mehr die Mischung aus grüner Umgebung und ungezwungen ländlicher Einkehr, die für solchen Zulauf sorgt. **Preise** für beide Häuser: mittel.

Besançon

i *Office du tourisme,* Place de la 1. Armée Française, Tel. 0033-381-80 92 55, Fax: 381-80 58 30 (am Rand der Altstadt, an der Nordseite des Pont de la République).

Anfahrt und Ankunft: Auf der A 36 über Belfort nach Besançon, Ausfahrt Zentrum und dann direkt durchfahren bis an den Rand der Altstadt, die von Vaubanschen Wällen umgeben ist. Weite Teile der Altstadt innerhalb der Doubsschleife sind Fußgängerzone. Gebührenfrei parken auf einem der Großparkplätze, die direkt an der Vaubanschen Umwallung liegen, etwa auf dem Parkplatz oberhalb des alten, etwas gestrigen *Battant-Viertels* (neben dem Fort Griffon), dort auch ein großer Stadtplan. Dann zu Fuß über die reizvoll, nostalgische Rue Battant und die zentrale Pont Battant in die *Grande Rue,* welche die gesamte Altstadt durchmisst und erschließt. Panorama auf Doubs und Altstadtfassaden bereits vom Pont Battant. Parken direkt beim Markt im neuen Parkhaus 'Marché', zentral am Rand der Altstadt.

- **Markt**: Der *Marché Beaux Arts* in einer Halle mit fest installierten Ständen bietet nach der Generalsanierung im Jahr 2002 ein breites, hochwertiges Lebensmittelangebot, damit auch einen schönen Überblick über einige Regionalprodukte der Franche-Comté (Käse, Morteau-Würste, etc.). Sicher lohnend, allein schon wegen der bemerkenswert ausgedehnten Öffnungszeiten. Wegen der etwas sterilen Atmosphäre wirkt das Angebot aber nicht so vielfältig und authentisch wie jenes in der alten Markthalle von Belfort. Zudem bis auf eine Ferme keine Erzeuger, sondern nur Händler. Weshalb in einer mit EU-Geldern finanzierten Markthalle kein Marktcafé zu finden ist, im ersten Stock aber ein Multiplex-Kino, gehört zu den Rätseln europäischer Regionalförderung. Öffnungszeiten der Markthalle Beaux Arts: Di bis Sa 7-19 Uhr, So 7.30-13 Uhr. Zusätzlich offener Markt am Di und Fr, jeweils vormittags.

Terroirs Gourmands, ein kulinarischer Jahrmarkt, jedes Jahr an einem Wochenende Anfang September: viele Käsemacher, Winzer, Metzger, die regionale Produkte anbieten, Weine können probiert werden. Promenade Granvelle (vgl. unten), Termin über Tourist-Info oder e-mail: uniondescommercants.besancon@wanadoo.fr

- **Battant-Viertel.** Das alt-charmante Quartier liegt noch wenige Schritte außerhalb der eigentlichen Altstadt, in der Rue Battant eine gute *Fromagerie* (Nr. 12), schöne Auswahl an Regionalprodukten bei *Saveurs du Terroir Comtoi*s (Nr. 82): Käse, Brot, alles für ein Picknick,

Im Marché Beaux Arts, Besançon

eine Rarität sind die wunderbaren, trüben Natur-Limonaden ('La Mortuacienne', Citron, Orange und Mandarine) in der nostalgischen Ein-Liter-Bügelflasche.

Auf dem Weg in Richtung Battant-Brücke und Altstadt erreicht man auch gleich eins der attraktiveren Restaurants in der gehobenen Mittelklasse: *Lucullus,* 46, Rue Battant, Küche mit Schwerpunkt Fisch, drinnen nur ein paar Tische, Tagesmenü, kleine Terrasse. Mi geschl. Tel. 0033-03815745. **Preise**: mittel.

-   **In der Altstadt**: Gleich am Anfang der Grande Rue der Pâtissier-Traiteur *Baud,* das Traditionshaus gehört zu den ersten Adressen am Platz, schöne Patisserie, besonders große Auswahl hervorragender Pasteten. Leider hat der Laden, besonders das Café und der Teesalon im ersten Stock durch Renovierung viel Charme verloren. Ein weiterer einladender Salon de Thé von Etienne *Estèves* fünf Häuser weiter stadteinwärts in der Grande Rue Nr. 91.

Die zentrale Place Granvelle bietet Schatten unter alten Platanen, in den beiden Brasserien treffen sich Angestellte über Mittag zur Plat du Jour, beliebt die neu gestaltete *Brasserie Bisontine 1802* - benannt nach dem Geburtsjahr des in Besançon zur Welt gekommenen Victor Hugo), innen modern aufgeräumt im Stil der Zeit, draußen mit großer Freibühne, die auch Laufstegfunktion erfüllt.

Ein Café-Treff mit 'Philosophen-Ambiente' an der Place Jean Gigoux: *La Carpe Diem.*

Unterkunft in F-25000 Besançon: *Relais Castan*, ruhig und zentral in einem Stadtpalast
   Ein Café-Treff mit 'Philosophen-Ambiente' an der Place Jean Gigoux: *La Carpe Diem*.

Unterkunft in F-25000 Besançon: *Relais Castan*, ruhig und zentral in einem Stadtpalast am Fuß der Zitadelle, unmittelbar neben dem Sitz der Regionalregierung gelegen (im Quartier Rivotte). Das gepflegte Haus bietet zehn komfortable Zimmer, historisch bis arg romantisch ausstaffiert, Frühstückssalon zum kleinen, ruhigen Innenhof (kein Restaurant). 6 square Castan, Tel. 0033-381-65 02 00, www.hotelcastan.fr. **Preise**: gehoben.

-   Gleich um die Ecke in der Rue Victor-Hugo 11 das kleine, verwinkelte *Restaurant Thénardier Successeurs*. Mittags zum preiswerten Menü praktisch nur von Einheimischen und von Angestellten aus dem Quartier besucht, persönlich-quirlige Atmosphäre, ordentliche Küche über dem Durchschnitt. Rue Victor-Hugo 11, Tel. 0033-381-82 06 18, RT: Sa-mittag, So und Mo. **Preise: günstig**.

-   *Hotel du Nord*, einfach, funktional und zentral in einem historischen Stadthaus, noch einigermaßen ruhig, 44 Zimmer, eigener Hotelparkplatz. 8 rue Moncey, Tel. 0033-381-81 85 96, www.hotel-du-nord-besancon.com. **Preise: günstig-mittel**.

Unterkunft am Doubs

-   **Salans** (auf halbem Weg zw. Besançon und Dole): *Chateau Salans*, drei Doppelzimmer und eine Suite im Schloß mit privatem Park. Nach Charme und Lage eindeutig die reizvollste Unterkunft auf dieser Tour. Für das gebotene Niveau sind die Preise sehr angemessen, sehr gutes Frühstück, gepflegte Atmosphäre. Tel. 0033-384-71 16 55, Fax: 384-79 41 54. (Unbedingt rechtzeitig reservieren, die freundliche Gastgeberin Madame Oppelt spricht auch deutsch.) **Preise**: gehoben.

-   **Quingey** (an der N 83 Besançon-Arbois): *L'Hôtel de Ville*. Volksnahe Einkehr gleich am Dorfplatz, authentisch, kulinarisch einfach und zuverlässig, Samedi soir - Rôti sur feu. Preiswerte Menüs, warme Atmosphäre mit Lokalkolorit. Tel. und Fax: 0033-381-63 63 12. **Preise**: günstig-mittel.

-   **Ranchot** (6 km westl. Salans): *Hotel de la Marine***, ein einfaches 'Logis de France' in ruhiger, recht unspektakulärer, aber irgendwie doch ansprechender Lage neben dem Doubs-Kanal. 26 sehr einfache Zimmer ab 40 Euro. Restaurant mit Sommergarten. Tel. 0033-384-71 13 26. **Preise**: günstig.

- **Baverans** (ca. 5 km östl. Dole): Hotel Restaurant *Mon Plaisir*. Wie erwähnt ein Relikt, verträumt-verwildert-verlottert; eine Übernachtung kommt vermutlich nur in Ausnahmefällen in Frage. Tel. 0033-384-72 22 50. **Preise**: günstig.

Karten: Ideal für diese Tour (wie für alle Touren im Französischen Jura) die *neue* Michelin-Regionalkarte **Nr. 321, 1:175.000, Doubs-Jura**. Ansonsten die entsprechenden Blätter der 1:200.000 Michelin-Regionalkarten, hier Blatt 66, Dijon, Besançon, Mulhouse.

Anzünden der Gaslaternen vor dem Casino Baden-Baden

Ortsverzeichnis

Gasthäuser, Hotels

***

Einkaufen, Läden

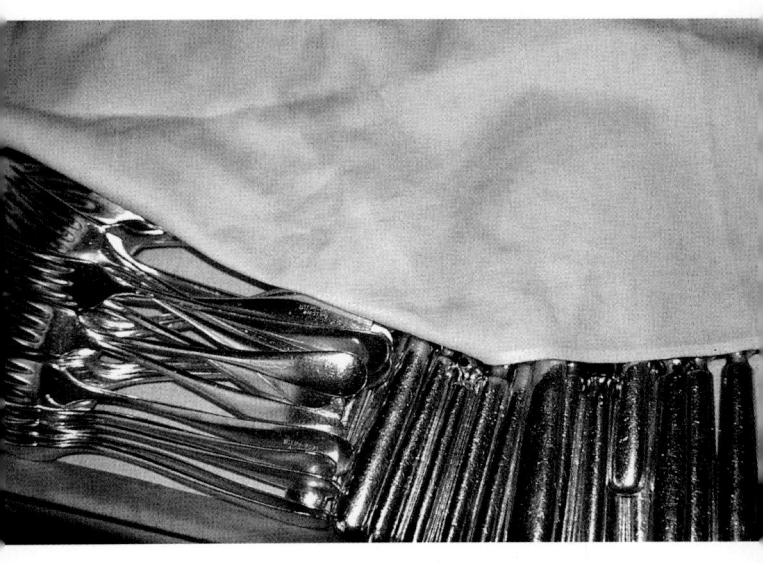

Titelbild

Blick vom Badenweiler Kurpark ins Rheintal. Ölgemälde von Emil Bizer (1881-1957). Reproduktion mit freundlicher Genehmigung von Herrn Hans-Christian Ritter.

Alle Fotos

Oase Verlag, Wolfgang Abel, Jacky Salamander.

Karten im Innenteil

Franz Letsch

„NICHT UMSONST heißt der Verlag Oase - eine Oase in der deutschen Reiseführerlandschaft." *Tages Anzeiger, Zürich.*

Wir ertrinken im Mittelmaß, am Guten herrscht bitterer Mangel. Unsere Reiseführer zeigen handverlesene Adressen zum Schlafen, Einkehren und Ausgehen. Dazu feine Fluchten, weite Touren und stille Wanderungen.

Freiburg, Breisgau, Markgräflerland Abel
Südschwarzwald Abel
Süd-Elsass und Sundgau Salamander und Abel
Französischer Jura Ikenberg
Spaniens Paradores Abel
Portugals Pousadas Abel
Roussillon und Côte Vermeille Dominé
Adria - Romagna und Montefeltro Blecking
Cinque Terre Hennig
Friaul Maiwald

In Vorbereitung

Tessin

Verlag und Autoren freuen sich über Kritik und Anregungen zu unseren Büchern. Zweckdienliche Hinweise werden mit einem Freiexemplar honoriert. Gerne schicken wir unser **aktuelles** Programm:

Oase Verlag
Obermattweg 3
D-79410 Badenweiler
Tel. 07632-7460
Fax: 07632-5098
e-mail: oaseverlag@t-online.de
www.oaseverlag.de

© 1. Auflage 2004
Oase Verlag
79410 Badenweiler
Tel. 07632-7460
Fax: 07632-5098
www.oaseverlag.de

Druck: Stiehler Druck & media GmbH, Denzlingen

ISBN 3-88922-091-6   Alle Angaben ohne Gewähr